Hjalte Tin, geboren 1953 in Kopenhagen, erstand sein erstes Motorrad mit 17 Jahren. Er studierte Geschichte und arbeitete mit verschiedenen Theatergruppen. Er lebte fünf Jahre lang in der „freien Stadt" Christiania.

Nina Rasmussen, 1942 in Kopenhagen geboren, machte eine Ausbildung als Textildesignerin. Sie gründete die Theatergruppe „Sonnenwagen", in der auch Hjalte Tin mitwirkte. Auch sie lebte fünf Jahre lang in Christiania.

Emil wurde 1975 geboren, *Ida* 1979.

Zur Zeit sind sie auf einer Reise durch die UdSSR – natürlich wieder mit dem Motorrad.

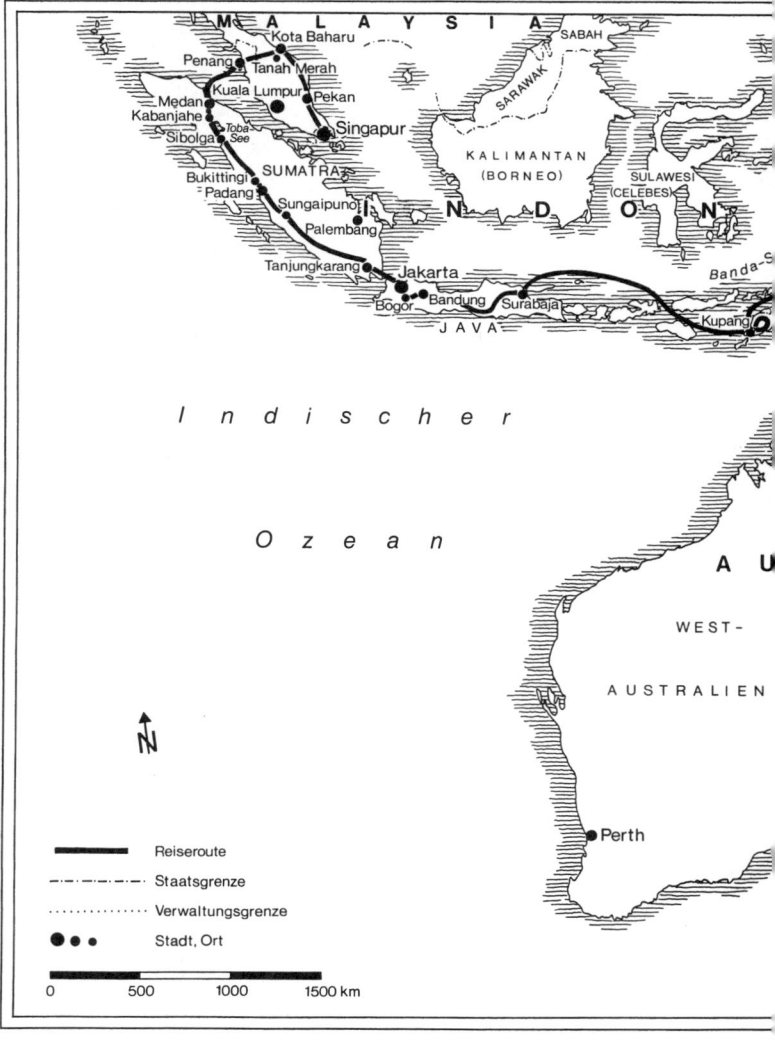

Reiseroute
Staatsgrenze
Verwaltungsgrenze
Stadt, Ort

0   500   1000   1500 km

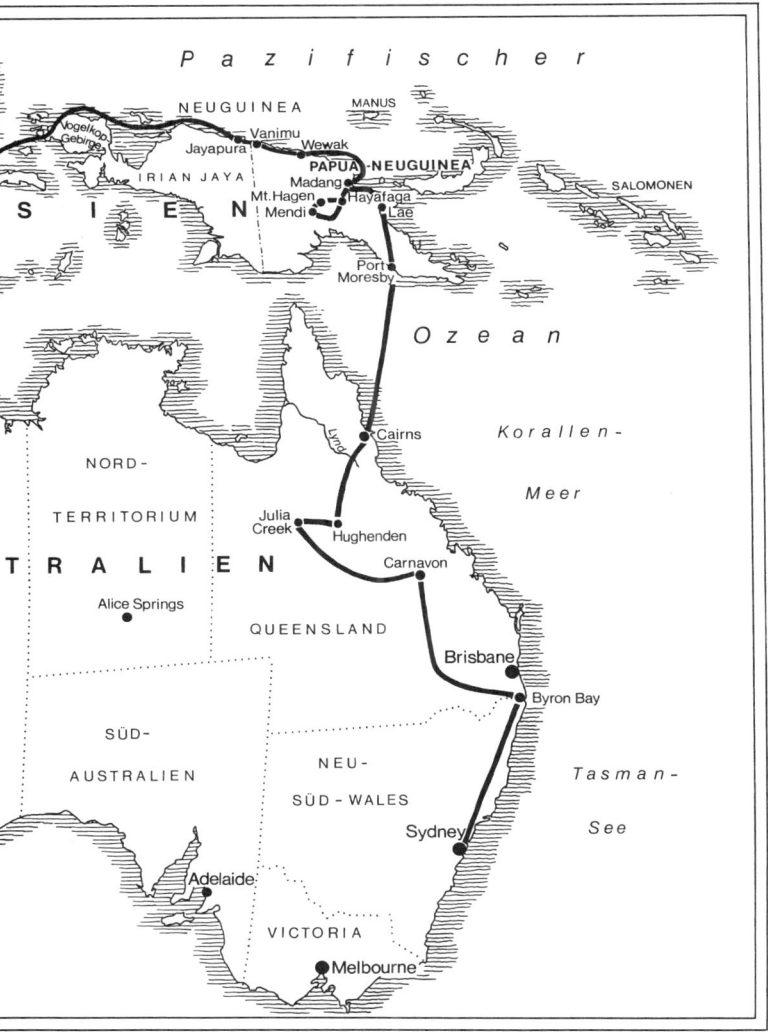

P a z i f i s c h e r

NEUGUINEA   MANUS

Vogelkop   NEUGUINEA   Vanimu   Wewak
Gebinge   Jayapura   PAPUA-NEUGUINEA

IRIAN JAYA   Madang

SIEN   N   Mt.Hagen   Hayafaga
                Mendi   Lae

                Port
                Moresby

SALOMONEN

O z e a n

Lyn   Cairns   Korallen-

                        Meer

NORD-   Julia   Hughenden
TERRITORIUM   Creek

TRALIEN   Carnavon

        Alice Springs   QUEENSLAND

                        Brisbane
                        Byron Bay

SÜD-
AUSTRALIEN   NEU-   Tasman-
                SÜD-WALES   See

                Sydney

        Adelaide

        VICTORIA

        Melbourne

Hjalte Tin / Nina Rasmussen

Motorradtour
Singapur–Australien

2 Motorräder, 2 Kinder,
2 Erwachsene

Frederking & Thaler

CIP-Titelaufnahme der Deutschen Bibliothek
Tin, Hjalte:
Motorradtour Singapur – Australien : 2 Motorräder, 2 Kinder, 2 Erwachsene /
Hjalte Tin ; Nina Rasmussen. [Hrsg. von Susanne Härtel. Übers. aus d.
Dän.: Claudia Dose. Fotos: Hjalte Tin . . .]. – München : Frederking u. Tha-
ler, 1989
    (Reisen, Menschen, Abenteuer : Südostasien, Australien)
    Einheitssacht.: Sommer hele aret ‹dt.›
    ISBN 3-89405-043-8
NE: Rasmussen, Nina:

REISEN · MENSCHEN · ABENTEUER
Herausgegeben von Susanne Härtel

© 1989 Frederking & Thaler GmbH, München
Alle Rechte dieser Ausgabe vorbehalten
Übersetzung aus dem Dänischen: Claudia Dose
Originaltitel: SOMMER HELE ARET
erschienen bei Gyldendahl, Kopenhagen
© Hjalte Tin und Nina Rasmussen, 1986
Fotos: Hjalte, Emil und Ida Tin, Nina Rasmussen
Karte: Isolde Notz-Köhler
Reisetips: Christine Cerny
Produktion: Tillmann Roeder
Gesamtherstellung: Presse-Druck Augsburg
ISBN 3-89405-043-8

Inhalt

Zum Äquator
(Hjalte)

Das Taxi hupt ungeduldig. Im Vorgarten blühen die Sonnenblumen. Ich eile hinaus und zwänge mich neben Nina und Ida, Emil und meine Mutter. Schon liegt unsere ruhige Vorortstraße hinter uns, der Gemüsemarkt, ganz Valby. Auf dem Hauptbahnhof ein letztes liebevolles Abschiednehmen, der Pfiff der Lokomotive, noch ein schneller Kuß, die Türen knallen donnernd zu, wir winken noch bis zum nächsten S-Bahnhof. Valby saust an uns vorbei, und Dänemark verschwindet in den Sommerwolken über der Ostsee. Touristen fotografieren die Möwen, und unten auf dem Autodeck werfen ein paar Typen ihre heißen Motorräder an, startbereit für südliche Abenteuer. Die Motoren brummen, die Typen ziehen ihre Handschuhe an und richten die Sturzhelme. Ach, ich kann es kaum erwarten, bis wir dran sind!

Zusammen mit Emil und Ida steigen wir wieder in einen Zug ein und schauen aus dem Abteilfenster, an dem deutsche Bahn- und Bauernhöfe vorbeifliegen. Ida ist fünf Jahre alt, genauso alt wie Emil damals war, als wir nach Südamerika fuhren. Kornfelder und Dörfer sausen vorbei, und um Mitternacht endet der Tag mit Düsenlärm auf dem Frankfurter Flughafen. Wir verlassen europäischen Boden.

Mit 1000 km/h fliegen wir dem Sonnenaufgang entgegen. Die Erde dreht sich unter uns, und über einer einsamen Wüste bricht der Tag am Himmel an, der Sand wechselt von Grau zu Gelb, gewaltig, schön. Tief unten erhebt sich die flache Landschaft zu Bergen, die den Bohrinseln in einer glitzernden Bucht weichen. Eine Stewardeß in einem glänzenden Sari erzählt mir, daß wir uns über den Vereinigten Arabischen Emiraten befinden, und plötzlich endet das Land mit einer zerrissenen Klippenküste. Der

Ozean spült an das Ufer von Maskat. Über dem Meer erwachen Emil und Ida und frühstücken nach indischer Art.

Bombay liegt diesig und verschmutzt unter uns. Wir scheinen in einen Steinbruch, eine Müllkippe zu stürzen, die Tragflächen des Jumbos kratzen fast über die Blechdächer der Slums, die Räder bremsen auf indischem Boden. Drinnen in einem abgenutzten Flughafengebäude stehen lange Schlangen von weißgekleideten, verhüllten Menschen mit großen Bündeln. Es sind Pilger auf dem Weg nach Mekka: Eine spannende, fremde Kultur eröffnet sich uns einen Spalt weit. Wolken bedecken Indien, über dem Golf von Bengalen wird es Nacht, um 23 Uhr landen wir in Changi Airport, Singapur, wo alles sauber und effektiv ist, MEZ + 8.

Die Millionenstadt empfängt uns mit der ganzen Hitze des Äquators, schwül, schwer und anstrengend. Um zwölf wachen wir auf, völlig durcheinander, und draußen vor dem Fenster verkündet ein gigantisches Banner: *It is time to stand up for Singapore!* Der Stadtstaat feiert sein 20jähriges Jubiläum als souveräner Staat. An der Straße liegen zwölfstöckige Wohnhäuser zwischen blühenden Feuerbäumen; aus jedem einzelnen Küchenfenster hängt die Wäsche auf langen Bambusstöcken zum Trocknen; ein Treppenhaus neben dem anderen.

Um acht Uhr versuchen wir zu Bett zu gehen, wachen aber um Mitternacht todmüde wieder auf und holen Tagebücher und Malstifte hervor. Um halb zwei machen wir das Licht aus und versuchen wieder einzuschlafen, aber Emil und Ida haben Kopfschmerzen und liegen schweißkalt vor der Klimaanlage. Schließlich öffnet Nina das Fenster, und wir legen uns nackt aufs Laken. Langsam erwacht Singapur, und wir schlafen endlich richtig ein.

Während wir auf die Zollabfertigung der Motorräder warten, haben wir einige Tage, in denen wir uns die Geschäfte von Singapur angucken können. Die Seitenstraßen sind farbenprächtig geschmückt. Das altchinesische Mondfest steht bevor. Provisorische Tempel wurden errichtet, dazu Puppentheater in Riesengröße, über und über mit goldbestickten Vorhängen, Teppichen, chinesischen Sprüchen in Gold und Rot und großen runden Papierlampen behängt.

Ein religiöser Wohltätigkeitsverein hat den Tempel in der Haig Road errichtet, wo wir zwischen dem Markt und dem Hollywood-Han-Restaurant wohnen. Der ganze Tempel und alle Dekorationen werden wie Weihnachtsschmuck von Jahr zu Jahr aufbewahrt, sie sehen uralt aus. Drinnen in der Markthalle biegt sich eine lange Reihe von Tischen unter der Last von Obst, Konservendosen, Reissäcken, Speiseöl und praktischen Dingen für den Haushalt, Spenden von gläubigen Händlern, und heute abend wird alles unter den armen Chinesen im Viertel verteilt. Die Mitglieder des Wohltätigkeitsvereins tragen graue Jogginganzüge, und sie umgibt ein leiser Hauch von Mafiosotum. Auf dem Platz neben dem Tempel rauchen riesige Räucherstäbe, Säulen geradezu, zwei Meter groß und dick wie Baumstämme, mit Drachen und schäumenden Meereswogen kunstvoll verziert.

Die Farbenpracht des Mondfestes steht in scharfem Kontrast zum restlichen Singapur, einer unübersichtlichen, lauten Wolkenkratzerstadt. Zu Hause tragen die Chinesen weiße Unterhemden und kurze Hosen, auf der Straße beige oder dunkle Kleidung. Geht man bei einem chinesischen Schneider mit den Regalen voller brauner, dunkler Stoffe vorbei, ist es, als erhalte man einen kleinen Einblick in die chinesische Tradition: still, diskret und konform. Daneben liegen die indischen Stoffläden, ein Stoffballen farbenprächtiger und raffinierter gewebt als der andere.

Ein paar Tage später fährt ein Lkw mit unserer Transportkiste vor dem Hotel vor. Die Zöllner haben die Kiste geöffnet, aber nichts fehlt, und alles ist heil. Wir haben die erste Hürde genommen: Wir sind in Singapur mitsamt unserer Ausrüstung. Emil und Ida reihen alles säuberlich auf dem Parkplatz auf. Ich betrachte die langen Gepäckreihen und frage mich immer wieder, ob eine Familie auf Motorradtour wirklich so viel braucht. Monatelang habe ich dieses Problem mit Nina gewälzt. Zusammen haben wir auszurechnen versucht, was wir absolut nicht entbehren können oder besser *wollen.* Von Anfang an waren wir uns einig, daß wir nur auf uns selbst gestellt sein wollten, völlig unabhängig von Hotels, Restaurants, Werkstätten usw. Das Leben darf nicht viel kosten, und wir wollen so weit wie möglich in den Fernen Osten eindringen – so weit uns unsere Motorräder tragen. Alles überflüssige Gepäck wäre ein Klotz am Bein.

Wichtigster Punkt sind zwei Motorräder. Sie müssen leicht sein, stark und zuverlässig und sowohl schwieriges Gelände als auch schnelle Asphaltstraßen mit uns und dem Gepäck bewältigen können. Wir haben uns für zwei Hondas XL 600 entschieden, die jetzt, in Einzelteile zerlegt, auf dem Boden liegen. Mit einem Gewicht von 135 kg, einem robusten einzylindrigen Motor von 600 ccm und 43 PS, einer relativ guten Geländetauglichkeit, selbst in vollbepacktem Zustand, und einer Höchstgeschwindigkeit von 150 km/h sollten sie die Aufgabe meistern können. Verglichen mit den älteren Honda-Modellen, auf denen wir durch Südamerika fuhren, haben sie einen kräftigeren Motor, viel stärkere Bremsen, besseres Licht und eine effektivere Federung. Der anscheinend einzige Minuspunkt ist ein größerer Benzinverbrauch, etwa 5 l/100 km.

Der Standardtank mit zwölf Litern läßt nur einen Aktionsradius von 240 km zu. Deshalb habe ich unsere Sturzbügel so konstruiert, daß wir Kanister mit zehn Litern Wasser und zehn Litern Benzin an jedes Motorrad schnallen können. Für die ganz abgeschiedenen Strecken wird Nina zusätzlich einen Kanister mit 25 l Benzin hinter ihrem Rücken stehen haben. Ich rechne damit, daß wir vollgetankt an die 700 km fahren können, und mit zwanzig Liter Wasser dürften wir es genauso weit schaffen wie die Motorräder. Damit die Kraft der Motoren auch in schwierigstem Gelände voll eingesetzt werden kann, habe ich die Motorräder mit einem größeren Kettenrad auf eine langsamere Übersetzung umgestellt und Geländereifen montiert; der Rest ist Serienausstattung.

Ida und Emil helfen mir, Teleskopgabel, Räder, Lenker, Tank und Sitzbank zu montieren; langsam erheben sich die Motorräder vom Erdboden wie zwei langbeinige Kamele. Die hohen, knallroten Hondas sehen toll aus. Für die Kinder habe ich gleich hinter dem Zylinderkopf Fußstützen angeschweißt. Mit den Händen können sie sich an Querstreben des Lenkers festhalten.

Emil klettert auf seinen Platz, hier fühlt er sich schon zu Hause. Er hat freie Sicht, kann die Fahrt mit verfolgen, sich nach vorn lehnen, sich auf dem Tank ausruhen, und ich kann ihn mit den Armen und Oberschenkeln umschließen – der Kontakt ist immer da. Es ist entschieden am sichersten, die Kinder, solange sie noch klein sind, vor und nicht hinter uns zu haben. Auch für sie ist es so am lustigsten. Jetzt fehlt nur noch, daß sie selber lenken können . . . Ida reicht mir die Windschutzscheiben, die ich noch an den beiden Motorrädern befestige; die Aussichtsposten der Kinder für die nächste lange Zeit sind fertig.

Im Hotelzimmer sieht es aus, als hätten uns wilde Marsmänner besucht. Ich seufze. Ist dieser ganze Kram wirklich unsere unentbehrliche Minimumausrüstung? Übrigens haben wir noch keinen wirklich ernsthaften Versuch unternommen, alles auf den Motorrädern unterzubringen. Wir vertagen die Stunde der Wahrheit und unsere Abreise auf den nächsten Tag. Statt dessen gehen wir ins Hollywood-Han und essen eine wohlverdiente Haifischflossensuppe und eine dicke Nachspeise.

Voller Abscheu betrachtet der Inhaber des Restaurants den chinesischen Tempel gegenüber; er selber ist evangelisch. Auf einmal wird mir bewußt, daß es das Mondfest und die ganzen alten chinesischen Religionsriten, die wir hier in Singapur sehen, in China vielleicht gar nicht mehr gibt. Man verehrt Götter, die zu Hause nicht mehr existieren. Weihrauch wogt über den Markt, die Bühne im Tempel liegt in einem unwirklichen Licht. Zehn junge Männer verrichten monoton singend eine religiöse Zeremonie, schwingen Weihrauchgefäße. Zur Feier des Abends tragen sie weiße Gewänder und rote Kappen mit blauen Borten und Goldfäden.

Ich höre, wie Nina erklärt, daß dies alles zu Ehren der Götter stattfindet, und kurz darauf sagt Ida schwer beeindruckt: „Nina, ich glaube, ich sehe einen Gott. Guck mal, den da mit der roten Kappe."

„Wo?" Nina betrachtet die chinesischen Figuren aus Pappe.

„Nein, der da, der da drüben geht", flüstert Ida und zeigt auf einen großgewachsenen jungen Mann in einer Prozession von seidengekleideten Priestern.

Der Markt ist noch geöffnet, und Menschenmengen, vollbepackt mit Einkaufstaschen, ziehen an den sitzenden Zuschauern vorbei. Die Chinesen unter ihnen legen am Altar unten vor der Bühne die Handflächen aneinander, beugen den Oberkörper leicht nach vorne und zünden ein Räucherstäbchen an, das sie in einen Krug am Altar stecken. Ein Greisen-Orchester spielt getragene Musik auf alten chinesischen Streichinstrumenten. Einen Tag noch werden die Räuchersäulen brennen, und morgen dann wird das Fest seinen Höhepunkt erreichen, wenn die vier Meter hohen Pappfiguren, die den König der Teufel und seine beiden Helfer darstellen, in einem riesigen Feuerwerk abgebrannt werden.

Am nächsten Morgen zaubern wir unser ganzes Hab und Gut auf die Motorräder. Wir haben je eine blaue Kunststofftasche, Nina und ich je einen Satz Satteltaschen aus Leder und dazu die zwei Glasfaserboxen auf den Motorrädern: Da soll unsere gesamte Ausrüstung hineinpassen!

Meine Satteltaschen werden zu Küche und Werkstatt ernannt, in denen die Werkzeugrolle, der Gaskocher, die Kochtöpfe und das Besteck untergebracht sind. Ninas Satteltaschen werden zur Speisekammer. In den blauen Taschen richten wir vier Schlafzimmer mit Isomatten und Schlafsäcken ein. Nach einer kurzen, aber heftigen Debatte zeigt Emil brüderlichen Großmut und läßt sein Stofftier, Groß-Leopardo, in Idas Schlafzimmer wohnen, damit Klein-Leopardo sich nicht einsam fühlt. Mit Mühe verstauen wir den Kleiderschrank, der aus vier kleinen Tüten mit Kleidung besteht, noch in Idas Tasche, und dann ist obendrein noch Platz für zwei Montiereisen und eine Pumpe.

14

In Ninas Tasche befindet sich die Wohnstube, d. h. unser silbernes Zelt von vier Quadratmetern, und darunter ein kleiner Keller, in dem noch ein kleines Paket mit Ersatzteilen und zehn leeren Tonkassetten Platz hat. Meine Tasche dient als Rumpelkammer mit einer wasserdichten Tüte mit 200 Fuji-Farbfilmen, den Regensachen der Kinder, ihren Schnorcheln und Tauchermasken. Und in Emils Tasche richten wir das Spielzimmer ein mit dem unentbehrlichen Lego der Kinder und 25 weiteren kleinen Legosets zum Verschenken für unterwegs. Die Kleinigkeiten, die wir täglich brauchen werden, wie Toilettensachen, Mückenspray, Schreibutensilien usw., kommen noch in meine schwarze Box. Feldlazarett, Nähstube, Tonstudio und Dokumentensammlung finden noch in Ninas weißer Glasfaserbox Platz.

Nina legt die Satteltaschen über die Benzintanks – sie werden die Beine der Kinder schützen –, und ich spanne die blauen Taschen mit Nylonriemen an die Gepäckrahmen. Mit einer Tasche auf beiden Seiten des Motorrads sind wir im Falle eines Falles gut geschützt. Die Taschen wirken wie weiche Fender.

Die Ausrüstung sitzt! Es ist unglaublich, wieviel auf zwei Motorräder paßt. Ohne Übertreibung haben wir ein ganzes Zuhause für vier Personen untergebracht, und es wiegt weniger als 80 kg.

Wir ziehen die Stiefel an und machen uns startbereit. Ida klettert zu Nina hinauf, Emil setzt sich vor mich. Der chinesische Hotelbesitzer und seine große Familie blicken recht erstaunt, lächeln aber freundlich und wünschen uns eine gute Reise. Wir sitzen gut, Emil und ich, ganz dicht aneinandergeschmiegt. Er winkt Ida zu, und schon kurven wir in den regen Linksverkehr von Singapur hinaus. Im gleichen Augenblick grollt ein erster Donnerschlag, ein Wolkenbruch ergießt sich über der Stadt. Mit ungeduldiger Stimme frage ich Nina, wo denn die Regensachen sind.

„Sie hängen sonst immer im Flur", ist ihre Antwort.

Wir müssen anhalten und haben schon zwei Taschen abgeschnallt und durchwühlt, bevor uns einfällt, daß die Regensachen weder in der Garderobe noch im Spielzimmer, noch in der

Rumpelkammer sind, sondern ganz unten in meiner Tasche. Die Palmen entlang der Hauptstraße schütteln ihre Kronen gegen die schweren Wolken – ist dies der Weg nach Malaysia? Du lieber Himmel, wie es gießt!

Singapur ist nur eine kleine Insel, und am nächsten Tag sind wir schon auf dem Weg zur Ostküste von Malaysia, wo wir im Südchinesischen Meer baden wollen. Die Landschaft ist völlig flach. Emil tut es leid, daß der Dschungel bis auf den roten Erdboden herab gerodet wird, um für die Ölpalmen- und Gummibaumplantagen Platz zu machen, das einzige, was wir weit und breit sehen.

In einer Stadt kurz vor dem Meer entdeckt Emil einen dressierten Affen vor einem Haus. Er bittet mich, zurückzufahren, damit wir ihn näher betrachten können, aber ich fahre weiter, müde nach einem langen Tag im Sattel und voller Ungeduld, das Lager aufzuschlagen. Erst spät merke ich, daß Emil am Boden zerstört ist, er will nicht mit mir sprechen und zieht sich in sich selbst zurück; aber da sind wir schon zu weit gefahren, um umdrehen zu können.

Die Kokospalmen lehnen sich gegen den Abendhimmel, und am Strand finden wir ein Häuschen auf Pfählen, in dem wir übernachten können. Die Wellen leuchten grün im Mondschein, sie sprühen geradezu Funken. Kaum haben wir am nächsten Morgen die Augen aufgeschlagen und über den Rand des Schlafsacks geblinzelt, sind wir auch schon am Strand. Ich laufe mit Emil und Ida um die Wette am Wasser entlang. Die Kinder können es kaum erwarten, ihre Tauchermasken und Schnorchel auszuprobieren.

Hier am Strand ist es schön, und wir bleiben noch einen Tag länger. Ich sitze auf der Veranda zusammen mit Emil und Nina und schreibe Tagebuch: *Wir haben das starke Bedürfnis, uns selbst erst einzuholen und einen Ruhepunkt zu finden, bevor wir weiterreisen. Wir reisen nicht, um an irgendein Ziel zu gelangen, sondern um unterwegs etwas zu erleben.*

16

Emil quält sich konzentriert mit einem Brief an seine Klasse zu Hause ab und macht danach eine feine Zeichnung von einem Pfeilschwanz, den er am Strand gesehen hat, in sein Malheft, während Ida 30 000 Sandkuchen in der Sandbäckerei bäckt. Unten am Strand hält ein Mann auf einem Fahrrad an. Emil blickt auf und rennt plötzlich los.

„Der Affe!" ruft er begeistert. Und richtig, auf dem Lenker sitzt ein großer, gelber Pavian mit einem langen, fettigen Strick um den Hals. Auf dem Gepäckträger hängen ein paar Kokosnüsse. Emil möchte den Affen streicheln, aber der zahnlose Mann, der sich als Kokosnußpflücker durchschlägt, wedelt warnend mit den Händen.

„Wahrscheinlich ist er so abgerichtet, daß er die Nüsse von den Palmen holt", überlegt Emil und betrachtet den Affen eingehend, bis der Mann weiterradelt. Ein zufriedenes Lächeln wandert von seinen blauen Augen über das ganze sommersprossige Gesicht.

Der Vollmond ist wieder aus dem Meer gestiegen, die Palmenwipfel rauschen im Wind, und die Moskitos summen – ein romantischer Abend am Chinesischen Meer. Nur ein eintöniges, lärmendes Trommeln stört die Idylle. Ich habe gleich die lärmenden Touristen, die ein wenig von uns entfernt am Strand liegen, in Verdacht, und schließlich wird der Lärm so infernalisch, daß wir aufstehen, um nachzusehen, wo er herkommt. Zwischen den Palmen stehen unbeweglich Leute, total gebannt von den grotesken Schatten, die von dröhnenden Trommelschlägen begleitet über eine weiße Leinwand sausen. Es handelt sich um *wayang kulit*, Schattentheater. Drinnen in der Bude sitzt der Puppenspieler hinter einer Gaslampe. Mit ausladenden Bewegungen schwingt er die Puppen hin und her, und die werfen die scharfen Schatten, die das Publikum draußen auf der Leinwand sieht. Die Puppen sind aus durchbrochenen Lederstückchen mit buntem Zelluloid in den Löchern gefertigt und können Kiefer und Glieder bewegen. Hinter dem Mann spielt ein Orchester auf vielen verschiedenen Trommeln; eine Art Oboe ist das einzige melodische Instrument. Unter der Leitung des Puppenspielers schweigt die Musik während der Erzählung und bricht in theatralisches Donnern und Getöse während der Kampfszenen aus. Die Zuschauer kennen die alten Göttersagen schon längst auswendig und lachen hin und wieder. Ein Mädchen erzählt mir, daß das Stück nur aufgeführt wird, wenn ein Bus voller Touristen kommt, im allgemeinen sehen sie zu Hause fern.

In Pekan, der Residenzstadt des Sultans von Pahang, halten wir am Fluß an. Die tropische Hitze macht uns zu schaffen. Wir setzen uns in ein kleines Café und trinken kalten Sprudel. Draußen auf der Straße gehen die Frauen in der stechenden Sonne vorbei, die meisten nach streng arabischer Sitte verhüllt. Die Schülerinnen auf den Fahrrädern tragen alle die moslemische Schuluniform: ein engangelegtes Kopftuch über Haare und Schultern, eine langärmelige weiße Bluse und einen türkisfarbenen Rock. Nur die Hände und die schweißbedeckten Gesichter sind zu sehen.

Nachdem Emil und Ida ihren zweiten eiskalten Sprudel getrunken haben, drehen wir eine Runde durch die Stadt. Auf dem Sportplatz hinter der Polizeiwache üben einige junge Männer in kurzen Hosen Malaysias Nationalsport, *sepak takraw*. Auf jedem Spielfeld stehen drei Männer und kicken einen kleinen, aus Weiden geflochtenen Ball über ein Netz. Ihre Bewegungen sind faszinierend und sehr elegant. Das Spiel erinnert an Volleyball – mit karateähnlichen Fußbewegungen. Die Füße tanzen über die Köpfe der Mitspieler hinweg, ohne daß die Männer dabei jemals das Gleichgewicht verlieren.

Weiter vor uns in einem Park liegt der Palast des Sultans, ein modernes Gebäude mit einem gelben Dach aus schwebenden Betonschalen, von großen grünen Rasenflächen umgeben. Auf der anderen Seite der Straße liegen die herrschaftlichen Polobahnen, und hier steht auch die Dampflokomotive des Sultans mit Tender und Luxuswaggon auf 30 Meter Schienen. Daneben schwebt der Düsenjäger seiner Durchlaucht auf einer Betonsäule. Auch das

18

Mädchen in Schuluniform in Pekan

Museum des Sultans ist sehenswert: Wunderschöne Seidenge-
wänder und riesige gemalte Drachen sind zu bewundern und
eine Insektensammlung mit so großen Insekten, daß es selbst
Emil fast kalt den Rücken hinunterläuft. Ein Skorpion ist fünf-
zehn Zentimeter lang.

In Kota Baharu, malaiisch für Neustadt, drehen wir ab in
Richtung Westen. Wenige Kilometer nördlich verläuft die Grenze nach Thailand, und gleich südlich der Grenze hat Malaysia
quer über die verlassenen Berge bis hinüber zum Indischen
Ozean im Westen eine Straße gebaut. Der Grund dafür ist weniger im Wirtschaftlichen als im Militärischen zu suchen. Viel

19

Verkehr gibt es nicht, aber man will verhindern, daß Guerilla-truppen von Thailand aus Malaysia unterwandern. Die Schotter-straße beginnt gleich außerhalb der Stadt, die erste Schotterstra-ße! Ich kann der Versuchung nicht widerstehen, gebe Gas und überhole die klapprigen Taxis und Lkws.

Bis nach Tanah Merah rasen wir durch, kreuzen die Eisen-bahnlinie, die von Bangkok nach Singapur führt, und halten schließlich an, um auf Nina zu warten. Im Schatten eines Bau-mes ißt Emil ein paar Bananen, die durch die Schütteltour auf dem Motorrad schon etwas weich geworden sind. Mit Teakholz beladene Lkws kommen die Bergstraße heruntergefahren, aber kein Motorrad. Ich hätte Nina nicht aus den Augen verlieren dürfen – wir müssen umdrehen und nach ihr suchen. Jeden Kilo-meter, den wir zurückspulen, sinkt mein Herz tiefer. Emil hält sorgfältig Ausschau. Ein Unfall? Eine Reifenpanne? Gestürzt? Warten sie an einer Kreuzung? Auch Emil ist nervös. Wir sind schon fast sämtliche fünfzig Kilometer zurückgefahren. Dann kommt sie uns entgegen. Schon von weitem sehen wir den Scheinwerfer. Nina hatte uns aus den Augen verloren, hatte ver-geblich auf uns gewartet und zuletzt angenommen, daß wir hin-ter ihr seien – mit einer Reifenpanne. Sie war umgedreht und ganz bis nach Kota Baharu zurückgefahren, ohne uns zu finden. Auf das Schlimmste gefaßt, war sie dann wieder umgedreht. Aber Ende gut, alles gut . . ., nur dürfen wir einander einfach nicht mehr aus den Augen verlieren, und derjenige, der vorne fährt, hat die Verantwortung dafür.

Zum zweiten Mal heute in Tanah Merah angekommen, kön-nen wir alle ein verspätetes Mittagessen gut gebrauchen. Eine sehr schöne Frau in moslemischer Tracht bedient uns. Während wir essen, warnt sie uns, daß die Straße über die Berge, die vor uns liegen, um sieben Uhr gesperrt wird, aber unser Malaiisch reicht nicht aus, um zu verstehen, warum.

Das Gelände wird wilder, die Plantagen verschwinden, der große, imponierende Dschungel beherrscht das Land. Um sechs Uhr entdecken wir hoch oben in den Bergen den ersten Kontrollposten. Der Weg führt uns an einen Wasserfall tief drinnen in einem engen Seitental und dann im Zickzackkurs an einer langen Reihe von Lkws, die zwischen Öltonnen parken, und bewaffneten Soldaten vorbei. Von hier an ist die Straße neu asphaltiert und klettert durch die dschungelbewachsenen Berge hinan, ständig im Kampf mit dem Wasser, das an vielen Stellen die Straße schon halb weggespült hat.

Auf jedem Hügel gibt es kleine Militärposten, jeder Kilometer wird überwacht. Radioantennen, Sandsäcke, Wäschestücke und Maschinengewehre sind die einzigen Spuren von Menschen. Bald bricht die Nacht herein. Ich suche nach einem geeigneten Platz, wo wir das Zelt aufschlagen können, aber wir dürfen nicht zu sehen sein. Indem wir die Geländegängigkeit der Motorräder zum ersten Mal richtig ausnutzen, verschwinden wir auf einem überwucherten, halb weggespülten Pfad. Dichtes Bambusgestrüpp macht uns bald unauffindbar, und so schlagen wir unser Lager auf.

Warum wird diese Straße nachts gesperrt? Was ist so gefährlich, daß Autos hier nicht fahren dürfen? Wilde Tiere, Rauschgiftschmuggler, Guerillas? Nina kocht, wir unterhalten uns leise, es wird schnell dunkel. Weiße, lautlose Blitze jagen über die Bergkuppen. Wir sind von einer drückenden Stille umgeben, finde ich. Eine Zikade fidelt markerschütternd drauflos. Nina und ich krabbeln zu den Kindern ins Zelt, im Gestrüpp raschelt es, aber richtig Angst haben wir nicht.

„Die Heldin stirbt nicht im ersten Akt", sagt Nina und wünscht uns eine gute Nacht. Emil und Ida sind gut aufgelegt und genießen, daß es endlich etwas kühler ist. Sie haben im Zelt füreinander Labyrinthe gezeichnet.

Emil und Ida sind unsere Kinder und dennoch ganz eigenständige Wesen. Das ist wohl gerade das Wunder an Kindern. Wir schenken ihnen all unsere Liebe und eine Welt dazu, aber es sind Emil und Ida selber, die alles in sich aufnehmen und als selbständige Menschen heranwachsen. Wir haben zwei herrliche Kinder, die sehr unterschiedlich sind. Emil ist sanft und nachdenklich, unerschrocken allem Fremden gegenüber. Ida ist ein kleiner, explosiver Vulkan, und während Emil beim Spielen oder Lesen ganz in seine eigene Welt versunken sein kann, ist Ida immer völlig präsent und registriert aufmerksam die Menschen in ihrer Nähe. So war es schon immer. Ich bin sicher, daß sie mit diesen Charaktereigenschaften schon auf die Welt gekommen sind, und beide bauen auf Seelenfrieden und Vertrauen zu anderen Menschen.

Nina und ich können als Eltern die guten angeborenen Eigenschaften zerstören oder helfen, daß sie sich entwickeln. Wir können unseren Kindern Geborgenheit geben, und genau das haben Emil und Ida durch das Reiseleben bekommen. Man könnte vielleicht das Gegenteil annehmen, aber Geborgenheit wird nicht durch Strapazen, fremde Eindrücke, vielseitige Erlebnisse zerstört, genau wie ein geordnetes und fest geregeltes Leben nicht automatisch Geborgenheit schafft. Nein, Geborgenheit beruht auf etwas ganz anderem, sie erwächst aus dem Respekt, den wir ihnen entgegenbringen. Emil und Ida fühlen sich geborgen, weil sie wissen, daß sie sich auf Nina und mich verlassen können.

Sie schlafen ruhig, ein milchiger Halbmond leuchtet über das Tal, als ich ein letztes Mal aus dem Gestrüpp spähe.

Wir schlafen noch fest, als wir von den ersten Lkws, die den Paß hinauffahren, geweckt werden, und während wir zusammenpacken, gehen Emil und Ida auf die Jagd. Seit wir die riesigen Insekten im Museum des Sultans gesehen haben, ist Emil ständig auf Jagd, und hier oben hat er Glück. Einen Tausendfüßler, 19 Zentimeter lang und daumendick, erbeuten die Kinder. Emil tötet ihn mit einem Schuß Benzin, er zieht sich zusammen und ist augenblicklich tot. Mir wird ganz schlecht, als ich sehe, wie giftig das Zeug ist, mit dem wir durch die Gegend fahren. Emil freut sich schon darauf, den Freunden zu Hause den Tausendfüßler vorzuführen.

★

Penang ist die letzte Station in Malaysia. Auf der Fähre zu der vorgelagerten kleinen Insel in der Malakka-Straße drängeln sich die Motorräder; die Zweiräder sind gegenüber den Vierrädern in der Mehrzahl. Penang ist eine sehr chinesische Stadt, intim und aufregend. In den Straßen laufen noch immer die Rikschakulis, und in den kleinen Werkstätten arbeiten die Chinesen vom frühen Morgen bis zum späten Abend, während ein paar Räucherstäbchen auf dem Hausaltar brennen.

Wir wohnen im Eng-Aun-Hotel, einem großen, alten Kasten, zusammen mit anderen nicht sehr wohlhabenden Touristen aus Europa und Australien. Jeden Morgen frühstücken wir im Hof des Hotels, und Ida freundet sich mit Lin Poh, einem chinesischen Mädchen, an, dessen Eltern den kleinen Frühstücksservice betreiben. Die Kinder verständigen sich in einem Mischmasch aus Chinesisch, Englisch und Dänisch. Emil geniert sich ein bißchen, aber er erzählt mir trotzdem, daß er die wichtigsten englischen Ausdrücke gelernt hat, wie *thank you* oder *good-bye*.

Es ist ein ganz schöner Schock für uns, daß die Fährverbindung, mit der wir nach Sumatra hatten übersetzen wollen, vor sieben Jahren stillgelegt wurde. Das indonesische Konsulat verlangt alle möglichen zusätzlichen Papiere für die Einfuhrgenehmigung unserer Motorräder, und das Benutzen anderer Transportmittel als das Flugzeug ist untersagt. Im allerletzten Augenblick gelingt es uns, die Motorräder in den Gepäckraum eines schon fast startenden Flugzeugs hineinzuquetschen. Alles geht sehr schnell, und plötzlich sind wir unterwegs nach Indonesien, noch ganz schweißnaß nach einem hektischen Vormittag im Flughafen.

Das Flugzeug fliegt niedrig über die flache Küste von Sumatra, die Mangrovensümpfe und eintönigen Plantagen enden vor den Blechdächern von Medan. Mit einer Million Einwohnern ist es die größte indonesische Stadt – abgesehen von Jakarta –: 1886 von den Holländern gegründet als Zentrum für ihre ergiebigen Plantagen, als Umschlagplatz für Palmöl, Gummi, Tabak, Holz und Rohöl. Hier pumpte Shell das erste Öl ans Tageslicht.

Nina kämpft sich durch die Bürokratie im Flughafen und bezahlt eine zusätzliche Summe von 800 DM, dann werden die Motorräder endlich freigegeben.

Genau wie in Malaysia und Singapur herrscht Linksverkehr, und was für ein Linksverkehr! Ein kochender, brodelnder, qualmender Kampf zwischen bunten Bussen und Horden von kleinen Motorrädern. Die Luft ist warm und feucht, die Stadt dreckig und staubig, ich schwitze Dreck. Wir sind hungrig und müde, unsere Mägen leer, denn das Frühstück im Eng-Aun-Hotel liegt lange zurück. Wir halten an einer kleinen *warung,* einer Bude, am Wegrand. Erhitzt und müde setzen Emil und Ida sich auf eine Bank im Schatten der Plane und hätten gern kalten Sprudel, aber die Frau hat nur heißen Tee. Nina rinnt der Schweiß zwischen den Brüsten herunter, ihre Bluse wird zunehmend schwarz gescheckt. Alle Gören aus den umliegenden Hütten stehen in engem Kreis um uns geschart und starren uns an. Die Neugierde ist enorm und unverhohlen. Mit wachen braunen Augen verfolgen sie jede Bewegung von Emil und Ida.

Indonesien wirkt ganz anders als Malaysia, ärmer, dreckiger, lärmender, aber farbenprächtiger. Ich bin erleichtert, daß wir es geschafft haben, die Motorräder mit dem Flugzeug rüberzubringen. Ich spüre den Streß des Tages mit jeder Faser meines Körpers. Doch es ist gut, daß wir nach Indonesien gekommen sind. Jetzt haben wir Zeit, und für die nächsten paar tausend Kilometer liegen keine Grenzen mehr vor uns.

Ich weiß eigentlich nicht so recht, wie es jetzt weitergeht. Auf gut Glück fahren wir nach Westen, in die Berge, wo die Bataks leben, um der schlimmsten Hitze und den eintönigen Plantagen zu entkommen. Am Äquator kennt man keine Jahreszeiten, auf den Reisfeldern sät und erntet man parallel; einige Felder sind noch überschwemmt und neu bepflanzt, andere wieder trocken und abgeerntet. Der Weg steigt langsam ins Innere der Insel hinauf. Wie verzauberte Zwergwälder ziehen sich Teeplantagen

Reisfelder in der Dämmerung

und Büsche über die Hügel. Als wir Pematangsiantar verlassen, fängt es an zu nieseln. Doch ich hoffe, daß der Regen gleich wieder aufhören wird. Die Regensachen sind zu warm für die Fahrt in der tropischen Hitze – statt von außen werden wir dann von innen naß.

Emil verkriecht sich hinter der Windschutzscheibe und den Satteltaschen und versucht so dem Regen zu trotzen. Nach einigen Kilometern sind wir so naß, daß es auf ein paar Tropfen mehr oder weniger nun auch nicht mehr ankommt.

Auf der Landstraße ist es inzwischen kohlrabenschwarze Nacht geworden. Mit unseren schlecht eingestellten Scheinwerfern torkeln wir kurzsichtig durch den blinkenden Tropfenvorhang. Der Verkehr aus der Gegenrichtung blendet uns so stark, daß mir jedesmal beinahe das Herz stillsteht, bis ich endlich wieder die schwarzen Karren und dunkel gekleideten Menschen von den reflektierenden Tropfen auf meiner Motorradbrille unterscheiden kann. Zum Umfallen müde und völlig kaputt, rollen wir schließlich in eine beleuchtete Straße voller hupender Busse, und hier finden wir auch ein *losmen,* eine Herberge. Wir haben Glück und bekommen das einzige Zimmer mit einem Fenster. Leider ist es ziemlich klein. Kaum können wir uns am schmalen Doppelbett vorbeizwängen, ohne gegen den Schrank zu stoßen. Aber für eine Nacht wird es wohl gehen. Wir fallen todmüde um, während die nassen Sachen in mehreren Schichten auf einer Leine über dem Bett hängen. Draußen vor dem Fenster kreischen die Busse ihr barbarisches Nachtlied durch die Straßen von Kabanjahe.

Am folgenden Morgen wachen Nina und die Kinder mit einer grandiosen Grippe auf...

Einige Tage später stehe ich noch immer auf dem halben Meter Fußboden zwischen den dreckiggrünen Betonwänden und den scheckigen Matratzen und koche für die Kranken. Emil und Ida dösen, Nina zittert im Fieber in ihrem Schlafsack, und über uns schweben immer noch die Klamotten, weil wir sie sonst nirgendwo unterbringen können. Nachts liegen wir diagonal im Bett wechselweise Kopf, Füße, Kopf, Füße; für vier Schulterbreiten ist das Bett zu schmal und für mich auch viel zu kurz. Mich packt bald der Koller, der Dreck in Kabanjahe entbehrt jeglichen Charmes, die Herberge ist unglaublich verkommen mit ihrem *mandi,* dem Klo, wo wir uns nach indonesischer Art hinhocken, statt Klopapier die linke Hand benutzen und uns mit Wasser aus der schleimigen Wanne abspülen, den klebrigen Fußböden, den Wänden, von denen der Putz abblättert, den staubigen Fenstern und den lärmenden Straßen, die ich durch die gräulichen Glasstücke gerade erahnen kann, den Müllhaufen auf dem Stück Wiese gegenüber.

Ich gehe auf den Markt, der vor Gemüse nur so strotzt. Die Menschen dort, Männer und Frauen, tragen *sarongs*, lange Röcke aus leichtem Baumwollstoff, die zu einem Schlauch zusammengenäht sind. Die der Frauen sind geblümt, die der Männer kariert. Ich finde, sie stehen beiden Geschlechtern gleich gut. Ich kaufe Kartoffeln bei einer jungen Frau. Schön sieht sie aus in ihrem *sarong* und der *kebaya,* der langen, taillierten Bluse, die vorne halb offen ist. Nach jedem Handel steckt sie die Geldscheine in ihren soliden Büstenhalter. Es ist ihr nicht entgangen, daß ich Bananen im Einkaufsnetz habe. Sie lacht mich unmißverständlich zweideutig an und fragt, ob sie eine haben kann. Ich breche eine ab und reiche sie ihr. Die umsitzenden Marktfrauen kugeln sich vor Lachen und spucken große, knallrote Kleckse Betelsaft auf die Erde. Ein fremder Mann allein beim Einkaufen ist ein wehrloses Opfer ihrer direkten Art, mit den Männern abzurechnen.

Vom Kassettenrecorder des Wahrsagers tönt traditionelle Musik über den Markt. Er sitzt im Schneidersitz inmitten seiner mit Kräutern gefüllten Gläser, und vor seinem Stand hat er eine große Tafel aufgestellt mit einer gemalten Handfläche drauf und einer langen Liste der Krankheiten, die er entlarven und kurieren kann. Die Bataks sind für ihre Magie und ihren tief verwurzelten Ahnenglauben bekannt. Auf den Feldern draußen vor der Stadt habe ich kleine Tüten mit Erde auf Bambusstöcken hängen sehen. Die Erde stammt aus Gräbern und schützt vor Dieben, weil der Geist des Verstorbenen von dem Tütchen her Ausschau hält und Leuten, die die Ernte stehlen, nachstellt.

Draußen an der Ecke, wo die Busse immer die gleiche Melodie hupend auf ihrer Runde um das Marktviertel fahren, stehen einige junge Männer. Einer von ihnen zieht mich am Arm, senkt den Blick und bietet mir an, mir für 100 Rupien einen runterzuholen. Die anderen sehen mich erwartungsvoll kichernd an, aber ich lehne dankend ab. Es regnet, sein schwarzes Haar ist naß. Er lächelt und zeigt seine schönen, weißen Zähne.

Mit Ngawi, unserem Freund von hier, und Ida, die sich als erste vom Krankenlager erhebt, besuche ich das alte Batak-Dorf, Lingga, zwanzig Kilometer von Kabanjahe entfernt. Lingga ist ein überwältigender Anblick; herrlichere Häuser im traditionellen Baustil habe ich noch nie gesehen. Wie Vulkane streben die riesigen, palmengedeckten Dächer nach oben. Mitten im Dorf liegt das *sopo*, das offene Gemeinschaftshaus, und daneben stampfen die Frauen Reis unter einem hohen Dach. Eine neben der anderen stehen sie an einem vielleicht fünf Meter langen Langholz, das zwei Reihen kochtopfgroßer Vertiefungen hat, und zerstoßen den Reis mit Holzstöcken.

Mit Ida und Ngawi gehe ich zwischen den zwei Meter großen Holzpfählen, die die Häuser tragen, hindurch. Die Wände schrägen stark nach außen und werden von breiten Brettern zusammengehalten, die sich an den Ecken wie Schiffssteven nach oben ziehen und mit gezackten Eidechsen und Dämonen geschmückt sind. Die Dächer sind am beeindruckendsten, steile Pyramiden, an die 15 Meter hoch, in vier scharfen Vorsprüngen endend, die alle mit Büffelhörnern geschmückt sind.

Ngawis Großmutter, die hier wohnt, lädt uns in ihr Haus ein, und wir klettern auf einer Bambusleiter nach oben, kriechen durch die nur einen Meter hohe Tür ins Innere. In dem großen Raum ist es beinahe dunkel, nur am anderen Ende schimmert Tageslicht durch eine Öffnung. Das fast quadratische Haus wird durch Vorhänge in vier Wohnungen unterteilt. Jede Wohnung hat ihre eigene Feuerstelle, das Zentrum der Familie. Alles spielt sich auf dem hölzernen Fußboden ab. Das Licht und der Rauch verlieren sich oben in der dunklen Wölbung aus rußgeschwärzten Bambusstöcken und den schwarzen Fasern der Zuckerpalme, mit denen das Dach gedeckt ist. Mit Ida an der Hand gehe ich staunend durch das Haus, und auf der anderen Seite klettern wir über eine Leiter hinunter zu den Hühnerkäfigen auf einer kleinen Plattform, unter der die Schweine ihren Stall haben.

Die Großmutter erzählt, und Ngawi übersetzt, daß die Häuser in Lingga fast 200 Jahre alt sind. Sie bedauert, daß keiner mehr solche Häuser bauen kann, das Wissen ist verlorengegangen. Im letzten bitteren Krieg gegen die Holländer, 1945–48, brannten die Europäer die Dörfer der Bataks ab, und nur wenige blieben stehen. Inzwischen machen triste Wellblechschuppen den alten Häusern den Rang streitig, zwischen den Pfählen lagert der Plastikmüll, und die Löcher in den schwarzen Dächern werden immer größer. Ngawi erzählt, daß die Regierung jetzt die letzten Einwohner in ein neues Dorf umsiedeln und Lingga als Touristenattraktion aufmöbeln will. Aber noch leben die Menschen in den Häusern, und die Kinder johlen Ida und mir hinterher.

Kreuz und quer durch Sumatra
(Nina)

Der Familienrat tagt. Es geht darum, wo wir hinfahren sollen. Sumatra ist ein langes, grünes Krokodil mit Zacken auf dem Rücken. Man kann entweder hoch oben durch die Berge fahren oder durch die Ebene an der Küste. Mit „großer" Mehrheit wird entschieden, daß es uns guttun würde, an den Strand zu kommen. Hjalte muß sich mit seiner Minderheitsposition abfinden.

Wir verlassen Kabanjahe und nehmen die Straße in Richtung Küste; wir werden über einen Tag brauchen, um dorthin zu kommen. Wir befinden uns nun genau auf dem Rücken des Krokodils. Bevor die Straße wieder nach unten führt, liegt noch der höchste Punkt oben am Toba-See vor uns. Schnell fahren wir auf Haarnadelkurven in schaukelnden Bewegungen nach oben. Die Aussicht öffnet sich bald nach rechts, bald nach links. Voll kitzelnder Freude spüre ich die Vibrationen der Reifennoppen gegen den Asphalt. Bilder fluten uns entgegen, verlieren sich wieder hinter uns.

Als die Sonne hinter dem Berggipfel untergeht, halten wir an. Unter uns liegt der lange, tiefe Toba-See. Von hier oben können wir sehen, wie sich der Weg am Seeufer zwischen Häusern und Hotels entlangwindet. Ein frischer Wind spendet abendliche Kühle und läßt die Zeltplane unter den hohen Kiefern, wo wir unser Lager aufgeschlagen haben, flattern. Aber als ich die Küchentasche auspacke, entdecke ich, daß wir vergessen haben, für das Abendessen Reis einzukaufen.

Nicht weit von unserem Lager entfernt liegen einige kleine Hütten. Alle vier gehen wir hinüber, um zu sehen, ob wir dort was einkaufen können. Aus einem der Häuser scheint Licht durchs Fenster. Wir klopfen an und öffnen vorsichtig die Tür. Drinnen sitzen Männer unter einer qualmenden Petroleumlampe beim Mensch-ärgere-dich-nicht; ein Laden ist es nicht. Als wir wieder gehen wollen, macht ein Junge, der ein wenig Englisch spricht, den Vorschlag, daß wir mit ihm nach Hause kommen sollen.

„Habt ihr denn einen Laden?" frage ich.

„Nein, aber wir pflanzen selber den Reis an."

Der Junge, der ein paar Jahre älter als Emil sein dürfte, führt uns auf einem Pfad durch den Wald, wo der einsetzende Nieselregen von Bäumen und Büschen tropft. Kleine Felder und Gemüsegärten sind den Pfad entlang angelegt. Wir kommen an Bananenpalmen und Kaffeebüschen vorbei, bis wir das Dorf erreichen, wo das Haus unserers Führers eng an den Hang geschmiegt liegt. Der Junge bietet uns eine Tasse Tee an, und wir lassen uns in der dunklen Stube auf ein paar niedrigen Bambusstühlen nieder. In der Küche sitzt ein kleiner Bruder unseres Gastgebers und starrt in die Feuerstelle, wo unter einem schwarzen Topf ein kleines Feuer flackert.

Kurz darauf kommen die Eltern von der Feldarbeit heim. Die Mutter zieht sich hinter einem Vorhang ihren *sarong* an, freut sich über den unerwarteten Besuch. Der Vater begrüßt uns ehrerbietig. Eine Zeitlang unterhalten wir uns mit Händen und Füßen und mit Hilfe eines Wörterbuches. Daß es überhaupt möglich ist, auf diese Weise ein Gespräch zu führen, liegt allein daran, daß die Menschen hier Mimik und Körpersprache erstaunlich gut interpretieren können. Es fasziniert uns immer wieder. Oft können wir etwas auf dänisch erklären, und sie verstehen es. Der Vater erzählt, daß sie fünf Kinder haben. Ein erwachsener Sohn ist nach Jakarta gezogen, und zwei Töchter sind hier im Dorf verheiratet. Nur die zwei Buben wohnen jetzt noch zu Hause.

Während unserer Unterhaltung sind die Kinder nach draußen gelaufen. Die Jungen spielen irgendein Spiel, in dem es darum geht, Tannenzapfen den Hang hinunterzuwerfen. Ida hat sich offenbar bei den Nachbarn eingeladen, denn ich kann sie dort drüben singen und reden und ab und zu giftig kreischen hören. Sie wundern sich sicherlich, woher dieser kleine, weißhaarige Troll gekommen ist.

Die Mutter fragt uns, ob wir bei ihnen essen wollen. Wir haben einen Riesenhunger, aber haben sie überhaupt genug zu essen? Sie sind offensichtlich arm. Fragen sie nur, um höflich zu sein? Wäre es falsch, die Einladung anzunehmen? Hjalte und ich beraten blitzschnell, und wir glauben, daß sie es ehrlich meinen, wenn sie uns fragen. Wir nehmen die Einladung also an. Der Vater steht auf und holt eine Petroleumlampe, die der Junge erst putzt, bevor er sie anzündet. Das schwache gelbe Licht erreicht gerade die dunklen Teakholzwände. Eine große Bambusmatte wird über den Fußboden gerollt, und anschließend gibt uns der Vater durch ein Zeichen zu verstehen, daß wir uns darauf setzen sollen.

Wenig später kommt die Mutter zusammen mit Ida aus der Küche und stellt das Essen auf die Matte: einen Topf mit Reis, einen mit Nudelsuppe, eine Schale getrockneten Fisch, einen Teller voll kleiner Eierkuchen und eine mit Wasser gefüllte Schüssel zum Abspülen der Finger. Wir bekommen je einen Teller und essen mit den Fingern der rechten Hand, denn Besteck gibt es nicht. Schnell lernen wir, wie man den Reis ein wenig zusammenkneten muß, ehe man ihn in den Mund steckt. Es schmeckt, wir lächeln und nicken der Mutter zu, bis Emil herausplatzt: „Mensch, ist der scharf!"

„Was sagt er?"

Ich übersetze Emils Ausbruch leicht abgewandelt und sage, daß es ihm unglaublich gut schmeckt. Im zartesten Tonfall machen wir Emil und Ida begreiflich, daß sie es nur ja nicht wagen sollen, Gesichter zu schneiden. Und ausnahmsweise essen die lieben Kinderchen auf, bis kein Reiskörnchen mehr da ist – ja, sie sind die reinsten Engel, wenn es wirklich darauf ankommt.

Es ist schon spät geworden, wir müssen zum Zelt zurück. Der Junge bringt uns ein Kilo Reis, für das wir bezahlen, aber die Mutter sieht etwas verärgert aus. Die Stimmung ist irgendwie gedrückt... Was haben wir falsch gemacht? Wir wollen vermeiden, taktlos zu sein, aber zuletzt wagen wir es doch und geben der Mutter Geld für die Mahlzeit. Sie freut sich sehr, tätschelt jedem von uns das Kinn und schenkt uns ein strahlendes Lächeln. Woanders hätte es ein fataler Fehler sein können, Geld anzubieten, aber hier war es glücklicherweise richtig.

Der Junge begleitet uns zurück zum Zelt. Jetzt in der Dunkelheit und auf dem durch den Regen rutschig gewordenen Pfad geht es nur langsam. Hjalte fragt den Jungen, wie er seine eigene Zukunft sieht, ob er im Dorf bleiben wird? Nein, wenn er vierzehn Jahre alt ist, will er sich freiwillig beim Militär verpflichten und da eine Ausbildung machen. Warum? Weil es seine einzige Möglichkeit ist, sonst sei er zu einem Leben in tiefster Armut verurteilt, genau wie die Eltern. Er hat schon gelernt, daß Bescheidenheit nicht belohnt wird.

Vom Toba-See aus windet sich der Weig steil abwärts durch den fruchtbaren Dschungel. Die Bäume schließen sich über unseren Köpfen, und riesige Baumfarne strecken ihre hellgrünen Blätter über die Straße. Es ist selten, daß man einen Dschungel wirklich erleben kann; meistens sieht man nur die äußere Baumreihe, aber hier führt die Straße direkt hindurch. Ab und zu treffen wir auf einen Bus, der sich vorsichtig um die Haarnadelkurven tastet, sonst gibt es nur wenig Verkehr. Tiefe Kluften durchschneiden steile Abhänge, kleine Brücken tragen die Straße über schäumende Bäche und Wasserfälle, an deren Rändern das Wasser von Moos und Stein tropft. Wir fahren langsam und genießen jeden Augenblick. Plötzlich läuft ein großes, pelziges Tier über die Straße – war es ein Bär? Mehrmals sehen wir, wie Straßenarbeiter Teer über einem Feuer schmelzen, für das sie das Holz im Dschungel gefällt haben. Sie wohnen unter Zeltplanen, die am Straßenrand aufgebaut sind.

Je weiter wir nach unten kommen, um so mehr lösen Häuser und kleine Felder den Wald ab, bis ganz unten zur Küste hin alle ebenen Fächen als Reisfelder benutzt werden.

Bei Sonnenuntergang erreichen wir Barus, wo wir direkt an den Strand fahren. Leider können wir dort unser Lager nicht aufschlagen, weil er dicht mit kleinen Fischerhäusern übersät ist. Unsere Ankunft ruft dort so viel Aufregung hervor, daß wir uns nach einem Hotel erkundigen müssen. Emil und Ida sind enttäuscht, daß sie nicht sofort baden können, aber Hjalte und ich versprechen ihnen, daß wir gleich am nächsten Morgen weiterfahren werden, um einen tollen Strand für sie zu finden.

Das Hotel, zu dem man uns geführt hat, ist ein großes, verfallenes Holzhaus, das trotz der Müllhaufen davor auf dem Bürgersteig noch immer etwas Romantisches an sich hat. Allerdings ist die Einrichtung recht spärlich. Im Zimmer stehen vier äußerst wacklige Betten, und von Wand zu Wand ist eine Leine für die Kleidung gespannt. Nur mit Mühe gelingt es uns, das Hotelpersonal vor die Tür zu schieben. Die Leute fühlen sich jedoch nicht im geringsten beleidigt. Sie stellen ihren Fernseher direkt vor der Tür auf und setzen sich so, daß sie ja nichts von den lustigen und interessanten Anblicken verpassen, die sich ihnen bieten, wenn wir zur Tür raus und rein huschen.

Es ist unglaublich, wieviel diese Leute lachen! Normaler dänischer Humor kann da leider nicht mitziehen. Das ewige Lächeln, wenn ich zur Tür hinaus muß, beeinträchtigt langsam meine Laune. Durch die scheibenlosen Fenster wogt ein Gestank von

Abendessen mit Zuschauern – nie sind wir allein

Müll und Pisse ins Zimmer, es ist naheliegend, aus dem Fenster zu pinkeln, statt sich durch die dunklen Flure des Hotels zu einem *mandi* am anderen Ende des Hauses durchzutasten. Leider ist diese Lösung im Moment doch nicht machbar. Ich könnte mich zwar leicht auf den Fenstersims setzen und auf der Kante balancieren, wenn es nicht wegen der Schulkinder dort unten wäre, die zum Zimmer hinaufstarren. Und jetzt stimmen sie auch noch die Nationalhymne an! Immerhin gibt es ganze vier Betten hier, stelle ich befriedigt fest.

„Sollen wir denn ganz allein schlafen?" jammert Ida. Sie kennt es gar nicht anders, als daß Hjalte und ich mit je einem Kind im Bett schlafen, damit wir nicht für zwei Zimmer bezahlen müssen – aber hier kann jeder sein eigenes Bett bekommen.

Bald hängen die schweißnassen Kleider auf der Leine, und die Fensterläden sind geschlossen. Die Kinder schlafen fest, trotz der Hitze. Hjalte und ich fühlen uns beinah zu Intimitäten verpflichtet, jetzt, wo die Kinder ein bißchen aus dem Weg sind. Es ist fast zu heiß, als daß es Spaß machen könnte, aber unter Aufbietung all unseres guten Willens bringen wir doch zuletzt die rechte Stimmung auf. Unglaublich, woher die Leute auf Sumatra überhaupt die Energie hernehmen, sich zu vermehren, denke ich, die Haut klebt, und der Schweiß läuft, aber jetzt geben wir nicht so leicht auf, jetzt, wo wir endlich ein Bett für uns haben . . . Unter lautem Getöse zersplittert der Lattenrost, wir krachen durch. Ein doofes Grinsen ist alles, was es mir gebracht hat. – Scheiße! Dafür muß es für die Typen draußen eines der lustigsten Erlebnisse seit langem gewesen sein, als sie die Tür aufreißen, um zu sehen, was den Krach verursacht hat. Mit dem letzten Fünkchen dänischen Humors legen wir am nächsten Morgen die zerbrochenen Bettenlatten unter die Matratze. Der nächste Gast, bitte! Und wir sagen auf Nimmerwiedersehen.

Jetzt wollen wir aber baden! Die Kinder können es kaum erwarten. Wenn wir jetzt noch ein wenig nach Süden fahren, müßte doch ein friedlicher Ort zu finden sein, wo wir uns einige Tage niederlassen können. Kleine Häuser auf Pfählen stehen dicht gedrängt am Wegesrand, und hinter den sich anschließenden Feldern können wir die äußerste Reihe Kokospalmen am Strand sehen. Im Laufe des Vormittags werden die Kinder immer ungeduldiger, aber es gibt weder einen Weg noch einen Pfad zum Meer hinunter.

Endlich um die Mittagszeit, als wir vor Hitze und Ungeduld beinahe vergehen, findet Hjalte einen Feldweg, der in die richtige Richtung führt. Die Bauern arbeiten auf den Reisfeldern, einige tragen spitze, blaue Chinesenhüte. Dort, wo das Wasser von den Feldern über den Weg läuft, haben sie aus zwei runden Holzstämmen eine kleine Brücke gebaut – es gibt fast nichts Schlimmeres für Motorradfahrer.

Hjalte springt ab und versucht seine Honda hinüberzuziehen – Emil geht lieber allein weiter –, und platsch! stürzt Hjalte in ein Reisfeld, die Maschine über sich. Er ertrinkt! ist mein erster Gedanke, aber noch bevor ich mein Motorrad hingeschmissen habe, sind ihm die Reisbauern zu Hilfe geeilt. Das Motorrad liegt einen Meter tief im Wasser auf Grund. Hjalte rappelt sich auf, über und über mit Schlamm bedeckt. Gemeinsame Anstrengungen bringen das Motorrad wieder an Land, und da Hjalte jetzt sowieso naß ist, bietet er an, auch mein Motorrad durch die Schlammpfütze zu bugsieren. Es ist sicherer, es gleich unten zu versuchen, als von der Brücke aus. Unter großem Geplansche fährt Hjalte dann meine Honda durch das Wasser, während ich trockenen Fußes über die Brücke trippele – und ich schäme mich nicht einmal, ich genieße es.

Am Meer donnern die Wellen an den Strand, die Kokospalmen neigen sich über den Sand. So weit das Auge reicht, liegt die Küste völlig verlassen da. Um ja ungestört zu bleiben, fahren wir ein paar Kilometer weiter, bevor wir unser Lager aufschlagen. Heute haben wir es besonders nötig, allein zu sein. Die Motoren schweigen, wir atmen tief ein – wie friedlich ist es hier! Endlich ein Ort ohne Menschen. Das erste Mal, seit wir auf Sumatra sind . . . herrlich! Schnell stellen wir das Zelt auf, und dann wollen wir uns nur noch entspannen.

„Was glaubst du, dauert es zehn oder zwanzig Minuten, bis die ersten Indonesier auf der Matte stehen?" frotzelt Hjalte.

„Fünf", antworte ich im Spaß und schaue auf die Uhr.

Nach genau zwei Minuten stehen die ersten zehn Jungen um uns herum und gucken uns an. Was soll's, wir setzen uns in den Sand und blicken übers Wasser, in der Hoffnung, daß sie bald weitergehen. Denkste! Zehn Minuten später können wir das Wasser schon nicht mehr sehen. . . und nach zwanzig Minuten

Nur mit gemeinsamen Kräften kriegen wir die Honda wieder aus dem Reisfeld

sehen wir auch einander nicht mehr. Vom Strand, von den Palmen, aus dem Nichts strömen neugierige Männer, Frauen und Kinder herbei, um uns in Augenschein zu nehmen.

Die kleinen Jungen bringen uns frische Kokosnüsse mit kühler Kokosmilch. Da können wir doch nicht nein sagen?! Emil und Ida laufen runter zum Baden. Völlig entsetzt beobachten die einheimischen Kinder vom Strand aus, wie sie im Wasser spielen. Nicht eines von ihnen würde auch nur im Traum daran denken, selber dort zu baden. Indonesische Kinder baden nur in Flüssen.

Hjalte und ich würden uns auch gerne mal abkühlen, also wühlen wir uns durch die Menschenmenge und krabbeln ins heiße Zelt, um uns umzuziehen. Doch die Zeltöffnung ist voller Köpfe, während ich mich ausziehe, und mir platzt fast der Kragen, bis ich zuletzt in der Unterhose dasitze, artig mit dem Rücken zum Publikum. Die Indonesier selber sind so schamhaft wie zu Königin Viktorias Zeiten – wahrscheinlich weil sie Moslems sind. Jedenfalls bin ich beim Höschen bei einem schwierigen Punkt angelangt. Wir ziehen uns ja schon im Zelt um, um sie nicht vor den Kopf zu stoßen..., aber wenn sie mit dem ganzen Oberkörper im Zelt hängen, haben sie es sich selber zuzuschreiben. Ich fange an, das Höschen runterzuziehen, drehe den Kopf und scheuche sie weg..., nichts passiert. Verflixt – ich ziehe es schnell wieder hoch..., und wieder versuche ich es..., immer noch dieselben starrenden Augen und offenen Münder in der Zeltöffnung. Verdammte Blödmänner!

„Stell dich nicht an", sagt Hjalte, „du kannst sie nicht ändern."

Und recht hat er. Ich lege meinen Badeanzug mit Ärmeln an, spüre aber deutlich, daß ein knöchellanger Rock noch passender wäre.

Langsam dämmert es mir, daß die Leute auf Sumatra nicht nur zusammenströmen, weil sie das Bedürfnis nach menschlicher Gesellschaft haben. Sie glotzen auch aus egoistischen Motiven, und was wir davon halten, ist ihnen ehrlich gesagt egal.

Hjalte hat sich mit dem Wörterbuch hingesetzt und führt ein Wort-für-Wort-Gespräch mit einigen der Männer. Vom Wasser aus sehe ich, wie der Kreis schwarzhaariger Köpfe sich zusammenzieht und über ihm schließt. Später bauen Emil und Ida Sandschlösser. Sie düsen umher, holen Sand und Wasser und schieben die indonesischen Kinder, die passiv zusehen, zur Seite. Ich selber versuche zu kochen, aber es ist ungeheuer umständlich. Die Leute stehen mir beinah auf den Händen, und jedesmal, wenn ich etwas hole, muß ich unendlich viele Menschen bitten, Platz zu machen. Sie lächeln und lächeln, und in mir wächst die Lust, sie anzufauchen.

Als die Dunkelheit endlich hereinbricht und die Leute anfangen, nach Hause zu gehen, sind wir total erschöpft, nachdem wir ihnen über sechs Stunden Unterhaltung geboten haben. Im Bewußtsein dessen, daß wir Gäste in ihrem Land sind, versuchen wir mit List, auch die letzten Zuschauer zum Gehen zu bewegen. Überaus höflich drücken wir jedem von ihnen die Hand und sagen: „Gute Nacht, es war ein schöner Abend."

Keine Reaktion.

Noch einmal mit übertriebener Höflichkeit: „Gute Nacht, und schlafen Sie gut!"

Herzlich schütteln sie uns die Hände – und bleiben stehen. Es ist bald zehn, die Sterne funkeln. Nur zwei Indonesier sind noch wach. Wir geben auf und kriechen ins Zelt.

Bitter stellt Hjalte fest, daß unser großes indonesisches Wörterbuch verschwunden ist, einfach gestohlen. Ist das der Dank dafür, daß wir einen ganzen Tag lang Unterhaltung geboten haben? Ach, man soll nicht kleinlich sein. Wenn irgendein armer Teufel wirklich Englisch lernen will, war dies vielleicht die beste Chance, die sich ihm seit Jahren geboten hat. Trotzdem ist es ärgerlich.

Emil hat einen Sonnenbrand auf den Schultern, und ich muß mit einer nassen Socke seinen Nacken kühlen, bevor er zur Ruhe kommt. Wir haben gerade die Augen zugemacht, als vom Strand Singen und Lachen ertönen. Ich stütze mich auf meinen Ellbogen auf und spähe durch das Moskitonetz. Eine größere Schar Leute nähert sich mit Lampen, um uns zu begutachten. Die Palmen schwanken im blauen Nachthimmel, und Wellen rollen an den Strand mit Meeresleuchten in der Brandung. Hier ist ein Traum wahr geworden, und nun können wir ihn nicht einmal genießen. Ich weiß sehr wohl, daß es nicht daran liegt, daß wir müde und kaputt sind, sondern daran, daß wir die indonesische Mentalität nicht verstehen. Wir sind heute nicht mehr dazu in der Lage, auch nur ein einziges Lächeln zu verschenken. Wenn sie es doch nur begreifen und uns endlich in Frieden lassen würden!

Angespannt und voller Ärger liegen wir da und hören das Klimpern der Gitarre in der Tropennacht und die Unterhaltung der festlich gestimmten Delegation, die sich dem Zelt nähert. Die letzten nächtlichen Gäste gehen erst nach Hause, als es hell wird, und haben so Gelegenheit, die ersten Frühaufsteher zu begrüßen, die zu uns unterwegs sind. Aber Eigenbrötler, wie wir sind, bauen wir das Zelt ab und brechen auf, so schnell es geht.

Ohne Zwischenfälle geht es durch die Reisfelder zur Hauptstraße, wo wir erst eine Pause einlegen müssen, um wieder zu Kräften zu kommen. In einem kleinen Laden erstehen wir Kekse und trinken Wasser aus einer Plastikkanne.

Es ist ein warmer Tag, und wir genießen den Fahrtwind, aber schon nach drei Stunden auf unseren glühendheißen Hondas melden sich die ersten Hitzepickel. Um die Mittagszeit halten wir an und essen bei einem Chinesen in Sibolga Suppe und *satay*, Spieße mit kleinen Fleischstückchen. In der Nähe der Stadt verwandelt sich die Küste in unwirtliche Sümpfe, welche die Straße tiefer ins Landesinnere schieben. Nach weiteren hundert Kilometern haben wir beinahe Blasen am Hintern, zuletzt fühlt es sich an, als hätte sich unser Sitzfleisch in Steaks verwandelt. Als wir am Nachmittag in Padangsidempuam ankommen, müssen wir absteigen und uns ein Hotel suchen.

Am nächsten Vormittag, bevor wir die Stadt verlassen, will Hjalte eben noch einen Brief an seinen Freund Thomas in Dänemark aufgeben und ihn darum bitten, uns per Luftfracht zwei Motorradreifen nach Jakarta zu schicken, da verirren Ida und ich uns im Verkehrsgedränge vor dem Markt und der Post. Was tun? Nur keine Panik! Langsam drehe ich eine Runde nach der anderen: Bei der dritten Runde um den Markt beginnen die Leute mit den Fingern zu zeigen: „Da sind sie gefahren." Unglaublich, wie aufmerksam die Indonesier sind. Selbst in den Städten, wo die Leute dicht gedrängt wohnen, sind sie ungeheuer wach, im Gegensatz zu den Leuten bei uns im Westen, die schon so abgestumpft sind.

Nach einem weiteren heißen Tag auf der Landstraße erreichen wir gegen Abend ein schläfrig wirkendes Dorf weit draußen auf dem Lande. In den Straßen scharren die Hühner im Staub vor den bröckelnden Häuserfassaden. In einer baufälligen Hütte, wo vier Schüsseln mit Gerichten in einem wackeligen Tresen ausgestellt sind, legen wir eine Essenspause ein. Alles schwimmt in Chilisoße, und Emil und Ida weigern sich, etwas zu essen. Dabei haben wir für ein Heidengeld für beide eine Keule von einem abgemagerten Hähnchen erstanden.

Ida zupft an mir – was, schon wieder? Diesmal ist Hjalte dran. Er fragt nach einem *mandi,* und ein junger Mann geht mit Hjalte und Ida nach draußen. Nach einer Viertelstunde kehren sie unverrichteter Dinge zurück. Nachdem sie durch die Hintergärten des Dorfes geführt wurden, waren sie in den Waschraum der Moschee gekommen, wo die Männer vor dem Gebet die Waschungen verrichten, aber eine Toilette gab es da nicht. Und der junge Mann hatte überhaupt nichts verstanden, als Hjalte und Ida den Kopf schüttelten. Er hatte geglaubt, sie hätten nach einem *mandi* gefragt, weil sie so dreckig waren.

Von dem Augenblick an, als wir unsere Motorräder geparkt hatten, fingen die Leute an herbeizuströmen, und jetzt, nach Hjaltes und Idas Spaziergang durch das Dorf sind ihnen viele gefolgt. Noch bevor man uns den Bananenkuchen serviert hat, drängeln sich Kinder und junge Männer im Raum, und von der Straße schieben noch mehr hinterher. Wir müssen schnell weg, bevor der Glastresen umfällt. Wogen von Schulkindern schlagen um uns zusammen. Beinahe kippen die Motorräder um. Emil und Ida schreien. Die kleinsten Kinder werden im Gedränge zu Boden gestoßen, und einige Erwachsene rufen den Kindern zu, daß sie nach Hause gehen sollen, aber es hat keine überzeugende Wirkung, solange sie selber stehenbleiben.

Zwei junge Männer aus dem Dorf haben schon für eine Übernachtungsmöglichkeit für uns in einem staatlichen Bungalow gesorgt. Zur Zeit wird das Haus nur von der Haushälterin und ihrer Familie bewohnt. Der Dorfpolizist ist uns dabei behilflich, die

Motorräder zum Haus und in einen geschlossenen Innenhof zu bekommen.

Die Kinder draußen johlen und schreien, daß einem angst und bange wird. Der Polizist versucht sie wegzuscheuchen, aber da er damit wenig Erfolg hat, macht er sich schnell aus dem Staube, bevor er seine gesamte Autorität verliert. Im Haus wimmelt es schon von Leuten, die sich mit uns unterhalten wollen. Hjalte meistert das auf die feine Art; er sagt, daß sie gern zurückkommen könnten, sobald wir uns gewaschen haben, und so bleibt uns eine volle Stunde, um uns zu erholen.

Um acht setzen wir uns zusammen mit den Männern und Frauen aus dem Dorf in den größten Raum um einen schweren, großen Tisch. An den Tischenden thronen Hjalte und ich. Nach bestem Vermögen versuchen wir, die gestellten Fragen zu beantworten, und auch die, die wir ihnen von den Augen ablesen können.

Die beiden jungen Männer, die uns die Unterkunft besorgt haben, sprechen ein paar englische Brocken und wir ein paar indonesische. Das läßt das Gespräch lebhaft über den Tisch springen, denn alle diskutieren eifrig darüber, was wohl gesagt wird.

Als es zehn ist und zum letztenmal von der Moschee zum Gebet gerufen wird, ist es Zeit aufzubrechen, und die Gäste verabschieden sich von uns. Die Indonesier besuchen sich gegenseitig, um zu reden, und nicht, um zu essen. Nach einem gelungenen Abend gehen sie zufrieden nach Hause, obwohl wir nichts anzubieten hatten.

Langsam beginne ich zu begreifen, daß die Indonesier ein bescheidenes, neugieriges, aufdringliches, rücksichtsloses, aufmerksames, kultiviertes und tolerantes Volk sind..., mit anderen Worten, ich weiß überhaupt nichts über sie. Das einzige, was tatsächlich zutrifft, ist, daß sie sehr verschieden sind, jeder für sich. Ich glaube, daß man am besten mit ihnen zurechtkommt, wenn man sich so aufführt, wie man es selber für richtig hält – lachen tun sie sowieso, da kann man ganz sicher sein, aber es ist nicht böse gemeint.

Am Morgen kommen unsere beiden Freunde zurück, um uns ein Stück zum nächsten Dorf zu begleiten. Wir starten die Hondas und ihr Mofa und verlassen den Ort. Das Mofa kann nicht besonders schnell fahren, und da sie sich auch gleichzeitig mit uns unterhalten wollen, kommen wir nur im Schneckentempo vorwärts. Nach einer Stunde Fahrt haben wir die zwanzig Kilometer zum nächsten Dorf zurückgelegt, und der Spaß muß ein Ende haben. Ich halte an und lade sie zum Tee ein. Auch hier werden wir von Kindern bestürmt. Aber worauf starren sie denn so? Was ist an uns denn so merkwürdig? Etwas peinlich berührt antwortet der eine unserer beiden Freunde, daß die Kinder unse-

Ein ganz normales Dorf in Sumatra

re Nasen einfach unglaublich lang finden. Du lieber Himmel, sie haben alle kleine flache Nasen – und wir einen Schnabel mitten im Gesicht!

Heute wollen wir so weit wie möglich fahren, aber die Strecke darf Hintern und Hosenboden nicht überstrapazieren. Zur Zeit legen wir jeden Tag etwa dreihundert Kilometer zurück. Wir packen, essen und spielen zwischendrin, machen Fotos, gehen auf Insektenjagd, kaufen auf dem Markt ein und machen kleine Pausen. Ja, es kostet direkt Überwindung, sich immer wieder auf die Rösser zu setzen, aber wenn wir erst in Gang sind und neue Erlebnisse auf uns warten, bereuen wir es nie.

Nachdem wir mit unseren beiden Freunden Tee getrunken haben, sagen wir deshalb *selamat*, und weiter geht es in Richtung Bukittinggi. Das erste Stück führt uns durch den teils gerodeten, teils landwirtschaftlich genutzten Urwald. Dreimal im Laufe des Tages werden wir in kleinen Booten über Flüsse gesetzt; es ist eine herrliche Abwechslung. An den Anlegeplätzen können wir Essen und Gemüse von kleinen Buden und Benzin direkt aus der Tonne kaufen.

Wir wollen Bukittinggi gern noch vor dem Abend erreichen. In der Dämmerung stellen wir unsere Scheinwerfer ein, so daß sie im richtigen Abstand auf die Straße treffen, als sich eine Dunkelheit, so schwarz wie ein Fledermausflügel, über uns legt, und da fallen auch schon die ersten, schweren Tropfen. Sie setzen sich auf die Visiere der Helme und lassen die Lichter des Gegenverkehrs wie Sterne und Striche explodieren. Alles andere drumherum wird schwarz und ist nicht zu erkennen. Es gießt, als wir uns mit 30 km/h langsam durch eine Haarnadelkurve nach der anderen über die Berge plagen. Um zehn Uhr erreichen wir Payakumbuh und geben auf. 320 Kilometer haben wir an einem langen Tag geschafft.

Früh am nächsten Morgen weckt uns der Gesang aus dem Lautsprecher der Moschee. In allen Häusern wiederholen die Männer das Gebet auf ihren Gebetsteppichen, und der Gesang erhebt sich über die ganze Stadt, sonderbar und schön. Kaum ist das Gebet verstummt, fängt laute Popmusik an. Es ist sechs Uhr, ein neuer Tag ist angebrochen.

Als wir das Hotel in Richtung Bukittinggi verlassen, fahren wir erst noch in die Stadt hinunter, um die eigenartigen Häuser, deren Silhouetten wir gestern abend durch den Regen erahnen konnten, aus der Nähe anzuschauen. Die Mining-Kabao-Häuser in Payakumbuh sehen aus wie im Märchenbuch, und wie alles Magische lassen sie sich nur ungern fotografieren. Sie sind reine Poesie. Die Wände schrägen leicht nach oben zum Dach hin, die Giebel streben himmelwärts wie der Bug eines Schiffes, und das Dach bildet Wellen, die in spitzen Türmchen enden. Unglaublich

Mining-Kabao-Häuser sehen auch mit Wellblech malerisch aus

45

schön sind sie, obwohl Wellblech das Palmendach bei den meisten abgelöst hat. Die Leute lieben offensichtlich ihre Häuser, die sie in den schönsten Farben anstreichen.

Emil und Ida möchten auch gern ein Foto von den Häusern machen, und ich reiche Ida meine kleine vollautomatische Kamera. Ich gehe bestimmt nicht davon aus, daß Idas Fotos alle etwas werden, aber sie soll auch Fotos machen dürfen, weil es ihr Spaß macht und weil sie sich so mit uns gleichwertig fühlt. Hier bei den Häusern helfe ich ihr trotzdem ein wenig.

„Ida, denk dran, daß auch ein bißchen Himmel draufkommt. Hast du die Jungen – und das Palmendach?"

„Was fotografiert Ida denn da?" will Emil wissen. „Einen ganz gewöhnlichen Baum?"

„Du", sagt sie nachsichtig, „hast du denn nicht den Vogel da oben gesehen?" Kurz darauf fotografiert sie mit einer Einstellung von einem Meter.

„Ich knipse den tollen Abhang", sagt sie glücklich. Und wer könnte es übers Herz bringen, da noch was zu sagen? Emil dagegen hat den totalen Überblick und ist sehr sorgfältig. Seine Bilder werden bestimmt gut.

Gegen Mittag kommen wir nach Bukittinggi und finden eine außergewöhnlich schöne und freundliche Stadt vor. Auf dem Marktplatz setzen wir uns in ein Lokal und bestellen etwas zu essen. *Padang*-Küche wird hier gereicht, und das Essen besteht aus einer Menge kleiner Schälchen mit verschiedenen Gerichten, dazu gibt es einen Teller Reis und einen Löffel für jeden. Man zahlt nur für das, was man ißt, der Rest wird in die Küche gebracht und den nächsten Gästen aufgetragen.

Und was ist in den Schälchen drin? Außerordentlich scharfe Sachen: Eier in Chilisoße, Fleisch in Chilisoße, Schweinehaut in Chilisoße, Fisch in Chilisoße, Hähnchen in Chilisoße, Gurken in Chilisoße. Hjalte kostet das scharfe Fleisch und die Gurken und hat schon bald ganz verbrannte Lippen.

„Hick", macht er, „hick."

46

Die Kinder freuen sich diebisch. Hjalte ißt unheimlich gern Chilisoße, aber wenn sie zu scharf ist, bekommt er Schluckauf. Emil und Ida lehnen dankend ab. Ich entscheide mich für Fisch in Curry, aber auch der ist höllisch scharf. Die armen Kinder, die sonst keine Kostverächter sind, müssen sich mit Reis begnügen. Als Entschädigung leisten wir uns den Luxus und bestellen riesige Portionen Bananen mit Schokoladensoße zum Nachtisch. Danach suchen und finden wir das billigste und sauberste *losmen* in der ganzen Stadt, das den vornehmen Namen „Grand Hotel" trägt, und da es noch früh am Tag ist, machen wir einen Ausflug in den Zoo, wo alle Tiere, die auf Sumatra leben, zu sehen sind.

Wir trauen kaum unseren Augen, denn dort gibt es Tiger, Bären, Krokodile, Wildschweine, Affen, Elefanten, Leoparden, Strauße und noch viel, viel mehr. Bevor man anfing, den Urwald zu roden, um den Boden landwirtschaftlich zu nutzen, muß Sumatra eine Arche Noah gewesen sein. Emil und Ida bekommen jeder eine Tüte Erdnüsse, die sie mit den Tieren teilen können. Freudestrahlend laufen sie von Käfig zu Käfig, aber die Affen haben sich fett und faul gefressen, und einige von ihnen sind sogar bösartig geworden, weil die Leute sie gedankenlos necken.

Vor einem Orang-Utan, der noch jung und rege ist, bleiben sie stehen. Orang-Utan bedeutet Wald-Mensch auf indonesisch, denn früher glaubten die Leute auf Sumatra, daß die großen Affen Menschen seien, die im Wald wohnten.

„Komm mal her!" ruft Ida. „Guckt euch mal den lustigen Affen an!"

„Affe! Affe!" wiederholen die indonesischen Kinder und strömen von allen Seiten herbei. „Affe!" rufen sie begeistert und zeigen mit den Fingern. Aber sie kommen nicht wegen der Affen angelaufen, sondern um uns näher zu betrachten!

Am nächsten Morgen hat eigentlich keiner von uns Lust weiterzufahren. Hjalte möchte am liebsten Briefe schreiben, Emil im Zimmer spielen, und Ida und ich würden gern den Tag in den Läden am Markt verbringen.

Endlich einmal eine Gelegenheit zu einem Einkaufsbummel

ohne Männer. Wir haben jede Menge Zeit, gucken hier und gukken da, nehmen die Waren in die Hand, fragen nach dem Preis, unterhalten uns mit den Leuten, so gut es geht. Zuletzt kehren wir mit vier wunderschönen *sarongs* ins „Grand Hotel" zurück. Aber der Kauf, auf den wir am allerstolzesten sind, ist eine kleine Pappschachtel mit einem Geschenk für Hjalte, der morgen Geburtstag hat — und wir verraten nicht, daß es ein samtschwarzer Moslemhut ist!

Nachts dienen die *sarongs*, die etwa drei Meter lang sind, als Decken, denn die Schlafsäcke sind viel zu warm, und die Moskitos würden uns zerbeißen, würden wir nackt schlafen.

Im Regen fahren wir am nächsten Tag nach Padang und an die Küste. Wir finden ein Hotel mit viel Atmosphäre, auch wenn es nicht gerade komfortabel ist. Erst ziehen wir die Motorräder durch eine Schneiderei in einen kleinen Hof mit Küken und ein paar Omas, die über einem Feuer Essen zubereiten. Dann tragen wir das Gepäck über eine Betontreppe nach oben in ein Zimmer mit einem Fenster zu einem Laubengang. Das Zimmer ist klein und stickig mit zwei kurzen Eisenbetten und wenig Platz auf dem Fußboden. Ich koche selber, damit die Kinder etwas ohne Chili zu essen bekommen. Vom Kocher steigen Dunstwolken zu den Spinnweben an der Decke auf.

Nachts wird der Regen zum Wolkenbruch. Draußen auf dem Laubengang kriecht eine klatschnasse Ratte aus einem Abflußrohr. Hjalte kann nicht schlafen, die Betten sind zu kurz, und die Kinder husten im Schlaf. Um den Moskitos den Appetit zu verderben, müssen wir zwei Mückenspiralen brennen lassen. Es ist immer noch drückend heiß. Stunden um Stunden ergießt sich der Regen über Padang und hämmert auf die Blechdächer wie Trommelstöcke auf rostige Tannen. Als der Regen endlich gegen Tagesanbruch aufhört, sind wir müder als am Abend zuvor. Die Kinder streiten sich bei dem geringsten Anlaß und schubsen einander, stoßen dabei Haferflocken und klumpige Trockenmilch um.

48

Gibt es etwas Schlimmeres als Kinder, die sich streiten? Ida muß unbedingt dort sitzen, wo Emil sitzt, und Emil will keinen einzigen Zentimeter rücken. Nervenstrapaze hoch drei!

„Jetzt haltet ihr verdammt noch mal die Klappe, sonst brülle ich gleich los!" schreie ich, ohne daß es hilft.

Hjalte sitzt schwitzend auf dem Bett und sieht aus wie ein nasser Waschlappen. „Ich mag nicht mehr im Hotel wohnen", sagt er. „Ich will im Zelt in der Natur schlafen. Auf dieser Reise stimmt hinten und vorne nichts. Die Kinder essen nichts, und jetzt streiten sie auch noch rum. Und wenn wir die ganze Zeit im Hotel wohnen sollen, will ich lieber nach Hause."

„Und *ich* will lieber nach Hause, als mich ständig von hundert Leuten beglotzen zu lassen", gebe ich zurück. „Und wo ist denn deine Natur? Wo willst du denn überhaupt das Zelt aufstellen?"

Die Kinder sind mucksmäuschenstill geworden.

„Ich möchte auch lieber im Zelt wohnen", sagt Ida lieb, um Hjalte zu Hilfe zu kommen.

„Ich finde, ihr solltet aufhören zu streiten", beschwichtigt Emil.

„Ja, das finde ich auch", schließt sich Ida ihm an.

„Siehst du! Die Kinder wollen offenbar auch nicht, daß die Reise hier zu Ende ist."

„Meinetwegen", sage ich zu Hjalte, „suche einen Ort, wo wir das Zelt aufbauen können – ich habe nichts dagegen."

Ich hatte erwartet, die Stadt völlig unter Wasser vorzufinden, aber merkwürdigerweise ist alles in Ordnung. Der Regen hat die Straßen gereinigt und den Unrat aus den Kloaken gespült. Nur hier und da zischt eine Pfütze um die Räder – was unserer Laune ganz gut entspricht. Sobald wir auf der Küstenstraße sind, haben wir endlich wieder das Gefühl, daß neue Erlebnisse uns erwarten. Wir haben einen Blick über tropische Meeresbuchten mit kleinen Fischerbooten, einer kristallblauen Brandung und Palmen im Regen. Später, als die Straße ins Landesinnere abdreht, scheint wieder die Sonne. Wie ein unendliches Dorf liegen die Häuser da, eine einzige lange Reihe von Häusern zu beiden Seiten der Straße, Kilometer auf Kilometer.

Tankstelle am Wegesrand

Es wird Abend, und Hjalte muß noch für uns einen Lagerplatz finden. Immer noch Häuser überall. Die Sonne geht unter. Noch immer kein freier Meter zum Zeltaufbauen, obwohl wir weit draußen auf dem Lande sind. Ich sage nichts, ich will ihn jetzt nicht auch noch aufziehen. In der Dämmerung schweben große Flughunde über den Bäumen, es ist ein schöner Abend. Worüber haben wir uns eigentlich heute morgen gezankt? Das ist doch lächerlich! Ging es wirklich darum, ob wir campen oder im Hotel wohnen wollen? Das können wir doch gar nicht selber bestimmen. Wir lassen einfach die Situation auf uns zukommen und nehmen die Dinge, wie sie sind – und hier liegt ein uraltes, gemütliches *losmen* mit Petroleumlampen, genau das richtige für uns.

Als wir uns gewaschen und etwas gegessen haben, muß ich mit Emil nach oben gehen. Ida hat im Laufe des Tages recht lange auf dem Motorrad geschlafen, aber Emil, der zu groß ist, um während der Fahrt noch schlafen zu können, ist so müde, daß ihm ganz schlecht ist. Wir ziehen uns in einen großen, mückenfreien Raum zurück, und der unentbehrliche Groß-Leopardo wird hervorgekramt. Er ist das beste Schlafkuscheltier der Welt. Emil und ich legen uns hin, Leopardo zwischen uns, und reden leise miteinander.

Ich habe lange und fest geschlafen, erwache und betrachte meinen nackten Arm. Gestern abend habe ich im kleinen feuchten *mandi* des Hotels Wasser über mich gießen wollen und deshalb meine Hosen mit meiner Armbanduhr in der Tasche über die Tür gehängt. Danach zog ich meinen *sarong* an und vergaß die Hose. Als sie mir wieder einfiel, war die Uhr längst verschwunden – die letzte Armbanduhr der Familie. Selbst schuld. Na ja, die Uhrzeit ist ja nicht so wichtig, und die Sonne kann uns keiner stehlen. Von jetzt an wird sie uns sagen, wie weit sich die Erde gedreht hat.

„Habt ihr schon gehört, daß es wilde Tiger in dem Wald gibt, durch den wir heute fahren?" fragt Hjalte.

„Und?" sage ich. „Tiger haben doch Angst vor Menschen."

„Nein, letztes Jahr wurden zwei große Schulmädchen früh am Morgen von einem Tiger getötet."

„Aber die waren ja wohl kaum auf dem Motorrad unterwegs?"

„Doch. Der Mann, mit dem ich gestern abend gesprochen habe, hat mir erzählt, daß der Tiger die beiden Mädchen von ihrem Mofa gerissen und sie getötet hat! Der Staat hat dann eine Streife ausgeschickt, die auch einen Tiger erschoß. Doch es soll noch viele davon geben. Aber die Wahrscheinlichkeit, daß *wir* einen Tiger zu Gesicht bekommen, ist recht klein", prophezeit Hjalte.

„Wir werden erst um die Mittagszeit den Urwald erreichen, und ob zwei große Motorräder nicht doch ein zu großer Bissen für einen Tiger sind...?"

Wir starten voller Zuversicht und biegen oben auf dem Berg in den Urwald hinein. Endlich ein bißchen Natur, endlich eine

Straße ohne Asphalt! Kaum sind wir im Dschungel, knackt und kracht es oben am Hang. Wie vom Teufel geritten, springt ein großes Wildschwein direkt vor die Motorräder und rast weiter in das Gebüsch auf der anderen Seite des Weges.

Die Straße ist furchtbar löchrig und steinig. „Das ist was für die Motorräder!" ruft Ida begeistert. „Sie hüpfen und springen!" Dann legt sie sich auf die Tanktasche und macht ein Mittagsschläfchen.

Später machen wir Rast unter einem riesigen Baum, von dem Lianen bis über den Weg hinunterhängen und zum Schaukeln einladen. Weiter oben springen Affen von Wipfel zu Wipfel. Während wir unsere Bananen und *Jambo*-Früchte essen, beobachten wir die großen Schmetterlinge, die mit türkisfarbenen, schwarzen, gelben und blauen Flügeln über den Weg flattern. Ida fotografiert einen großen schwarzen Vogel. Von Tigern keine Spur.

Am Ende der Dschungelstraße entdeckt Hjalte warme Quellen. So kochend heiß sind sie, daß man Eier kochen kann, dort, wo im See Wasser und Dampf aus dem Erdinnern brodeln. Wir leihen uns den Schlüssel zu einem der Baderäume, die es hier gibt, und waschen uns gründlich mit Seife und dem heißen Wasser, bis wir vor Hunger und Hitze beinah umfallen. Danach verspeisen wir unsere in der Quelle gekochten hellblauen Enteneier und fahren weiter nach Sungaipuno.

Am nächsten Morgen entdecken wir, daß wir in der Bank unsere Reiseschecks nicht einlösen können. Und amerikanische Dollar wollen sie auch nicht. Verflixte . . . Wir düsen von Bank zu Bank, aber – bedauere, leider nein. Ganz bestimmt, versichern sie uns jedoch, können wir in einer Stadt, sechshundert Kilometer von hier, unser Geld wechseln . . .

Mit etwas Geduld zeigt es sich jedoch, daß einer der Bankangestellten uns als Freundschaftsdienst zwanzig Dollar wechseln will, *rein privat*, zu einem elenden Kurs. Damit müssen wir uns abfinden und obendrein noch dankbar sein. Wir rechnen den Spritverbrauch bis zur nächsten größeren Stadt aus – Himmel, das wird knapp. Hjalte füllt die Tanks und die Reservekanister, und ich kaufe ein Kilo Sago und eine Flasche Orangensaft. In der Küchentasche finde ich noch ein bißchen Trockenmilch, Kakao und Kaffee, das muß für die nächsten drei Tage reichen. Jetzt *müssen* wir im Zelt übernachten – und es sieht nach Regen, nein, nach Unwetter aus. Das hat uns gerade noch gefehlt!

Wir müssen los, der Himmel wird schwarz, und der Donner grollt zwischen den Bergen. Als die ersten Tropfen fallen, entdecken wir am Straßenrand ein paar Gummibäume. Im Nu hat Hjalte eine gute Stelle zwischen den Bäumen entdeckt. Ich packe das Zelt aus, Ida setzt die Stangen zusammen, und zusammen mit Emil drückt sie die Heringe in den Boden, während Hjalte und ich das Gepäck unter die Zeltplane werfen. Gemeinsam haben wir unser Haus aufgebaut, bevor der Himmel seine große Dusche aufdreht.

Den Rest des Tages gießt es. Vor dem Zelt schlage ich unseren roten Regenschirm auf und koche Sagosuppe mit Orangensaft, das füllt die leeren Mägen. Als Nachspeise machen die Kinder Kakao. Endlich haben wir mal Zeit, unsere Kassetten mit indonesischer Musik zu hören. Uns geht's gut!

Auf dem Weg nach Bangko wechseln sich Urwald und Felder mit Zimtbäumen ab. Ida singt während der Fahrt. Nach Bangko wird die Straße auf einmal breit und so gerade und gleichförmig, daß man beinahe einschläft. Zu beiden Seiten ist ein breiter Streifen Wald gerodet, viel zu sehen gibt es nicht. Hier und da steht eine armselige Hütte auf einem Stückchen Erde mit abgebrannten Holzstämmen, wo eine Familie sich abmüht, der Erde genug zum Leben abzuringen. Der Staat versucht, das Überbevölkerungsproblem auf Java zu lösen, indem er einige der Millionen Menschen dazu bringt, sich auf anderen Inseln anzusiedeln. Hier wird das wohl versucht. Deshalb die neue Straße und der verwüstete Dschungel.

Endlich können wir in Tanjungkarang, im allersüdlichsten Teil von Sumatra, unser Geld wechseln. In einem Hotel mit wunderschönem Innenhof legen wir eine Ruhepause von ein paar Tagen ein. Jetzt können wir es uns leisten, gut zu essen. Gleich vor unserer Haustür steht ein Imbißstand, wo jeden Abend lecker gekocht wird, und drüben in der Hauptstraße liegt eine Bäckerei. Dort frühstücken wir und kaufen uns Eis.

Seit wir vor vier Wochen nach Sumatra kamen, haben wir viel gesehen, die Berge, die Ebene, die Küste, und wir haben dreitausend Kilometer auf unseren Motorrädern zurückgelegt. Es ist eine heiße Geschichte gewesen, fast schon zu heiß – mehr als dreißig Grad rund um die Uhr. Wir wischen uns den Schweiß von der Stirn und lassen uns in der Eßbude nieder, um ein letztes Mal kleine Leckereien in Chilisoße zu essen. Am nächsten Tag setzen wir mit der Fähre nach Java über.

Wims „Hotel" in Jakarta
(Hjalte)

Wir schaukeln unter einem dunklen Himmel dahin. Zwischen dem Horizont und den Wolken zeichnet der Regen schwarze Striche. Ida sitzt neben mir auf der Reling, und wir sehen, wie die Berge von Sumatra im Meer versinken. In zwei Stunden dürften wir auf der Insel Java mit Indonesiens Hauptstadt Jakarta sein. Die Motorräder haben wir unten auf dem Wagendeck neben den Bussen geparkt, die die Strecke Medan–Jakarta in einem Stück zurücklegen. Drei Tage nonstop – wir haben dafür einen Monat gebraucht. Alle Passagiere bleiben total erschlagen in den Bussen sitzen.

Ich atme die frische Luft an Deck ein. Die Regenschauer haben uns noch nicht eingeholt. Dunkelgrüne Inseln tauchen aus dem Meer und fließen zu einer Küstenlinie zusammen. Ich erkläre Ida, daß der Dschungel dort drüben Java ist. Zusammen mit Emil saust sie hinunter aufs Wagendeck und setzt schon mal den Sturzhelm auf.

Inmitten einer schweren Kolonne von Bussen und Lkws rollen wir an Land. Schilder zeigen an: *jalan toll,* gebührenpflichtige Straße. Alle bezahlen, und dann fahren wir durch ein großes Portal. Wir haben eine Autobahn erwartet, aber das Ganze schrumpft wieder auf das Maß einer holprigen Landstraße zusammen. Das wiederholt sich in jeder Stadt. Die Gebührenboxen sind offenbar das einzige, was man von der „Autobahn" gebaut hat.

Die endlose Ebene von Nordjava öffnet sich. Lkws scheppern uns entgegen, wir fahren an mehreren ausgebrannten Buswracks vorbei, es herrscht dichter Verkehr. Ein Reisfeld liegt neben dem anderen, und um nicht einen einzigen Quadratmeter Feld zu opfern, sind die Häuser eng aneinander gebaut.

Am späten Nachmittag finden wir ein kleines, hübsches Hotel in Serrang, einer Provinzstadt mit breiten sandigen Straßen und hohen tropischen Bäumen hinter den Gartenmauern. Im Hof flöten die Singvögel in kleinen Bambuskäfigen.

Die Kinder haben schon die Straße ausgekundschaftet. Sie haben noch ein bißchen Taschengeld übrig und wissen genau, wo wir hingehen sollen. Auf den Bürgersteigen drängeln sich die Menschen und ziehen an den von Straßenhändlern an der ganzen Bordsteinkante entlang aufgestellten Ständen und Wagen vorbei. Eine Spielzeugbude gibt es auch, Emil und Ida haben sie natürlich längst entdeckt. Hier sind Pappschachteln voll von Autos und Pistolen aufgereiht. In meinen kritischen Erwachsenenaugen ist das alles billiger Plastikkram, doch die Kinder zeigen auch eine Stange mit den lustigen Gummitieren – Krokodile, Frösche, Vögel, Schlangen, eine Kuh gehört auch zum Sortiment. Lauthals preist der Mann die Tiere an und führt vor, wie sie quieken können, wenn man ihnen auf den Bauch drückt. Himmel, ich höre im Geiste schon das nächtelange Gequieke und fordere Emil und Ida auf, etwas Geräuschloses zu kaufen.

„Aber die hier ist doch so schön!" Emil hält eine schwarze Gummifledermaus in der Hand. Ida ist ganz seiner Meinung. Die muß es also sein. Stolz laufen die beiden den Bürgersteig entlang, wobei die Flügel der Fledermaus flattern, und mit triumphierendem Grinsen drückt ihr Ida auf den Bauch: quiek, quiek... Nachts hat Ida die Fledermaus unter dem Kopfkissen liegen, und am Morgen bindet sie sie an den Lenker des Motorrads.

Es läßt sich nicht genau sagen, wo Jakarta eigentlich anfängt. Die Landschaft ist flach, und dauernd stößt der Blick auf ein Hindernis. Fabriken, Reisfelder, Schuppen und Hütten wechseln einander ab, vermischen sich mit grauen Wolken und Abgasen. Wir kriechen vorwärts, vier Räder in einem langsamen Tausendfüßler. Ich hoffe, daß wir Jakarta gut überstehen werden. Eine fremde Millionenstadt ist nicht einfach, wenn man mit Kindern unterwegs ist.

Ein Stadtbus hält vor uns im Stau. Am hinteren Fenster stehen drei Transvestiten und winken uns durch die Scheibe zu. Die drei schlanken Typen lachen kokett und lassen ihre Handtäschchen baumeln, als Emil sie mit seiner Kamera festhält. Zerlumpte Jungen laufen durch die Autoschlangen und verkaufen Zeitungen und Zigaretten, gleichzeitig auf das Wechselgeld und den Verkehr achtend. Zuletzt windet sich der Tausendfüßler auf großen Avenuen mit Einbahnverkehr durch das Zentrum, und mit Glück und meiner geographischen Intuition finden wir das Diners-Club-Büro, die Kontaktadresse für Post von Zuhause. Wir haben das erste Etappenziel unserer Reise erreicht, alle sind gesund und gut gelaunt nach den ersten 5000 Kilometern.

Wir lassen uns in die weichen Sofas fallen und lesen die Briefe. Sie klingen nicht ganz so besorgt wie damals, als wir in Südamerika waren. Jetzt wissen alle, daß wir die Motorradraserei schaffen können. Wir hoffen, daß sie recht behalten...

Thomas schreibt, daß er uns die beiden Motorradreifen per Flugzeug geschickt hat, und von der Speditionsfirma liegt auch schon ein Frachtbrief vor. Ich hebe eine Million Rupien ab und verstaue die vielen Geldscheine sorgfältig in der Innentasche meiner Hose, während die beiden Bürodamen bekümmert zuse-

hen. Sie warnen uns, daß schon öfter Touristen direkt vor dem
Büro überfallen und ausgeplündert worden seien. Wir gehen nebenan in eine Buchhandlung und kaufen eine Karte über sämtliche indonesische Inseln, ein neues Wörterbuch, „Tim und Strup-
pi" auf indonesisch, mehrere Bücher über tropische Früchte und
einen Roman von dem großen indonesischen Schriftsteller
Mochtar Lubis. Der Menschenauflauf um die geparkten Motorräder ist mindestens so groß wie draußen in den Dörfern. Eine
beinah peinliche Bewunderung rufen die beiden roten Fahrzeuge
hervor, und sie färbt auch ein wenig auf uns ab. Aber wir sind zu
dreckig und zerknittert, um mit den Hondas mithalten zu können.

Während der Fahrt durch die Stadt hält Emil die Karte hoch,
damit ich immer wieder einen schnellen Blick auf sie werfen
kann. Die wenigen Schnell- und Hauptstraßen mit Einbahnverkehr sind übersichtlich, aber dazwischen ist die Karte von großen
braunen Flecken ohne eine einzige Straße übersät: Es sind die
kampongs, die verslumten „Dörfer", in denen die meisten der
acht Millionen Einwohner leben. Wie eine kleine Doppelzelle
gleiten wir ruckweise durch den Verkehr, an pompösen staatlichen Palästen, multinationalen Hochhäusern und Luxushotels
vorbei; der Rest sind kleine, niedrige Häuser und Schuppen, wie
in den Dörfern auf dem Land.

Nina fragt in den Hotels nach einem Zimmer, aber entweder
ist alles besetzt, oder es ist zu teuer. Ein gutaussehender,
schwarzgelockter Indonesier auf einer Suzuki ist unsere Rettung.
Wim, so heißt er, schlägt vor, daß wir mit ihm in sein *kampong*
fahren, dort sollen wir uns eine Pension anschauen, die er seit einem halben Jahr betreibt. Er führt uns in ein großes Zimmer mit
einem beeindruckenden, mit Schnitzereien verzierten Doppelbett, in dem wir alle vier Platz haben. Und als es dunkel wird,
haben wir in *Wim's Homestay, Kebon Sirih Barat, Dalam 1, Jakarta Pusat* eine Bleibe gefunden. Emil und Ida sind von dem
langen Tag in Jakarta völlig kaputt und fallen erschöpft um.

Die Stimmung bei Wim und seiner Familie ist gut. Mit seiner

Frau Fauziah hat er drei Kinder, die Jungen Irul und Hendra, 15 und 14 Jahre alt, sowie Uli, ein liebes und aufgewecktes 11jähriges Mädchen. Wims Vater war Holländer, aber er ist auf der tropischen Insel Banda bei seiner Mutter aufgewachsen. Er hat sich selbst ganz gut Englisch beigebracht, wobei er viel aufschnappt, wenn er sich mit den Rucksacktouristen unterhält, die hin und wieder bei ihm wohnen. Wim ist locker und natürlich und kennt das Bedürfnis nach Privatleben, das die Europäer manchmal packt.

Fauziah stammt aus Sumatra und ist in einem alten bootsförmigen Haus außerhalb von Bukittinggi streng moslemisch erzogen worden. Sie hat damals gelernt, nie jemand anzulächeln, und in den ersten Tagen schätzen wir ihre Laune falsch ein. In Wirklichkeit ist sie lustig und hilfsbereit, außerdem eine sehr selbständige Frau. Sie ist eine tüchtige Bergsteigerin, aber leider, sagt sie, möchte Wim im gemeinsamen Urlaub lieber am Strand liegen wie in seiner Kindheit. Ich bin sicher, daß sie einander gern haben, aber in Gegenwart anderer tauschen sie, wie überhaupt die indonesischen Ehepaare, nie Zärtlichkeiten aus, so daß man annehmen könnte, sie würden einander gar nicht kennen.

Mit Wims „Hotel" haben wir es herrlich getroffen, hier ist es billig, und wir können wohnen bleiben, solange wir wollen, gleichzeitig haben wir gemütlichen Familienanschluß – wenn wir ihn wünschen.

In seinem Wohnzimmer hat Wim unter einem Loch im Dach ein Goldfischbecken in den Fliesenboden eingelassen, so daß der Regen vom grauen Himmel direkt auf die Goldfische tropfen kann. Das Haus ist immer voller Menschen: Touristen, die Familie, Mieter, Dienstmädchen und eine Menge Freunde, die eben mal vorbeischauen. Trotzdem ist im Haus mehr Platz als draußen im Gedränge der Gasse. Vermutlich haben die Goldfische die größte Bewegungsfreiheit, die gerade von Emils Lego-Unterseeboot besucht werden.

Sehr früh am Morgen wird von einer kleinen Moschee in der Nähe zum Gebet gerufen. Wir gehen dem Gesang nach, bahnen uns einen Weg durch das enge Labyrinth der schmalen Gassen zwischen den kleinen Häusern. Das einzige, was die Moschee von den anderen Häusern unterscheidet, ist die adrette Reihe von Plastikschlappen draußen auf den Fliesen. Nebenan verkauft eine Frau fritierte Bananen, *pisang goreng,* die man in Indonesien oft zum Frühstück ißt. Junge Männer mit langen, krummen Nägeln, besonders an der linken Hand, polieren ihre funkelnden Vespas. Einige kleine Mädchen haben sich die Gesichter weiß gepudert, um schön auszusehen, und sie starren uns Bleichgesichter an, während sie ihre weißen Puppen an sich drücken. Wir hüpfen über Haufen von Abfällen, die ein Straßenfeger mit einem verschlissenen Reisigbesen von einer Stelle zur anderen zu schieben versucht, und über offene Kloaken mit stillstehenden Abwässern. Überall drängeln sich unsagbar viele Menschen. Lachend und rufend verfolgen uns die Kinder des Viertels und kneifen Ida gnadenlos. In ihrem Sommerkleid mit bloßen Schultern sieht sie wohl einfach zu niedlich aus.

Nicht einmal die Medina in Marrakesch wirkte so beengend. Vielleicht liegt es daran, daß die Häuser hier in Jakarta gegeneinander anzukämpfen scheinen. Alles liegt hinter Stacheldraht und eingegipsten Glasscherben, Riegeln und Gittern. Keine Kultur hat hier eine organisch gewachsene Stadt geschaffen. Egoistisch strebt der Beton in unterschiedlichste Richtungen, alles im Schatten der Wolkenkratzer von Jakarta. In den Türöffnungen stehen Matronen und strecken ihre Hände nach Ida aus, rufen ihr zu, wie süß sie sie finden. Obwohl wir ständig auf sie aufpassen, schnellt immer wieder eine braune Hand hervor und drückt schnell Idas Schulter. Ida weint und schlägt um sich, und die Frauen betrachten entsetzt das ungezogene Kind, das sich die Liebkosungen der Erwachsenen nicht gefallen läßt. Sie werfen uns böse Blicke zu, als wir nach Hause eilen.

Bürokratie auf indonesisch
(Hjalte)

Unsere Visa gelten für zwei Monate. Einen Monat haben wir noch, aber wir würden gern länger in Indonesien bleiben. Wir müssen also das Land verlassen und neu einreisen, um so weitere zwei Monate zu bekommen. Aber am einfachsten wäre es natürlich, die Visa bei der Ausländerbehörde verlängern zu lassen. Emil und Ida haben nichts dagegen, bei Wim alleine zu Hause zu bleiben. Sie machen es sich mit Zeichenblocks und Malstiften gemütlich, und um sie aufzumuntern, denkt sich Nina einen Zeichenwettbewerb aus. Sie schreibt ihnen vier Dinge auf, die sie malen können: eine Moschee, einen Wasserbüffel, indonesisches Essen oder ein *mandi*. Dann bekommen sie ein paar Rupien, damit sie sich unten in der Bude direkt vor Wims Haus jeder eine Cola kaufen können. Noch bevor wir gegangen sind, machen sie sich an die Arbeit: Emil sorgfältig und genau, Ida heftig und schnell.

Oben im verschlissenen, braunen Büro der Ausländerbehörde sitzt ein europäisches Mädchen, bleich im Gesicht nach tagelangem Warten, um den Zuständigen sprechen zu dürfen, der vielleicht ihr Visum um eine Woche verlängert. Wir wünschen ihr viel Glück und geben unser Unterfangen sofort auf. Wenn unsere Visa in einem Monat ablaufen, *müssen* wir also das Land verlassen, aber wo?

Der letzte internationale Flughafen, an dem wir auf unserem Weg nach Osten vorbeikommen werden, ist Denpasar auf Bali. Indonesien hat nur zwei Grenzen, die über Land gehen, eine quer über Borneo und eine quer über Neuguinea, und die Entfernungen sind enorm. Wir könnten leicht einen Monat brauchen, nur um nach Bali zu kommen, und Neuguinea liegt Monate von Java entfernt, wenn wir alle Inseln unterwegs erleben möchten.

„Warum nicht frech sein und direkt nach Neuguinea fliegen? Ich glaube, das wäre am aufregendsten", schlägt Nina endlich vor.

Es zeigt sich jedoch, daß kein Flugzeug nach Irian Jaya, dem indonesischen Teil von Neuguinea, ein Motorrad mitnehmen kann. Wir müssen also ein Frachtschiff finden und so die 5000 Kilometer von Java aus zurücklegen. Um überhaupt dorthin zu kommen, ist eine Sondergenehmigung erforderlich, und will man die Einheimischen in den Bergen besuchen, braucht man weitere Genehmigungen.

Nach unserem Plan wollen wir die Motorräder in Jayapura, der Hauptstadt von Irian Jaya, zurücklassen, über die Grenze nach Vanimo in Papua-Neuguinea fliegen und von dort wieder nach Irian Jaya einreisen, um so erneut ein Zwei-Monats-Visum für Indonesien zu bekommen. Wir kaufen die Flugtickets und holen uns Visa für Papua-Neuguinea in der Botschaft in Jakarta. Die Bürogänge scheinen kein Ende zu nehmen, und wer will die Zeit im Büro vergeuden, wo das Leben so kurz ist? Die Tage vergehen wie im Fluge, während die Stunden in den Büros sich dahinschleppen. Und noch immer fehlt uns eine Mitfahrgelegenheit auf einem Schiff nach Irian Jaya.

Emil malt nicht mehr, sondern stickt voller Eifer Kreuzstichmuster – zusammen mit Wims Söhnen. Hier lernen die Jungen in der Schule sticken. Nina hat Garn für Emil gekauft, und Fauziah hat Spaß daran, ihn zu unterrichten. Bis zu unserer Abreise aus Jakarta hat Emil ein niedliches kleines Eichhörnchen gestickt und ist sehr stolz darauf.

Wie Wim und alle anderen im *kampong* essen wir in einer der zahlreichen Straßenküchen. Die *betjas*, die dreirädrigen Mofataxis, drängeln sich durch das Gewimmel in der Gasse. Ständig müssen wir aufpassen, daß wir nicht in die offenen Kloaken an den Häusermauern gestoßen werden. Hundert Meter von Wims Haus entfernt mündet die Gasse in die Hauptstraße. Hier ist die Sammelstelle für den Abfall des *kampongs*, und hier schläft eine Familie, und ein junger Mann, der ein wenig Werkzeug besitzt, bietet einen Schnell-Reparatur-Service für Schläuche an. Und hier errichten auch jeden Tag ein paar Männer eine Straßenküche, kommen mit Bänken, Tischen, Planen, Kochtöpfen und Feuerbecken beladen herbei und stellen alles an der Ecke auf. Wir kriechen unter die Plane und finden einen freien Platz auf der Bank.

Das Essen ist einfach: Es gibt Suppe aus Innereien gekocht, *satays*, gegrillte Spieße, und *nasi goreng*, gebratenen Reis mit ein bißchen Gemüse und Fleisch, und dazu große Portionen weißen Reis. Ein Junge in Emils Alter wäscht das Geschirr in einer Schüssel ab. Von einer Wasserstelle in der Nähe schleppt er das Wasser in großen Kanistern heran, und sein Rücken ist deshalb schon ganz schief. Wenn es eine kleine Pause gibt, hilft er beim Kochen. Viele Familien mit fein gekleideten Kindern essen hier.

Es ist ganz heilsam für Emil und Ida, daß sie sehen, unter welch verschiedenen Lebensbedingungen die Kinder auf dieser

Wim und Hjalte spielen Schach unter Emils kritischen Augen

Erde leben, und zu lernen, wie privilegiert sie selber sind. Hoffentlich wachsen sie mit Respekt vor anderen Menschen auf und halten ihre eigenen Vorteile nicht für selbstverständlich; Rassismus ist die menschenunwürdigste Beschränkung, die ich kenne.

Der „Schnell-Reparierer" hat viel zu tun. Über einen Primus-Kocher gebeugt sitzt er mit den alten Schläuchen der *Betja*-Fahrer da und vulkanisiert einen Flicken nach dem anderen. Die Fahrer unterhalten sich freundschaftlich im Halbdunkel der Straßenlaterne, und ihre *Kretek*-Zigaretten glühen. *Betjas* und Busse poltern vorbei, Hupen plärren, von dem Geräusch quietschender Bremsen begleitet, huschen lachende Menschen über die Straße. Etwas weiter weg sitzt eine furchtbar aussehende Frau auf dem Bürgersteig, völlig zerlumpt und elend. Den einen Fuß hat sie ausgestreckt, so daß kein Passant ihn übersieht: ein riesiger Klumpen aus Schorf, der keine menschliche Form mehr hat. Wir sehen weg, wenn wir ihr eine Münze zuwerfen. Fauziah hat Nina erzählt, daß die Frau vor fünf Jahren als Zwanzigjährige einen Australier auf dem Papier geheiratet hat, und jetzt wartet sie darauf, daß er zurückkommt. Ihre Krankheit heißt Elefantiasis, und vor einem Jahr wurde sie von der Polizei von der Straße geholt und in ein Krankenhaus gebracht. Aber in Indonesien, sagte Fauziah, sind Krankenhäuser für Arme wie Gefängnisse. Jetzt sitzt sie wieder auf derselben Stelle auf dem Bürgersteig und wartet auf ihren Mann, tagaus, tagein in Wind und Wetter.

Es ist ein sengend heißer Tag. Der Wind gibt den Fliegen Schwung, die zu faul sind, von den Abfallhaufen entlang der Gleise selbst hochzukommen. Ich habe den Frachtbrief in der Tasche und bin unterwegs, um unsere Reifen im Halim-Flughafen abzuholen. Der Flughafen liegt etwas außerhalb. Im Zickzack fahre ich durch Jakarta. Die Gleise verschwinden hinter wildgewachsenen Slums auf dem Eisenbahngelände. Ich fahre weiter an den Kanälen entlang. Über das graue, schleimige Wasser ragen schiefe Bretter, an deren Ende Kisten auf ein paar Bambusstöcken stehen. Da draußen sitzen die Allerärmsten und verrichten mit verschlossenen Gesichtern ihre Notdurft in den Kanal. Über der Stadt hängt ein schäbiger Teppich von dreckigen Luftfetzen, keinen einzigen Park oder Garten gibt es hier. Der Beton und der Asphalt saugen die Hitze an.

Hinter endlosen Stacheldrahtzäunen kommt endlich das neue Zollgebäude von Halim zum Vorschein. Draußen vor dem Flughafengebäude wartet eine Reihe gutgekleideter Männer. Ich bin etwas überrascht, als es sich zeigt, daß sie nur auf mich gewartet haben. Sie drängeln sich um das Motorrad, und einer mit besonders spitzen Ellbogen saugt sich wie mit Tintenfischarmen an mir fest. Ich habe das unangenehme Gefühl, an der Nase herumgeführt zu werden. Er kenne das System, sagt er, er werde mir helfen, o nein, er werde doch kein Geld dafür verlangen, ein reiner Freundschaftsdienst. Und ohne sich davon beeinflussen zu lassen, daß ich ihn zum Teufel schicke, heftet er sich an meine Fersen.

Oben im Büro der Speditionsfirma versucht er blitzschnell sich der Papiere zu bemächtigen, die man mir aushändigt, und zeigt mir unter kriecherischen Verbeugungen den Weg zum nächsten Büro. Wenn ich es richtig verstanden habe, sind meine Reifen angekommen, aber die Zollabfertigung findet erst nach dem Wochenende statt. Und kaum habe ich am Montagmorgen meine Honda in Halim gestoppt, da taucht auch gleich der Tintenfisch wieder auf. Verächtlich beobachtet er meine halbherzigen Versuche, selber den Geschäftsgang zu durchschauen, und springt mit Hundeaugen herbei, als ich ihn um Hilfe bitte.

Ich trete meine kafkaeske Wanderung durch die weniger wichtigen Büros des Schlosses an. Beginnend mit einem einzelnen Frachtbrief, schwillt mein Fall zu einem rosafarbenen Ordner an, den ich im Kielwasser meines Agenten von Schreibtisch zu Schreibtisch trage. Immer wieder müssen wir zu dem Mann am Kopierer unter der Treppe in der äußeren Eingangshalle zurückkehren, damit noch mehr verschmierte Stempel und Unterschriften in meine Mappe geheftet werden können. Die Zöllner im Flughafen tragen alle blaue Uniformen, überall hängen blaue

Reihen von Dienstmützen, die niemand in der stickigen Hitze der Büros tragen mag. Aber was ist ein Zöllner ohne Dienstmütze? Jedesmal, wenn ein Blatt Papier von einem Büro in ein anderes getragen werden soll, wird die Dienstmütze vor einem der zahllosen Garderobenspiegel aufgesetzt. Alle zigarettenverqualmten Räume sind voller Menschen, Schreibtische und Papier. Warten, Katzbuckeln, Unterschrift. Hinter ihren Mauern aus Karteischränken sitzen die Chefs mit ihren elektrischen Tischventilatoren und kleinen Teetassen mit Deckeln drüber.

Der Trick besteht darin, einen Agenten mit guten Beziehungen zum Zöllner hinter dem Schreibtisch zu bezahlen, so daß der eigene Ordner oben auf dem Stapel landet. Die guten Beziehungen werden dadurch gefördert, daß man Geldscheine diskret, aber doch sichtbar zwischen die Fotokopien steckt. Die behäbigen Bäuche der Zöllner bezeugen, daß das Geld an den richtigen Mann kommt. So schreitet die Sachbearbeitung voran, von Büro zu Büro, von Etage zu Etage, von Gebäude zu Gebäude in einem endlosen Strom von rosafarbenen Ordnern.

Im zweiundzwanzigsten Büro läuft es schief für den Tintenfisch-Agenten. Der einzige dünne Zöllner im ganzen Flughafen weist streng auf die Tür, und mit dem Blick eines Hundes, dem mit einem Fußtritt die dicke Wurst geraubt wurde, kriecht er seitwärts davon. Der Zöllner erklärt mir, daß man den Regeln zufolge selber seinen Fall darlegen müsse und daß ich jetzt Herrn Manando im fünften Gebäude aufsuchen solle. Vor der Tür dieses Herrn trippelt eine Schlange andächtig Wartender, und hinter der Tür mit der roten Lampe begegne ich einem beleibten, hochrangigen Militär, dessen Privileg es ist, den Zollwert aller Waren festzusetzen. Welch ein Privileg, da die Höhe der Bestechung vom Wert abhängig gemacht wird!

„Dua ban sepeda motor, bukan baru transit – zwei gebrauchte Motorradreifen, und sie werden wieder ausgeführt", versuche ich mich in unsicherem Indonesisch. Er macht eine abwehrende Handbewegung und schreibt eine große Null über meine Papiere: kein Zoll.

Als ich nach Hause komme, platzt mein Schädel fast vor Kopfschmerzen, aber ich strotze vor Stolz über die beiden Reifen, die ich hinten ans Motorrad gebunden habe: Schaut her, ohne Bestechung!

In Tanjung Priok gibt es Tumulte. Wim berichtet uns von Straßenschlachten im Hafenviertel von Jakarta. Vor ein paar Tagen klebten einige Leute Anti-Regierungs-Plakate an die Wände, und sofort leiteten die Sicherheitstruppen umfassende Hausdurchsuchungen ein und verhafteten einige Verdächtige. Heute gab es daher Demonstrationen in den Hafenvierteln. Leute marschierten zur Polizeiwache, um die Inhaftierten zu befreien, und das Militär wurde bei den Straßenschlachten eingesetzt.

Offiziell gibt es zwanzig Tote, aber von Verwandten dort hat Wim gehört, daß die Armee schon über hundert erschossen haben soll. Hier in Kebon Sirih merken wir nichts von den Unruhen, und Wim sagt, daß so etwas in Jakarta an der Tagesordnung sei. Immer wieder gebe es Gruppen, die gegen die Regierung seien und vom Militär hart bekämpft werden. Er findet es gut, denn, so sagte er, alle haben in Indonesien Angst vor dem Chaos, das in Sukarnos letzten Regierungsjahren herrschte. In Wirklichkeit ist die Ruhe, die wir in Indonesien erlebt haben, nur eine dünne Hülle um eine Bombe, die vielleicht hochgeht, wenn Suharto stirbt.

Ich frage Wim, ob es wahr sei, daß Todesschwadronen in Jakarta ihr Unwesen getrieben haben. Wim nickt. Alle hätten das begrüßt, sagt er, denn in Jakarta hätten keine Gesetze mehr gegolten, nachts sei es lebensgefährlich gewesen, auf die Straße zu gehen, und er versichert mir, daß nur Polizisten mit einer „Killer-Lizenz" unbelehrbare Verbrecher erschießen durften, solche, denen es gelungen war, der Bekanntschaft mit einem Richter aus dem Weg zu gehen. Die „Lizenz" habe in erster Linie aus einem Scharfschützen-Diplom bestanden, damit kein Falscher im Eifer des Gefechts getroffen wurde. Wie Wim es erklärt, schien die Polizei immer genau gewußt zu haben, wer getötet werden sollte, aber er räumt ein, daß auch Unschuldige liquidiert worden seien. Es sei nicht ungewöhnlich gewesen, daß Feinde einander bei den Todesschwadronen denunzierten. Ich erzähle Wim, daß die Zeitungen in Europa geschrieben hätten, Indonesien bediene sich der Todesschwadronen, um sich politischer Gegner zu entledigen. Seiner Meinung nach war das nicht der Fall, aber es ist deutlich, daß er sich ungern dazu äußert.

Im stillen wundere ich mich darüber, daß Wim den „Diplom-Killern" der Polizei traut, wenn man bedenkt, wie die Korruption alles in Indonesien beherrscht. Seit General Suharto 1970 an die Macht kam, haben sich seine Generäle völlig schamlos bereichert. Die Wohlhabendsten unter ihnen besitzen Privatjets, mit denen sie am Wochenende in die USA zum Golfspielen fliegen. Wim muß zum Beispiel gewissen Leuten in seiner Kommune zusätzlich Geld geben, damit er ein Reklameschild für sein *homestay* auf der Hauptstraße anmachen darf.

Alle Indonesier leben mit der Korruption. Selbst ganz unten in der Gesellschaft muß der elendeste Bauer die Genehmigung des Obersten im Dorf einholen, um sich weiter als bis zum nächsten Marktdorf auf Arbeitssuche begeben zu dürfen. Und jedesmal kostet es Bestechungsgelder.

Die Entwicklung des Landes wird so von kurzfristigen privaten Interessen gelenkt, die Indonesiens grundlegende Probleme der Überbevölkerung, Ausbeutung der Naturreserven und der Umweltverschmutzung ungelöst lassen.

Es ist Abend geworden, wir wollen unten an der Ecke etwas essen gehen. Am Abfallhaufen sitzt die Familie auf ihren Brettern über der Kloake; eine Kommode und ein Abwaschgestell unter einer dreckigen Plastikplane ist alles, was sie besitzen. Ida hat längst entdeckt, daß ein Junge ihres Alters hinter der Kommode wohnt. Jedesmal, wenn wir vorbeigehen, späht er halb verborgen aus der Höhle, während die Mutter im Abfall nach Papier und Lumpen sucht, die sich verkaufen lassen. Ida winkt ihnen zu, und sie winken zurück.

Praktisch stellt sie fest: „Weißt du was? Die haben ein unheimliches Glück, daß sie gerade bei einer Straßenlaterne wohnen."

Ich weiß nicht, was ich darauf antworten soll.

„So ein Glück, daß sie hier wohnen können." Sie besteht auf ihrem Argument und zeigt auf die Gasse, die sonst im Dunkeln liegt. „Da hinten gibt es keine Straßenlaternen." Sie sieht Positives in einer Situation, in der wir Erwachsenen nur das Traurige entdecken können, und fährt fort: „Du, der Junge hat einen guten Trainingsanzug, nicht wahr?"

„Das ist wohl auch das einzige, was er besitzt, was, Ida?" sage ich in mildem, belehrendem Ton. Aber Ida berichtet mir fröhlich, daß sie heute nachmittag mit Nina unten in der Gasse war und dem Jungen ein paar Kleidungsstücke von Emil und ihr geschenkt hat.

Am Sonntagnachmittag nehmen Wim und Uli uns mit an den Strand. Auf drei Motorrädern fahren wir im ruhigen Sonntagsverkehr durch neue Stadtteile. Wir wollen nach Ancol, an einen „entwickelten" Strand. Es ist eher wie auf einer Kirmes. Das Wasser ist lauwarm und trübe. Voll Entsetzen denke ich an die Kanäle in Jakarta und sage den Kindern, daß sie ja kein Wasser schlucken sollen. Aber als wir erst drin sind, ist es trotzdem herrlich. Wim hat große Baderinge gemietet, und mit dem Hintern im Wasser betrachten wir schaukelnd den Sonnenuntergang hinter den Fabrikschloten.

„Guck!" ruft Ida Emil zu. „Jetzt gibt es Sonnenabgang!"

Wim genießt die Szenerie von seinem Badering aus, eine Kippe im Mund.

Es ist äußerst schwierig, sich umzuziehen, denn jetzt, da die Sonne untergegangen ist, will alles nach Hause. Die Frauen stehen Schlange vor einem Häuschen mit zwei Toiletten, und schön der Reihe nach schließen sie sich ein, um sich anzukleiden. Sie lassen sich jede Menge Zeit, kämmen sich die Haare, machen sich zurecht und pudern sich die Nase.

Es ist ein herrlicher Abend. Ein milder Wind weht vom Meer her und läßt die Kokospalmen entlang der Küste rascheln. Ich beobachte, wie alle den lauen Abend genießen, die drückende Hitze der letzten Wochen ist verweht. Um diese Zeit ist Platz in der Stadt, die Küstenstraße ist fast leer. Wim gibt auf der Suzuki Gas, und wir fahren neben ihnen her. Für einen Augenblick reichen sich Ida und Emil und Uli die Hände, die drei Motorräder schießen durch die Straßen von Jakarta. In der Ferne blinken die Lichter der Millionenstadt, schwarz liegen die Dörfer in der Nacht, und von einer Anhöhe aus sehen wir, wie der Mond in einem Reisfeld blinkt. In einer solchen Nacht sehe ich Javas Schönheit.

Früh am nächsten Morgen nehmen wir Abschied von Wim und Fauziah, Uli und den Jungen. Nina hat ein Frachtschiff gefunden, das nach Irian Jaya fährt. Wenn wir mitwollen, dürfen wir keine Zeit verlieren. Wir stehen vor dem Haus, alles ist gepackt, und die Ersatzreifen sind am Gepäck festgezurrt. Was war es doch für ein Glück, daß wir diese liebe indonesische Familie gefunden haben! Wir umarmen einander und winken, während wir aus der Gasse fahren, dann biegen wir um die Ecke, und sie sind verschwunden.

Auf javanischen Straßen
(Nina)

Übermorgen legt das Schiff ab, 600 Kilometer von hier entfernt. Hjalte ist Feuer und Flamme – nach Irian Jaya über Timor! Irre! Dort dürfen Touristen normalerweise nicht hin, d. h., Ost-Timor ist für sie total verboten, für West-Timor benötigt man eine Sondererlaubnis. Uns wird jedoch das Schiff hinführen.
    Etwas außerhalb von Jakarta beginnt die Autobahn, die nach Bogor führt. Kaum fahren wir auf den Betonplatten, da überholt

uns eine Polizeistreife, die uns an die Seite winkt. Uns wird untersagt, auf der Autobahn zu fahren! Nur schnelle Fahrzeuge sind erlaubt, und Mofas und Motorräder werden für zu langsam gehalten. Es hilft nichts, daß wir es auf 150 km/h bringen, was wir ja bewiesen hatten, kurz bevor wir angehalten wurden. Die Polizisten finden das überhaupt nicht lustig. Ohne Diskussion müssen wir uns auf die kleinen, schnörkeligen Dorfstraßen trollen. Gut und schön, aber wir haben es doch so schrecklich eilig!

Hinter Bogor, wo die Autobahn zu Ende ist, sammelt sich der Verkehr auf einer einspurigen Landstraße, deren Seiten mehr oder weniger stark zu den Reisfeldern hin abschrägen. Es ist eine alte und romantische Straße mit großen, schiefen Bäumen, die ihre Schatten über die Fahrbahn werfen. Leider können wir die Landschaft nicht so recht genießen, denn der Verkehr auf der überstrapazierten Straße fordert unsere ganze Aufmerksamkeit. Die Schnellbusse von und nach Jakarta fahren nonstop mit einer Durchschnittsgeschwindigkeit von 120 km/h, die langsameren Lkws qualmen so schwarz, daß wir nichts erkennen können und wie in zappendusterer Nacht überholen müssen. *Betjas*, bis oben vollbepackt, quälen sich durch langgezogene Dörfer; Ochsen, Pferde und Fußgänger trotten am Wegesrand vor sich hin, und der Gestank von Diesel macht uns müde und bereitet uns Übelsein. Ein verrosteter Lieferwagen fährt mit hoher Geschwindigkeit vor mir, auf dem hinteren Kotflügel steht ein Junge, der sich an der einen Hintertür festhält. Hoffentlich springt die Tür nicht auf! Einige Jugendliche wollen gerade ein altes Mütterchen über die Straße schleppen, machen jedoch im letzten Augenblick einen Schritt zurück, um sich im nächsten Moment wieder anders zu entscheiden: Mit der steifbeinigen Alten zwischen sich rennen sie über die Straße. Der Bus fährt von der Haltestelle ab, ohne zu blinken, und fast wäre ich gestürzt, als ein Mofa auf die Hauptstraße einbiegt, während es eine Fahrradtaxe schwungvoll überholt.

Zum Puncak-Paß hinauf steigt die Straße an. Durch stickige Auspuffgase können wir große Felder mit geraden Reihen von

Java – noch immer werden Holzpflüge auf den Reisfeldern verwendet

Teebüschen erahnen. Ida steckt während der Fahrt verstohlen eine Hand in die Küchentasche und angelt sich den Kuchen, den ich als Notration gekauft habe.

Ständig werden wir zu wahnsinnig hoher Geschwindigkeit gezwungen und finden trotzdem, daß wir nicht von der Stelle kommen. Wenn ich ganz rechts fahre, weil Gegenverkehr kommt, kann ich sicher sein, daß mich jemand von hinten überholt. Dieser unglaubliche Leichtsinn macht das Fahren ungeheuer anstrengend und nervenaufreibend. Furchtlos setzen zwei Busse zum Überholmanöver an, das eine Räderpaar auf dem Seitenstreifen, obwohl Gegenverkehr naht. Doch großmütig wird schnelleren Fahrzeugen Platz gemacht. Tempo, das mögen alle. Nur zu! Kaum sitze ich hinter einem langsamen Bus fest, da gibt er mir schon ein Zeichen zum Überholen. Nur wegen der total fehlenden Aggressionen ist es überhaupt möglich, heil durch den kopflosen Verkehr zu kommen.

Als es dunkel wird, sind wir nur bis Bandung gekommen, wo ein paar haarsträubende Verkehrskreisel so im Staub liegen, daß es kaum möglich ist, die Ampeln zu sehen. Wir sind hundemüde, hungrig und verdreckt. Hjalte, der mit offenem Visier fährt, hat einen Kopf, so schwarz wie ein Schornsteinfeger, und hinter der Motorradbrille sind die Augen blutunterlaufen. In der Dunkelheit sehe ich, daß die Birne von Hjaltes Rücklicht kaputt ist, was bedeutet, daß er vor mir fahren muß. Aber es ist beinah ein Ding der Unmöglichkeit, gleichzeitig dieselben waghalsigen Überholmanöver durchzuführen, und es ist überhaupt schwierig, sich in diesem Inferno von brüllenden Dieselfahrzeugen nicht zu verlieren. Hinzu kommt, daß meine Hupe ihren Geist aufgegeben hat, was hier einer kleinen Katastrophe gleichkommt.

Ich habe gerade beschlossen, Hjalte bei der ersten Gelegenheit zu sagen, daß ich nicht weiterfahren will, als er bei einer kleinen Bude am Straßenrand anhält.

„Verdammt noch mal, warum fährst du so langsam?" brüllt er mich an.

„Jetzt reicht es mir aber!" schreie ich zurück. „Ich versuche weiß Gott alles, damit wir dieses verdammte Schiff übermorgen erreichen, aber ich setze nicht unser Leben oder das der Kinder aufs Spiel, damit wir damit angeben können, daß wir auf Timor gewesen sind. In vierzehn Tagen geht ein anderes Schiff nach Irian Jaya!"

„Stell dich nicht an", sagte Hjalte verbissen. „Wir sollten es heute abend jedenfalls bis nach Tasikmalaja schaffen."

„Nein, so fahre ich nicht durch die Nacht, nur weil du irgendwo einen Artikel über Timor gelesen hast", gebe ich zurück.

„Laß das Gelabere", sagt Hjalte verbittert, „hier mache ich jedenfalls nicht halt."

Wir stehen in der Dunkelheit und streiten.

„Hjalte", sage ich betont ruhig, „bist du dir darüber im klaren, daß es bis nach Tasikmalaja noch genausoweit ist, wie wir heute schon gefahren sind?"

„Und was gedenkst du zu tun?" fragte Hjalte.

„Erst hatte ich vor, etwas zu essen", antworte ich immer noch in ruhigem Ton und gewinne dadurch etwas Zeit, denn er hat ja recht, daß wir nicht hier stehenbleiben können. Wir setzen uns auf die wackelige Bank unter der Petroleumlampe und essen *satay* und Sagokuchen; das hilft.

„Es bringt nichts, die ganze Nacht durchzufahren", sage ich, „denn dann können wir morgen nicht mehr fahren und kommen doch nicht früher an."

„Ach, fangt doch nicht wieder an zu streiten", sagt Emil.

„Ja, laßt das doch", echot Ida.

„Und wo willst du jetzt hin?" fragt Hjalte. „Willst du etwa zurück nach Bandung?"

„Zurückfahren? Du spinnst wohl. Nein, das doch nicht", antworte ich sauer.

„Und was sollen wir deiner Meinung nach tun?" Hjaltes Stimme ist so freundlich und frei von jeglichem Gefühl der Verantwortung, daß ich ihn schlagen könnte. Oh, ich kann dich im Moment nicht ausstehen, denke ich. Den ganzen Tag bist du der liebe Gott gewesen, hast für uns alle entschieden und jetzt, wo deine Planung zusammengebrochen ist, sitzt du da und sagst, was sollen wir *deiner* Meinung nach tun. Jetzt plötzlich liegt die Verantwortung also bei mir.

„Also, ich fahre jetzt", sagte Hjalte.

„Ja, das tue ich auch, aber ich fahre nicht nach Tasikmalaja", antworte ich. Ich habe mich entschieden. Wir werden uns trennen – aber leider haben wir beide noch denselben Weg.

Schweigend starten wir die Motorräder, Hjalte legt sich mit Emil an die Spitze und setzt die Serie von wagemutigen Überholmanövern fort. Meine Wut ist verdampft, nachdem ich mich entschieden habe, irgendwo vor Tasikmalaja zu übernachten. Und wenn ich mich mit Ida auf ein Feld packen oder an irgendeine Tür klopfen soll, ich fahre keinen einzigen Kilometer weiter, als ich es *selber* verantworten kann. Und überholen will ich nur, wenn ich *selber* ausreichend Übersicht habe.

Kurz darauf hänge ich hinter einem langsam dahinrumpelnden Lkw, während Hjalte ohne Rücklicht irgendwo im Dunkeln verschwindet. Ob er es schafft? Aber da mache ich mir keine ernsthaften Sorgen; Motorradfahren, das hat er im Griff. Ich halte an, um meine Motorradbrille zu putzen, und Ida muß ihre Jacke anziehen, denn die feuchte Tropennacht ist ausnahmsweise mal kühl. Der Verkehr läßt nach, aber ich fahre trotzdem in meinem ruhigen Tempo weiter, jetzt, wo Hjalte sowieso verschwunden ist.

Ida und ich werden das Leben auf Neuguinea genießen und im Schneckentempo alles erkunden. Ganz sicher wird man uns überall von einem großen Mann mit einem kleinen, blonden Jungen erzählen, der gerade dagewesen ist – und wenn wir wollen, finden wir einander auf Neuguinea wieder. Mit diesen frohen Zukunftsvisionen vor Augen tuckern wir weiter in Richtung Garut. Dort wartet wahrhaftig der große Mann mit dem kleinen, blonden Jungen am Ortseingang.

„Hier gibt es ein Hotel", sagt er. „Wollen wir mal hinunterfahren und es uns angucken?"

Da wäre ich doch schön blöd, nein zu sagen, also rollen wir in diese Richtung. Es ist halb zwölf, mitten in der Nacht, und wir haben schon die halbe Strecke von Bandung nach Tasikmalaja geschafft.

Das Hotel scheint eines der hübschesten in ganz Indonesien zu sein; vielleicht ist es ein altes Kloster. Bogengänge ziehen sich dahin, und die hohen Zimmer liegen rings um einen fruchtbaren Garten mit einem tiefen Steinbrunnen. Im Zimmer stehen zwei große schmiedeeiserne Betten. Der Schlaf hat Emil und Ida schon eingeholt, während sie noch auf den Motorrädern saßen. Ganz vorsichtig tragen wir sie ins Haus, ziehen sie aus und spannen das Moskitonetz über ihr Bett, ohne daß sie aufwachen.

★

Hjalte und ich sind früh aufgewacht und setzen uns an ein Café-Tischchen unter dem Säulengang. Verschlafen serviert man uns eine Kanne süßen Kaffee, während wir die Frische des Morgens genießen. Die Kinder schlafen noch. Einige Tauben in einem Käfig gurren. Es liegt eine Stimmung von Hochzeitsmorgen über dem Ganzen, ich weiß nicht recht, wieso. Wir sitzen da und reden, wissen, daß jeder von uns es allein schaffen könnte – wir sind zusammen, weil wir Lust dazu haben.

Es wäre schön, wenn wir früh loskommen könnten, aber wir bringen es nicht übers Herz, die Kinder zu wecken. Statt dessen gehen wir auf den Markt vor dem Hotel, um ein leckeres Frühstück für sie zu besorgen. Wir kommen zurück mit drei Sorten Brot, Mangos, Apfelsinen, Bananen, Tomaten, Möhren und einem ganzen Kilo Erdnüsse. Die Kinder wachen auf und freuen sich über die Leckereien, die wir direkt vor der Tür ausgebreitet haben. Wir essen und packen in aller Ruhe, und bis wir endlich startbereit sind, ist es schon halb zwölf geworden. Aber jetzt, wo wir selber verspätet sind, rechnen wir insgeheim damit, daß das Schiff auch nicht pünktlich sein wird.

Nach weiteren zwei Tagen anstrengender Fahrt stehen wir gegen Mittag am Hafen von Surabaja: Das Schiff liegt noch immer da. Es ist ein Frachtschiff, 1600 Tonnen, *Sibayak* heißt es. Noch ganz zerzaust parken wir am Kai, und Hjalte läuft sofort an Bord. Er kommt mit der Information zurück, daß das Schiff erst morgen abfährt und daß wir Fahrkarten im Büro der Pelni-Reederei in Surabaja kaufen müssen. Dort herrscht absolutes Chaos, mindestens hundert Menschen warten, und als wir nach einigen Stunden endlich an der Reihe sind, sieht sich niemand in der Lage, die Fahrkarten auszustellen: Kommen Sie morgen um zehn Uhr wieder.

Wir haben es kaum erwarten können, endlich Surabaja zu erreichen, weil wir dort Bekannte besuchen wollen, Tibor und Annalisa, ein dänisch-ungarisches Ehepaar. Erst als wir in dem angegebenen Vorstadtviertel stehen, entdecken wir, daß die Adresse, die wir haben, nicht vollständig ist: der Straßenname fehlt. Das Viertel ist neu. Keiner weiß, wo es anfängt und wo es aufhört, viele Straßen haben noch keinen Namen, und die Bewohner benutzen meist das Auto und kennen einander nicht. Wir fragen uns auf gut Glück durch, alle kennen weiße Menschen, aber jedesmal zeigt es sich, daß es nicht die richtigen sind. Bei der Post kennt sie auch keiner, und die Briefträger haben Feierabend. Und wo sind unsere Briefe wohl gelandet? Tibors und Annalisas Anschrift ist unser letzter fester Punkt in Indonesien, hierher hat die Familie ihre Briefe an uns geschickt. Ein netter Mofafahrer meint, sie zu kennen, und begleitet uns.

Vor einer großen, weißen Villa mit einem schmiedeeisernen Zaun um den Garten steigen wir ab. Ein Mann, von den Dienstboten gerufen, kommt heraus, er lächelt uns freundlich zu und sagt: *„Bonjour!"* Ach, das war wieder nicht Tibor! Wir schienen so dicht dran zu sein, beinah wie sechs Richtige im Lotto, nur die letzte Zahl hätte eine andere sein sollen ...

„Aber, kommt doch herein", sagt der Franzose in perfektem Englisch.

André und Brigitte, seine Frau, sind unheimlich nett und hilfreich. Sie haben gleich mehrere Ideen, wie wir Tibor und Annalisa finden könnten. Das weitläufige Wohnzimmer, in das sie uns führen, ist mit einer ausladenden Garnitur ausgestattet, deren weiche Sitzkissen mit schneeweißer Seide bezogen sind. Eine elegante, verchromte Wendeltreppe führt hinaus zum Laubengang im ersten Stock, wo der fast erwachsene Sohn zum Vorschein kommt und höflich grüßt. Aber du lieber Himmel, wie sehen wir aus! Der Schweiß rinnt uns übers Gesicht und bildet Streifen im Schmutz, die Kleider sind staubig wie eine Landstraße, die Haare naßgeschwitzt unter den Helmen.

Die Franzosen servieren uns einen eiskalten Drink in der Küche, die mit einem niedriger liegenden Wintergarten mit künstlich angelegter Tropfsteinhöhle verbunden ist. Brigitte greift zum Telefonbuch und versucht, Tibor zu finden. Sie ruft bei der Auskunft an, aber es ist unmöglich, auf diese Weise jemanden aufzuspüren, der erst seit einem halben Jahr hier wohnt.

Ich husche ins luxuriös eingerichtete Bad. Verzweifelt versuche ich, mir Hände und Gesicht zu waschen, ohne das ganze Badezimmer schmutzig zu machen, aber einfach ist das nicht. Je mehr ich versuche, die Spuren zu beseitigen, um so mehr spritze und tropfe ich auf die feinen türkisfarbenen Kacheln, die riesigen Spiegel und die weichen, hellblauen Badematten. Zum Schluß gebe ich es auf. Schuldbewußt schleiche ich mich hinaus, und kichernd eilt das Stubenmädchen mit Tuch und Eimer zu Hilfe.

André fährt mit Hjalte in seinem Auto mit Chauffeur los, um nach unseren Freunden zu suchen, und Brigitte ruft bei allen möglichen Ausländern an, um vielleicht jemanden aus Tibors und Annalisas Bekanntenkreis zu finden. Ihr Sohn hat sich mit dem Fahrrad auf die Suche gemacht.

„Komm, wir setzen uns ein bißchen rein", schlägt Brigitte vor.

„Aber, ich kann mich unmöglich aufs Sofa setzen", sage ich mit einem Blick auf meine Kleidung und den weißen Seidenbezug.

„Ach, Quatsch", lacht sie. „Aber wenn du willst, kannst du dich ja auf ein Handtuch setzen."

Ida und Emil sind in den Garten hinausgelaufen, wo sie in einer Anlage mit Wasserpflanzen und Goldfischen baden. Ihnen geht es blendend. Hjalte und André kommen enttäuscht zurück. Die Nachforschungen waren nicht erfolgreich.

André und Brigitte erzählen, daß sie erst seit drei Monaten in Indonesien sind. André ist Leiter einer Elektronikfabrik in Surabaja. Das Haus haben sie notgedrungen möbliert mieten müssen, und sie fühlen sich gar nicht wohl in der protzigen Einrichtung. Aus verschiedenen Gründen ist das Leben in Indonesien gar nicht so einfach für sie. Der indonesische Staat versucht zu vertuschen, daß er auf ausländische Experten angewiesen ist. Deshalb können die beiden und ihr Sohn keine Aufenthaltsgenehmigung bekommen, und darum müssen sie alle zwei Monate nach Singapur fliegen, um ihre Touristenvisa zu erneuern. Es scheint auch gar nicht so einfach zu sein, in Surabaja eine Fabrik in Schwung zu bringen. Die Indonesier sind nicht darauf eingestellt, rationell zu arbeiten und Vereinbarungen einzuhalten.

„Letzte Woche stand die Produktion still", erzählt André, „weil uns einige Ersatzteile aus Jakarta fehlten; das bedeutet Millionenverluste. Ich rief an und vereinbarte, daß die Teile per Expreß mit dem Flugzeug nach Surabaja geschickt werden sollten, aber sie tauchten nicht auf. Als ich wieder anrief und nachfragte, sagte man mir, daß der Transport mit dem Flugzeug zu teuer gewesen sei und sie deshalb das Paket mit den Teilen per Bus geschickt hätten. Es ist immer noch nicht angekommen. Die Indonesier begreifen überhaupt nicht, daß es Verluste bedeutet, wenn die Fabrik stilliegt. Es kostet wirklich Millionen, aber sie kriegen das in ihren Kopf nicht rein. Jeden Abend danke ich Gott, daß ich in einem Wutanfall keinen Indonesier umgebracht habe, nein, es ist nicht einfach, hier zu leben. Die Fabrik hat für alle ausländischen Angestellten einen indonesischen Fahrer anstellen müssen, weil drei ihrer Experten innerhalb eines Jahres im Straßenverkehr umgekommen sind."

„Und wir haben zwei Stubenmädchen", sagt Brigitte. „Als wir einzogen, verlangte der Besitzer, daß wir ein Mädchen anstellten, das im Hause wohnte, damit es nie leer stünde. Ich setzte eine Anzeige in die Zeitung, und es meldete sich auch ein junges Mädchen, das die Stelle wollte. Mein Gehaltsvorschlag war nicht schlecht, aber das Mädchen wollte die Stelle nur annehmen, wenn ich *zwei* Stubenmädchen anstellen würde. Warum? Weil sie meinte, daß es feiner sei, in einem Haus mit zwei Mädchen zu arbeiten, und daß die andere ihr untergeordnet sein sollte. ‚Aber zwei können wir uns nicht leisten', sagte ich. ‚Dann teilen wir uns das Gehalt', antwortete sie. Da war nicht dran zu rütteln, weder sie noch die andere wollten die Stelle alleine haben. Jetzt wohnen hier also drei Dienstboten. Anfangs ging es uns ein bißchen auf die Nerven, daß wir nie unter uns sein konnten, und wir finden es immer noch irritierend, daß sie immer dastehen und kichern. Egal, was wir tun, sie lachen über uns, und wenn wir sie fragen, worüber sie lachen, dann lachen sie nur noch mehr und sagen: ‚Ach, das ist einfach so komisch!'"

Fröhlich und splitterfasernackt kommt Ida vom Garten hereingestürmt und versucht mit einem Knall durch eine geschlossene Glastür zu laufen. Der Aufprall ist so heftig, daß sie umfällt. Glücklicherweise ist nichts passiert, aber sie ist etwas verstört und müde. Sie möchte ins Bett. Leider übernachten gerade heute zwei von Andrés und Brigittes besten Freunden, die am nächsten Tag ihre Hochzeitsreise beginnen, bei ihnen. Trotzdem, es war schön, die beiden kennenzulernen und ein bißchen in einem Haus mit Klimaanlage zu sitzen.

Im brodelnden Abendverkehr von Surabaja finden wir das Hotel Bamboo Denne, so ungefähr das schlimmste Loch, das man sich vorstellen kann, aber was soll's, für eine Nacht muß es gehen. Draußen auf der Straße parkt einer der Imbißwagen, die wie Schubkarren konstruiert sind. Hier kaufen wir uns eine ordentliche Portion *nasi goreng,* bevor wir im Rattenloch schlafen gehen.

Wir stechen in See
(Nina)

Im Pelni-Büro herrscht immer noch die gleiche Verwirrung. Einige Leute warten schon seit Tagen. Die einzige Abwechslung, die mir für Emil und Ida einfällt, ist ab und zu mit ihnen auf die Straße zu gehen und einen Sprudel zu kaufen. Nach drei Stunden unerträglicher Wartezeit ist Hjalte in ein Büro vorgedrungen, das stark an eine Sauna erinnert. Schweißtriefend erklärt er, wohin wir wollen, ohne daß jemand darauf reagiert.

Durch das Fenster sehen wir den Sprudelverkäufer mit seiner Stange wie ein Joch auf dem Nacken draußen vorbeigehen. Auf der einen Seite hängt ein Eimer mit Sprudel und Eisstücken, auf der anderen ein Tablett mit sauberen Gläsern. Bei der Menschentraube um die Motorräder hält er inne – er möchte auch sehen, was dort passiert –, streckt den Hals und stolpert über irgend etwas. Das Tablett wippt, und sämtliche Gläser gehen kaputt. Die Leute brüllen vor Lachen, sogar aus den Büros kommen die Männer herangestürzt, um am Spaß teilzuhaben. Der junge Mann mit dem Joch lacht mit. Es ist gemein, aber er muß lachen wie alle anderen.

„Er tut mir so leid", sagt Ida mit Tränen in den Augen. „Warum lachen sie über ihn?"

Es ist ihm peinlich, sein Mißgeschick ist ihm peinlich. Ich würde ihm gern Geld für neue Gläser zustecken, aber das würde wahrscheinlich alles noch peinlicher machen. Die Gläser zu verlieren ist schlimm, aber noch schlimmer ist es, das Gesicht zu verlieren.

Es sind keine Tickets ausgestellt worden, niemand weiß, wie viele Leute schon an Bord gegangen sind.

„Kommen Sie morgen um zehn Uhr wieder", sagt der Bürovorsteher.

„Ja, aber dann hat das Schiff doch schon abgelegt."

„Leider ja, aber so ist es nun mal."

Jetzt bleibt uns nur noch eines übrig, nämlich auch zum Schiff überzusetzen. Im Hafen verhandelt Hjalte schnell mit dem Kapitän, der uns hilft, die Motorräder an Bord zu bekommen. Es ist höchste Zeit, denn um zwei legt das Schiff ab. An Deck haben sich die Passagiere auf ihren Strohmatten niedergelassen, einige sind schon seit Sonnabend an Bord – heute ist Dienstag. Überall sitzen und liegen Menschen, alte und junge und ganze Familien. Es wird gekocht und Wäsche gewaschen.

Kleine Verkäufer, Kinder mit Kisten voller Eis am Stiel, Obst in Körben und Kuchen auf Tabletts, fallen über das Schiff her, und nachdem wir leichtsinnigerweise Emil und Ida Geld für Eis und Obst gegeben haben, sitzt uns die ganze Horde im Nacken. Und niedlich sind sie, die kleinen Rotznasen, die so hart arbeiten. Bald haben wir auch Gurken, Mangofrüchte, gebratene Bananen und vier Strohmatten erstanden. Um zwei Uhr fährt ein Streifenwagen mit heulenden Sirenen auf dem Kai vor. Die Hafenpolizei springt heraus und geht vor dem Schiff in Stellung.

Mit einer Sprechtüte werden die Leute aufgefordert, zwecks Fahrkartenkontrolle augenblicklich von Bord zu gehen. Der Chef der Hafenpolizei, ein feister Mann mit Goldringen an allen Fingern – selbst am Daumen –, setzt sich neben die Landungsbrücke, während Männer und Frauen eiligst versuchen, ihre Sachen zusammenzusuchen, bevor sie von Bord gescheucht werden.

„Wir haben keine Fahrkarten, aber wir haben das mit dem Kapitän abgesprochen", sage ich.

Der Polizist lächelt freundlich und erlaubt uns, an Bord zu bleiben. Es ist vier Uhr, bis alle anderen an Land gejagt sind und am Kai auf die Fahrkartenkontrolle warten. Viele Frauen tragen ein Baby auf dem Arm, die etwas größeren Kinder müssen genauso stehen wie die Erwachsenen. Emil und Ida fehlt jeglicher Sinn für Diskretion. Ununterbrochen laufen sie hin und her, rennen die Landungsbrücke rauf und runter und stellen zur Schau, wie weiß und reich wir sind, während die anderen Passagiere zwei Stunden lang strammstehen müssen. Hjalte und mir ist das eher peinlich. Was das Ganze eigentlich bringen soll, ist schwer zu verstehen, aber leicht zu durchschauen: In ihren maßgeschneiderten Uniformen stolzieren die Hafenpolizisten umher und tun sehr wichtig. Je länger sie die Situation hinauszögern können, um so bedeutungsvoller fühlen sie sich. Schweigend warten die Passagiere, bis plötzlich ein Donnerschlag dröhnt. Es beginnt zu regnen, und alles stürzt an Bord, um das Gepäck zu retten. Die Hafenpolizei gibt auf und macht Feierabend. An diesem Tag passiert nichts mehr, und wir schlagen unser Zelt an Deck auf.

Am nächsten Morgen gehen Ida und ich an Land, um zwei lebensnotwendige Dinge zu kaufen: einen kleinen Kübel und einen Eimer. Außerdem brauchen wir eine Wäscheleine und Klammern – und Extra-Verpflegung, sagt der Steuermann. Hinter dem Kai liegt eine Bushaltestelle und ein kleiner Markt, wo wir die Plastiksachen und noch ein wenig Obst und Kekse kaufen. Neben der Bushaltestelle liegt ein *mandi,* und obwohl ungeduldige Bus- und Schiffspassagiere draußen rufen, lassen wir uns Zeit und machen uns noch ordentlich sauber.

Tuut! Die Sirene der „Sibayak"! Plötzlich haben wir es eilig. Prustend und stöhnend kommen wir angelaufen, triefen schon wieder vor Schweiß. Erneut tutet die „Sibayak" – und legt nicht ab. Um vier Uhr kommt die Hafenpolizei und führt die gleiche Vorstellung noch einmal auf. Dieses Mal ist das Wetter auf ihrer Seite. Jetzt dürfen nur Passagiere mit Tickets an Bord. Einigen Leuten, die schon seit einer Woche auf dem Schiff gewohnt haben, wird der Zutritt verboten, aber sie müssen ja ihr Gepäck holen. Manche haben auch Waren an Bord, die schon verstaut sind und die sie auf Irian Jaya verkaufen wollen. Sie könnten Tickets an Bord erstehen, doch manche haben kein Geld dafür. Die aufregendsten Szenen spielen sich ab. Leute werden von Bord gescheucht und kommen kurz darauf wieder zurück, werden wieder heruntergeholt – und plötzlich hat das Schiff abgelegt. Wir sind mitgekommen! Wir sind mitgekommen! Wir fallen einander um den Hals.

Die „Sibayak" hat kaum den Hafen verlassen, da taucht auch schon der erste blinde Passagier auf. Es ist ein Junge von Irian Jaya, der ganz allein auf Entdeckungsreise gegangen ist. Jetzt ist er auf dem Weg nach Hause, ohne eine einzige Rupiah in der Tasche. Das Schiff, überhaupt nicht für Passagiere eingerichtet, ist total überfüllt. Mehr als zweihundert Kinder und Erwachsene befinden sich in wildem, unkontrolliertem Durcheinander auf dem Deck zusammen mit verschiedenen Umzugsgütern, zehn Tonnen Zwiebeln, fünftausend Waschschüsseln in wackeligen Stapeln, hundert Kisten reifen Mangos und fünfundzwanzig Ballen Textilien – hinzu kommen noch diverse Kisten, Koffer, Matratzen, Pakete und Taschen, ferner zwei rote Motorräder – und eine Ziege. Unten im Laderaum steht eine komplette Asphaltmaschine und ich weiß nicht wie viele Säcke Hühnerfutter.

Mittschiffs über den Decksluken wird eine dicke, dunkelgrüne Plane aufgehängt. Eigentlich hätte sie straff gespannt sein sollen, um an Deck Schatten zu spenden, aber es fehlen einige Trossen.

Nina kontrolliert noch einmal, ob die Hondas auch wirklich gut vertäut sind

Jetzt hängt sie wie ein schlappes Dach über den Luken, ohne daß der Wind darunter kommt.

Die Überfahrt soll insgesamt zehn Tage dauern; davon gehen zwei bis drei Tage für Timor ab. Jede Familie hat ihre Strohmatten ausgebreitet und ihr Gepäck als kleinen Zaun um sich herum aufgestapelt. Ida hat ein Auge für so etwas und richtet uns einen Schlafplatz neben den Motorrädern ein. Da liegen wir nun zusammen mit den übrigen Passagieren und schlafen bald fest in der Hitze.

Ab und zu taucht der Maschinist aus dem Maschinenraum auf, von Mal zu Mal schwärzer im Gesicht, und bald heißt es, der Motor des Schiffes sei kaputt. Langsam treibt die „Sibayak" um den Anker, es rührt sich kein Lüftchen; unglaublich, daß es auf See so heiß und schwül sein kann. Wir können uns an zwei Stellen aufhalten – entweder unter der Plane, wo die Temperaturen mit der Sonne steigen, oder an der Reling, ohne auch nur den geringsten Schatten.

Hjalte befestigt unsere grüne Wäscheleine an dem neuen roten Eimer und will Wasser schöpfen, aber der Eimer schwimmt nur auf der Wasseroberfläche. Wir probieren es immer wieder, besonders Emil gibt nicht auf, aber der Eimer will nicht so, wie wir es wollen, bis ein Matrose kommt und uns den Eimertrick verrät: Ein kleiner Ruck an der Leine, und der Eimer dreht sich, kurz bevor er auf das Wasser trifft. Da die übrigen Passagiere sonst nichts zu tun haben, stehen sie herum und amüsieren sich über uns. Aber dann machen sie sich schnell davon und werfen den Kindern außerordentlich sorgenvolle Blicke zu, als die da im Höschen stehen und einander mit Meerwasser begießen. Auch ich trotze allen Konventionen und gieße voll angezogen einen Eimer Wasser über mich. Es ist außerordentlich irritierend, als Frau in der eigenen Kleidung so eingesperrt zu sein! Bald sind die Sachen wieder trocken und fangen an zu kleben. Immer mehr Wasser muß her, denn ein ganzer Eimer über den Kopf gegossen kühlt nur einen Augenblick.

Süßwasser ist Mangelware an Bord, die Wasserversorgung ist zusammengebrochen. Das Wasser kommt aus einem prustenden, löchrigen Gartenschlauch, der vom Tank am Schiffsbug quer übers Deck läuft und oben an der Decke der Küche endet. Von dort tropft es in eine rostige Tonne, und der Koch schöpft es mit einer Dose heraus. Das Essen bereitet er auf dem völlig verdreckten Fußboden zu. Nun kann man entweder beim Koch nach Wasser anstehen oder versuchen, unterwegs ein Loch im Schlauch zu finden und das herausrinnende Wasser aufzufangen.

84

Seit den frühen Morgenstunden stehen die Leute Schlange vor der Toilette oder wie man das bezeichnen soll. Der Rost hat an den Stahltüren derart genagt, daß sie aus den Angeln gefallen sind, Waschbecken und Spiegel sind verschwunden, es gibt nur eine verbeulte Wassertonne, um mit Salzwasser das ewig verstopfte Klo zu spülen. Die Leute waten mit einem halben Eimer Wasser hinein, einzeln oder zu zweit, und gießen sich drinnen das lauwarme Wasser über den Körper. Es ist so eng, daß man kaum die Ellbogen heben kann. Ich bekomme da drinnen jedesmal Erstickungsanfälle. Aber die Indonesier legen Wert auf Schönheit; der Taschenspiegel wird gezückt, die Haare werden gekämmt, und sie lassen sich dazu ewig lange Zeit, besonders die Männer. Die Frauen pudern ihre Haut mit hellem Puder und sehen aus wie Gespenster, der Lippenstift darf auch nicht vergessen werden, und das Umziehen und Frisieren hört und hört nicht auf. Draußen wird die Schlange immer länger, und der, der's eilig hat, kann einem leid tun.

Rechts von unseren Matten wohnt eine Familie mit zwei Mädchen, und bevor der erste Tag vergangen ist, spielt Ida drüben auf deren Strohmatte. Besonders Ponik wählt sich Ida zur Freundin.

Ponik hat ein rundes Gesicht mit braunen Augen, einen ordentlich geschnittenen Bubikopf und ein liebes Lächeln. Sie schließt Ida in ihr Herz wie eine kleine Schwester. Sie lachen und singen zusammen, und Ponik wird Idas beste Freundin auf der Reise.

Zwei Tage liegen wir schon unbeweglich da, und meine Beine schmerzen vom Schlangestehen nach Essen und Wasser. Abends hält ein Kassettenrecorder uns mit seinem ununterbrochenen Krach und einem ihn ständig begleitenden Heulton wach, aber mitten in der Nacht arbeitet der Schiffsmotor wieder. Hoffnung steigt auf.

Wir erwachen an einem strahlend klaren Morgen, aber leider schweigt der Motor wieder. Auch die Frauen wachen auf und schließen ihren BH, ohne dabei die Bluse auszuziehen. Ich tue es ihnen nach. Sie haben entweder kurzes Haar oder einen großen Haarknoten im Nacken. Diejenigen, bei denen die eigenen Haare zu einem Knoten nicht ausreichen, stecken sich einen künstlichen an. So gelingt es ihnen allen, gleich auszusehen. Ich dagegen, mit meinen hennafarbenen Strähnen, komme mir wie ein Paradiesvogel vor.

Die Zeit wird lang auf See. Emil baut einen Drachen aus Papier, aber es rührt sich kein Wind. Ich schaue über die Reling. Auf dem Wasser entzündet die Sonne einen großen Stern, und die langen grünen Haare der Algen fächeln den Schiffsrumpf. Ich betrachte das Meer, das Wetter, den Himmel. Im schläfrigen Sonnendunst kriecht der Tag voran. Ein Segelboot und ein Supertanker kommen an uns vorbei, sonst geschieht nichts.

Plötzlich machen wir Fahrt! Ich stürme zum Bug, wohin sich Hjalte, Emil und Ida zurückgezogen haben, um mit ihnen den Fahrtwind zu genießen. Auf einmal ist das Meer blau, leuchtend blau, nicht mehr grün wie vor einem Augenblick. Am Kiel ist es türkis, vor dem Bug mehr lila und vorne unter einer Wolke beinah braun. Wir flippen total aus und schreien unsere Freude in den Wind. Die Indonesier dagegen sind recht apathisch, aber die Stimmung steigt, als die Temperaturen unter der Plane auf 40 und dann auf 30 Grad sinken.

Mitten in der Nacht sorgt ein Regenschauer eine Weile für Kühle und Abwechslung. Diejenigen, die fix sind, haben schnell ihre Eimer gefüllt. Später in der Nacht weckt mich Hjalte auf. Das Regenwasser läuft in einem Strahl direkt in meinen Schlafsack. Ich habe wie ein Stein geschlafen, war von der Wärme völlig betäubt. Der Regen sammelt sich auf der Plane, die zu zerbersten droht. Alle Erwachsenen müssen aufstehen und sie mit den Armen von unten eine Stunde lang abstützen, während Gepäck und Schlafmatten klatschnaß werden. Da sinkt die Stimmung um einige Grade.

„Heute ist das Meer weiß", sagt Ida, „weiß mit schwarzen Wellen."

Das Meer breitet sich um uns aus wie eine herrliche Wüste

mit blauen Schatten. Über dem Horizont schwebt zitternd eine Luftspiegelung in Ultramarin. Immer wieder begrüßen uns Delphine. Sie begleiten uns und drehen sich wie Kreisel durch die Wasseroberfläche.

„Wie kann es so weit vom Land noch Vögel geben?" fragt Emil.

Sie steigen direkt aus der blendend blauweißen Meeresoberfläche auf, segeln eine kurze Zeit wie Schwalben, um dann plötzlich wieder in den Wellen zu verschwinden.

„Ikan terbang!" rufen die Kinder. „Fliegende Fische!"

Der Tag geht zu Ende, und das große Himmelstheater überwältigt uns mit einer Vorstellung von unübertroffener Schönheit. Wie goldene Gardinen rahmen Wolken die hohen Vulkane der Insel Lombok ein, bis die Sonne sachte ins Meer sinkt und der blinkende Sternenhimmel uns überdacht.

Noch bevor es hell wird, wache ich auf und entdecke, daß wir vor Kupang, dem Hafen auf Timor, liegen. Timor entpuppt sich als eine flache, trockene Insel mit Korallenklippen und Sandstränden. Im Pendelverkehr bringen kleine Boote einige Passagiere und Waren von der „Sibayak" an Land. Der Steuermann berichtet, daß 300 lebende Rinder an Bord kommen sollen.

„Das geht doch überhaupt nicht? Wo sollen die denn hin?"

„An Deck", ist die Antwort des Steuermanns.

„Aber wo sollen dann die Passagiere Platz finden?" frage ich bestürzt.

„Na, hier und da . . .", sagt er völlig unbefangen.

Eine der Kajüten ist frei geworden. Beim Gedanken an die Rinder, die bald auf dem Deck stehen sollen, nehmen wir das Angebot, sie zu beziehen, dankend an und tragen unsere Sachen nach oben. Es ist ein teures Vergnügen – noch 800 DM extra pro Woche für eine Kajüte. Das Gepäck bedeckt den ganzen Fußboden, bis wir es endlich in ein paar Schränken voller Kakerlaken untergebracht haben. Wir lassen uns auf eine Bank hinter einem kleinen, im Boden verankerten Tisch fallen – wie tut es gut, wieder mal richtig sitzen zu können. Es gibt nur zwei Sitzgelegenheiten, also müssen wir uns abwechseln. Über dem kleinen Waschbekken hängt ein Zettel mit der Information, daß zweimal täglich für fünf Minuten Wasser im Hahn sein wird. Was für ein Luxus! Leider funktioniert das Ventilationssystem des Schiffes nicht, und zu spät entdecken wir, daß die Kajüte der wärmste und stickigste Ort auf der ganzen „Sibayak" ist. Aber immerhin können wir jetzt unser Gepäck einschließen und von Bord gehen, und als das Schiff am Nachmittag am Kai anlegt, lassen wir unsere Motorräder an Land bringen. Die Rinder müssen erst noch verladen werden, und so können wir ruhig bis vier Uhr am nächsten Nachmittag verschwinden.

Welch ein Vergnügen, festen Boden unter den Füßen zu haben! Wir Motorradfahrer fühlen uns nur auf der Erde zu Hause, sage ich mir, als die ganze Familie vom Hafen in Richtung Kupang rollt. Und wie schnell man vergißt! Nach nur acht Tagen

Wir lassen unsere Motorräder in Kupang an Land bringen

88

auf See haben wir plötzlich eine viel intensivere Wahrnehmung für die Wunder, die uns umgeben. Die Palmen schwanken in der Brise, ein lila Bus mit bunten Lämpchen steuert an uns vorbei, und dann erreichen wir Kupangs pastellfarbene Häuser mit roten Ziegeldächern, die einen großen, offenen Platz einrahmen. Vom Marktplatz aus hat man einen Blick über den Strand, wo sich kleine Fischerboote in einem Streifen Sonne wiegen.

„Hello!" ruft eine lebhafte Amerikanerin. „Ich bin Gloria. Es ist recht ungewöhnlich, hier fremde Gesichter zu sehen. Ich wohne oben in Soe." Sie läuft lächelnd und winkend zum Bus hinüber und ruft noch: „Ihr könnt sehr gern oben bei mir wohnen, ich würde mich über euren Besuch freuen. Kommt doch heute abend bei mir vorbei. Bye-bye! Es tut mir leid, aber das ist heute der letzte Bus." Und schon ist sie in einer Staubwolke verschwunden.

Wir freuen uns, aber jetzt wollen wir erst etwas essen und dann die Karte anschauen. Und es wäre vielleicht gar nicht so dumm, die Motorräder zu parken, denn wir grätschen immer noch über unseren Maschinen, und eine Menschenmenge sammelt sich um uns, die bald die Hauptstraße versperren wird.

Die Menschen hier auf Timor sind ganz anders als auf Sumatra und Java; sie betrachten uns zwar, aber sie bleiben draußen bei den Motorrädern und lassen uns in Ruhe essen – Himmel, welch ein Genuß! Ida und Emil dürfen das Menü zusammenstellen. Es gibt Hähnchen und ein großes *ice-cream soda* mit Papaya und Banane – ganz schön teuer – und anschließend noch eines mit Ananas! Hjalte holt die Karte hervor; Soe liegt 80 Kilometer von hier entfernt, warum also nicht hinauffahren?

In einer milden Abendbrise lassen wir Kupang hinter uns. Es herrscht kaum Verkehr, und blühende Akazienbäume verbreiten ihren Duft über die Straße. Die Luft ist klar wie auf einer griechischen Insel. Alles ist neu und anders als auf der feuchten Insel Java, andere Menschen, andere Häuser, andere Sitten. Als die Sonne untergegangen ist, kommt die Kühle des Abends. Plötzlich überwältigt mich die Sehnsucht, die gleichzeitig eine Freude ist: die Sehnsucht nach dem Unbekannten – eine Sehnsucht, die nie gestillt werden kann, weil sie ständig wächst.

Am Ortseingang von Soe fragen wir nach *der weißen Frau*. Ohne Schwierigkeiten finden wir ihr einfaches, kleines Haus, aus dem Licht durch die Wände aus Palmblattstengeln schimmert.

Gloria stürmt uns entgegen und umarmt uns, und aus der Türöffnung lugen ihre vier kleinen Kinder hervor. Bald sitzen wir zusammen in der kleinen Stube. Es ist spät, aber Gloria möchte gern reden. Sie ist sehr amerikanisch, die große, schlanke Frau mit ihren kurzen, grauen Haaren und der Brille.

„Ich freue mich immer über Besuch", sagt sie. „Obwohl ich hier mit einem Indonesier verheiratet bin und wir Kinder haben, kann es doch sehr einsam sein." Sie bringt uns eine Tasse Tee. „Früher war ich Missionarin, aber wenn man einen Einheimischen heiratet, kann man nicht mehr für die Mission arbeiten. Ich lernte meinen Mann David im Priesterseminar auf Java kennen. Wir haben geheiratet und sind nach Irian Jaya gezogen – Gott muß wirklich die Menschen dort geliebt haben, daß er ihnen ein so schönes Land schenkte! Damals arbeitete David noch für die Mission, und drei Jahre später wurde er hierher versetzt. Wir wohnen jetzt schon sieben Jahre in Soe. Die ersten Jahre hat David als Missionar gearbeitet, jetzt ist er Lehrer an einer örtlichen Priesterschule und verdient sehr wenig. Aber wir können dankbar sein, daß Timor eine christliche Insel ist. Ich hatte geglaubt, daß ich leicht Kontakt zu den Menschen hier bekommen würde, sobald ich mit einem Indonesier verheiratet bin, aber ich habe mich geirrt. Ich bin die einzige Ausländerin in Soe, und ich fühle mich oft sehr einsam. Obwohl David intelligent ist und mich versteht, vermisse ich manchmal jemanden zum Reden. Die Nachbarin von gegenüber zum Beispiel, sie ist Englischlehrerin an der Schule, aber sie geht mir aus dem Weg, weil sie kein einziges Wort Englisch kann. Statt herüberzukommen und es zu lernen, verbreitet sie das Gerücht, ich wolle nicht mit ihr sprechen.

„Ich versuche mich hier in Soe nützlich zu machen – *I really do*", fährt Gloria fort. Sie zeigt auf ein Regal mit bunter Wolle in dem sparsam möblierten Raum. „Die Leute frieren während der Regenzeit, und sie klagen, daß sie wegen der Kälte nachts nicht schlafen können. Deshalb fing ich an, den Frauen das Häkeln und Stricken beizubringen. Jeden Nachmittag kommen jetzt einige, die ich unterrichte." Gloria seufzt tief. „Sie kommen hierher und sagen, sie würden frieren, aber sie haben keine Lust, beizeiten mit dem Stricken einer Decke anzufangen, so daß sie vor der nächsten Regenzeit fertig werden kann. Die indonesische Mentalität ist das genaue Gegenteil von unserer, genau das Gegenteil. Ich glaube, ich werde das Leben hier nie ganz begreifen können. Ich hoffe nur, meinen Kindern so viel beizubringen, daß sie zu guten Missionaren heranwachsen, hier, wo sie geboren sind."

Gloria schenkt uns Tee nach und setzt ihren Bericht fort: „Dieses Jahr hatten wir einige Küken gekauft, die ich großziehen wollte, aber dann verschwanden sie nachts, eines nach dem anderen. Es konnten nur die Nachbarn gewesen sein, aber sie stritten natürlich alles ab." Gloria stöhnt leise. „Die Beeren im Garten haben sie auch gestohlen. Ich verstehe es einfach nicht. Hier versuche ich, meinen Nächsten zu lieben, aber weiß Gott, es wird einem nicht leichtgemacht. Sie sind alle Christen, wir sehen sie jeden Sonntag in der Kirche, aber sie lügen und stehlen, wie sie es immer getan haben." Gloria lächelt traurig, doch wir merken, daß es für sie eine Erleichterung ist, uns ihr Herz ausschütten zu können.

Emil und Ida haben zusammen mit Glorias Kindern Bilderbücher aus den USA angeguckt, aber jetzt *müssen* wir wirklich schlafen gehen. Gloria überläßt uns großzügigerweise ihr großes Bett und macht für sich und die Kinder ein Lager in der Küche. Ihr Mann David besucht ein Priesterseminar und kommt erst morgen wieder nach Hause.

Früh am nächsten Tag nehmen wir Abschied von Gloria und den Kindern. Wir wollen nach Niki Niki, wo unter einem klaren, blauen Himmel ein großer Markt abgehalten wird. Die bunte Kleidung der Bauern macht den Tag richtig festlich. Sie tragen handgewebte Stoffe, die sie in mehreren Lagen um die Hüften gebunden haben. Und sowohl Männer als auch Frauen kauen Betel, so daß ihnen der rote Saft aus den Mundwinkeln tropft. Betel ist die meistverkaufte Ware auf dem Markt. Die Bauern sitzen in langen Reihen, die Betelnüsse vor sich auf dem Erdboden ausgebreitet.

Einige wenige lebende Hühner und Schweine werden stolz von ihren Besitzern umhergetragen, jede Menge Plastiksachen und Kleider gibt es an den Ständen zu kaufen, und hier und da wird Gemüse angeboten. Die bunten Tücher faszinieren uns, und als wir einen Bauern mit einem außerordentlich schönen Stück sehen, fragen wir ihn, ob wir es ihm abkaufen dürfen. Es ist uns ein bißchen peinlich, ihm die Kleidung vom Körper zu kaufen, aber er will gerne mit uns ins Geschäft kommen. Er trägt noch ein Tuch darunter, es ist also kein Problem. Die Kinder, die auf eigene Faust herumgestrolcht sind, haben sich einige große Bananen gekauft und einige kleine, die so süß wie Bonbons schmecken. Sie kosteten fast gar nichts.

Leider müssen wir wieder nach Kupang zurück. Die „Sibayak" soll um vier ablegen, und wir können nicht hundertprozentig davon ausgehen, daß sie Verspätung haben wird. Wir müssen also so schnell wie möglich fahren, und die Kinder müssen ihre Bananen während der Fahrt auf den Motorrädern essen. Völlig abgehetzt erreichen wir fünf Minuten nach vier die „Sibayak", nur um festzustellen, daß sie noch nicht mal angefangen haben, die Rinder an Bord zu hieven.

Die Passagiere an Bord werden weggescheucht, bevor ein Kran eine Ladung Bambusstöcke an Deck wirft, aus denen im Laufe einer Stunde Boxen mit rosafarbenen Stricken zusammengebunden werden. Strohballen landen an Bord und werden an Deck dort verteilt, wo die Rinder stehen sollen. Erst als das erledigt ist, werden die Motorräder wieder an Bord gebracht und an den Boxen festgebunden. Um acht kommt der erste Lkw mit zwanzig

Das Verladen der Rinder ist nichts für feinfühlige Gemüter

jungen Stieren angefahren. Ein Cowboy klettert hinauf, packt eines der Tiere am Zaum, bindet ihm einen kurzen Strick um den Hals und befestigt diesen gleichzeitig an den Hörnern. Dann macht er dasselbe beim nächsten Tier. Als drei von ihnen abgefertigt sind, hievt der Schiffskran sie zusammen an Bord. An Hörnern und Hälsen aufgehängt, strampeln sie zunächst verzweifelt, bis sie nach fürchterlichen Sekunden schlaff am Drahtseil hängend aufs Deck hinübergeschwungen werden. Kaum sind die Tiere gelandet, sind sie auch schon wieder auf den Beinen, und bevor sie wissen, wie ihnen weiterhin geschieht, bindet man sie so eng an den Boxen fest, daß sie sich nicht rühren können. Die Rinder werden so in langen geraden Reihen aufgestellt. Die

Cowboys arbeiten blitzschnell, wobei sie auf den Bambuszäunen balancieren und es jedesmal schaffen, den spitzen Hörnern der Tiere zu entgehen. Es ist eine eindrucksvolle und dramatische Vorstellung, denn die Arbeit der Cowboys ist bestimmt nicht ungefährlich. Um zehn sind alle dreihundert Jungstiere an Bord!

Jetzt stehen die Tiere schön ordentlich an Deck und kauen, die Passagiere dagegen liegen in jämmerlichem Durcheinander und auf engstem Raum in den Gängen des Schiffes, wo sie noch eine Woche ausharren müssen, bis wir Jayapura erreichen. Jetzt schätzen wir erst so richtig unsere Kajüte mit den vier Kojen und dem Bullauge.

Gegen Mittag des nächsten Tages tutet die „Sibayak" ein paarmal und tuckert aus dem Hafen. Bald verschwindet Timor hinter uns und versinkt im Meer. Hurra, Neuguinea, hier kommen wir!

Die „Sibayak" schwebt 5000 Meter über dem Meeresgrund. Wir sind gerade oben bei dem Kapitän gewesen und haben unseren Kurs auf einer alten holländischen Seekarte eingezeichnet gesehen. Das Schiff hält Kurs nach Nordosten, die grünen Berge der Insel Wetar liegen an Steuerbord, jetzt sollen wir durch die Banda-See pflügen, und in etwa sechzig Stunden werden wir die westliche Spitze von Neuguinea bei der Stadt Sorong umrunden. Wir stehen noch auf der Treppe, als der Motor wieder stehenbleibt. Nach einem leisen Zittern liegt die „Sibayak" still.

Die Dünung der Banda-See läßt das Schiff hin und her schaukeln, und es dauert nicht lange, da beginnt sich ein gewisses Meeresgrün um unsere Nasen abzuzeichnen. Emil und ich müssen uns hinlegen – wir sind seekrank.

Maschinenschaden in der Banda-See –
und dessen Folgen
(Hjalte)

Seit drei Tagen treibt die „Sibayak" durch die ölblanke Dünung der Banda-See. Ich schließe die Augen und drücke die Finger gegen meine Lider. Müdigkeit rollt wieder heran; ich könnte mich auf der Stelle hinlegen und einschlafen, nur der Gedanke daran, wie der schweißnasse Körper auf dem feuchten Laken kleben wird, hält mich noch einen Augenblick davon ab. Auch vom Bullauge kommt wenig Linderung, kein Lüftchen findet herein. Ich seufze, verfluche dieses elende Schiff, das sich hier völlig nutzlos auf den Wellen wiegt, öffne halb die Augen und schaue an Nina vorbei in den schmalen Gang hinaus, wo die Passagiere aneinandergedrängt liegen, jeder auf seiner Strohmatte, und wir warten . . .

„Was wird der Kapitän tun, wenn Wind aufkommt?" fragt Nina träumend aus ihrer Ecke, halbnackt und notdürftig hinter einer *Sarong*-Gardine versteckt. „Das Riff der Wetar-Inseln ist nicht weit entfernt. Ein kleiner netter Sturm, und wir können nach Freitag suchen", prophezeit sie optimistisch. Sie würde wohl gern einen romantischen Schiffbruch erleben mit Kokospalmen und einsamen Sandstränden, danach die Rettung, und hinterher würde sie dann einen neuen Robinson Crusoe schreiben.

Aber es ist völlig windstill. Das Wetter ist eingeschlafen, der Wind ist eingeschlafen, die Zeit ist eingeschlafen, alles ist eingeschlafen, nur der Koch sitzt noch unten auf dem blutbedeckten Fußboden und reinigt Fische und zerreibt Chili.

Emil spielt mit schweißnassen Haaren oben in der Koje, ein Kranarm ragt heraus, und jetzt dreht sich eine Windmühle. Er hüpft auf den Fußboden, rot und mit einem von Hitzepickeln geschwollenen Hals, und macht den nicht dummen Vorschlag, daß wir die Motorräder zu Tretbooten umbauen, mit den blauen Taschen als Schwimmer, um so nach Neuguinea zu kommen. Nina kramt den Kübel hervor, nimmt den Eimer mit dem letzten Rest Wasser, um Emil unten auf der Toilette mit Wasser abzukühlen. Es ist unmöglich, die Kajüte zu verlassen, ohne die Passagiere im Gang zu stören, die ja sowieso arm dran sind, weil sie zusammengepfercht unter dem ständig brennenden Neonlicht liegen.

Ich bleibe sitzen, schließe wieder die Augen und stelle mir vor, wie Emil und Nina jetzt über die Menschen grätschen, die in den Gängen, in allen Ecken, auf dem kleinen Achterdeck in und auch unter den Rettungsbooten liegen, wie sie unter Planen und Stoffbahnen hindurchkriechen müssen und einen Bogen um die Kisten und Körbe machen, die, beladen mit Töpfen und Pfannen, für die Märkte auf Neuguinea bestimmt sind, sich dann um die Ballen mit T-Shirts schlängeln und um das Gemüse von Java, das Tag für Tag welker wird, um die Hühner und endlich die Ziege, bevor sie sich schließlich in die Schlange aus Badelatschen und Eimern mit Wasser vor der Toilette einreihen können. Emil und Ida beklagen sich nie über die Verhältnisse; sie akzeptieren klaglos, was die meisten Erwachsenen zu Hause völlig aus dem Konzept bringen würde.

Später am Tag bin ich dran, nach Trinkwasser Schlange zu stehen. Zusammen mit Ida warte ich unten beim Koch, der das dreckige Wasser aus der Tonne abkocht. Es dauert eine Ewigkeit, bis er die zwei großen Kochtöpfe zum Kochen gebracht hat, und Ida entdeckt, daß die Ziege verschwunden ist. Ich habe den Koch stark in Verdacht, und ohne Ida etwas zu sagen, der das Schicksal des Tieres nahegeht, überlege ich, wie das Mittagessen heute wohl schmecken wird. Während die Schlange vorrückt, taucht ab und zu ein total verdreckter Maschinist in der Tür neben der Kombüse auf, der Schweiß rinnt ihm über die nackte Brust in seinen aufgeknöpften Arbeitsanzug. Der Mann schnappt ein wenig frische Luft, führt den Zeigefinger an die Stirn, zeichnet Spiralen, rollt mit den Augen.

„Engine crazy!" sagt er. „Die Maschine spielt verrückt!"

Mit unserem Kochtopf mit heißem Wasser balancieren wir auf dem Deck zurück. Der Kapitän hat sich in seiner Kajüte eingeschlossen, die Mannschaft spielt Schach in der Messe, die Passagiere starren auf den Horizont, und die Rinder käuen geduldig wieder.

Nach dem Essen – wider Erwarten gab es doch Fisch – gehen wir auf das Achterdeck hinunter. Ein Scheinwerfer leuchtet in das bodenlose Wasser an der Schiffsseite. Das Meer ist völlig klar, und der Lichtstrahl bildet einen hellen Schacht, der in den Ozean hinunterführt. Ein Matrose angelt in diesem Lichtbrunnen. Ein schwarzer Schatten schwimmt vorbei; Emil und Ida drängeln sich zwischen den Indonesiern nach vorne und klettern auf die Reling, damit ihnen nichts entgeht. Jetzt, wo das Schiff stilliegt, lockt der Scheinwerfer die Fische herbei. Bald wimmelt es nur so von Meerestieren, die wie in einem Karussell unaufhörlich auf der Grenze zwischen Hell und Dunkel ihre Runden drehen. Plötzlich jagt ein Zittern durch das Fischrad, ein riesiger Schatten huscht ganz unten im tiefsten Ultramarin vorbei.

Ikan hiu!" ruft der Matrose – ein Hai! Alle Passagiere, die sich bisher ruhig in der milden Abendluft unterhalten haben, wenden sich plötzlich rufend und gestikulierend dem Meer zu. Endlich etwas Aufregendes! Die kleinen Fische sind verschwunden, der huschende Schatten kommt nun etwas weiter oben zum Vorschein, und plötzlich tauchen immer mehr Haie in unserem Blickfeld auf. Der Matrose zieht hektisch an seiner Angelschnur, ruft einem Jungen etwas zu. Während er gründlich die dicke Nylonschnur prüft, kommt der Junge mit den drei größten Haken zurück, die es auf der „Sibayak" gibt; sie sind so lang wie eine Hand. Schnell, aber sehr sorgfältig befestigt der Matrose einen festen Draht an den drei Haken, bindet sie so zusammen und setzt sie an die Angelschnur, die Knoten werden verstärkt, festgezogen und nochmals verstärkt. Der Koch reicht ihm einen Fisch, und während alle gespannt zuschauen, versinkt der Köder unter der Wasseroberfläche.

Erst registrieren die Raubfische die Lockspeise überhaupt nicht, aber dann jagt ein großer Hai vorbei, seine Rückenflosse durchschneidet den ölblanken Meeresspiegel und verschwindet im Dunkel. Die Haken werden weiter hinuntergefiert. Und da, plötzlich, wie aus dem schwarzen Nichts schießt ein drei Meter langer Hai hervor, will den Köder von den Haken reißen – und bleibt hängen. Augenblicklich spannt sich die Angelschnur bis zum äußersten, der Bambusstock biegt sich, zu dritt ziehen die Männer mit aller Kraft den Hai an die Oberfläche. Der peitscht das Wasser, es schäumt, wir starren in den furchtbaren Rachen des Hais. „Alle Kinder weg!" rufen die Matrosen, und die Leute ziehen sich verschreckt einen Meter zurück. Der Hai ist jetzt halbwegs aus dem Wasser, der matte, graue Körper windet sich im Scheinwerferlicht, das kleine Auge blickt leer in die Nacht, und die Männer stehen auf dem Sprung, um sich sofort in Sicherheit zu bringen, sobald das gefährliche Tier an Deck landet. Da holt der Hai zu einem letzten gewaltigen Ruck aus, und mit einem Aufschrei der Enttäuschung fallen die Matrosen hintenüber. Der Hai ist weggetaucht und verschwunden, die Angelschnur kommt an Deck geschossen, und da liegen die drei schweren Haken, alle geradegebogen! Den ganzen Abend fischen die Männer weiter nach Haien, aber die beißen nicht wieder an.

Am nächsten Vormittag ertönt plötzlich schriller Feueralarm, die Sirenen heulen durch die Gänge, das Schiff erzittert – der Motor arbeitet! Aber wir liegen noch immer still, und mit einem kleinen, jämmerlichen „Paff" durch den Schornstein gibt der Motor erneut seinen Geist auf.

Die ersten Gerüchte vom Maschinenraum dringen nach oben: Die „Sibayak" kann es bis Neuguinea nicht schaffen. Wir müssen zurück nach Timor, doch wie? Wir sind 24 Stunden von Kupang entfernt. Bis jetzt sind die Passagiere von einer engelhaften Geduld gewesen, einer Geduld, die man in Dänemark als Apathie bezeichnen würde. Aber in Indonesien haben die Menschen nichts zu sagen, sie müssen sich einem unfähigen Kapitän anvertrauen, genau wie sie sich an Land mit den Ideen der Regierung abfinden müssen. Ein Seufzer der Enttäuschung wandert durch die „Sibayak", verliert an Kraft und wird unter die Strohmatten gefegt; der weitere Verlauf der Reise steht in den Sternen.

Zwei indonesische Schönheiten lächeln mir durchs Bullauge huldvoll zu. Wir sind nie allein in der Kajüte. Zur Tür tritt eine dritte Schönheit herein mit langen, polierten Nägeln und einem schwarzen Hut. Wie alle indonesischen Männer liebt Hasibuan lange Fingernägel. Er besucht die Schiffahrtsschule, stammt aus Sulawesi und ist ein selbstgefälliger Typ mit einem ewigen Lächeln, das ganz schön anstrengend sein muß. Zum dritten Mal kreuzt er heute mit seinem Tauchsieder und seinem ununterbrochenen Gequatsche auf. Er kneift Ida, bis sie weint, dann lacht er und macht Anstalten, sie erneut zu kneifen. Ida heult, spuckt ihn an und reißt sich los, doch er lacht uns nur an: *„Aduh, Ida malu* – wie ist Ida doch schüchtern!" Zu Hause hätte ich ihm eine geknallt, aber hier entspricht Hasibuans Benehmen genau dem, was man bei ihm in Sulawesi erwartet. Er liebt es, mit Ausländern zu sprechen, und wenn wir ihn darauf aufmerksam machen, daß Ida es möglicherweise haßt, gekniffen zu werden, versteht er uns nicht, denn er tut es ja nur, weil er Ida unwiderstehlich findet.

Die Mentalität der Leute ist so anders, und die Schwüle in der Kajüte und die Schweißtropfen, die seit Tagen von meiner Stirn auf denselben Fleck auf dem Fußboden tropfen, machen die Dinge auch nicht besser. Der Nachmittag vergeht in einer derart lähmenden Hitze, daß Nina meint, es sei Zeit, unseren Notproviant anzubrechen. In Kupang hatte sie eine Flasche *Angur Kuat*, Portwein, gekauft, der als Medizin an die nicht Alkohol trinkenden Moslems verkauft wurde: nach jeder Mahlzeit zwei Eßlöffel für die Verdauung. Mit genüßlichem Seufzen öffnet sie die Flasche mit dem eindrucksvollen Etikett, wo ein kleiner, glatzköpfiger Eunuch einem alten chinesischen Weisen mit großem Wanderstab und langem, weißem Bart, über dessen Kopf eine Schriftrolle schwebt, eine Schüssel reicht, auf der zwei riesige brustförmige Früchte liegen, während eine herausfordernd wir-

Ida spielt Domino mit der Schiffsbesatzung

kende indonesische Frau eine gigantische Flasche hervorzeigt und ein Hirsch hinter dem Rücken des Weisen hervorspringt.

„Den trinkt man nur der Wirkung wegen", sagt Nina mit einer Grimasse und gönnt sich noch ein Gläschen. Einer der Soldaten, der vor unserem Bullauge wohnt, schaut herein und fragt, ob er unsere Dominosteine leihen darf. Ida ist gleich mit von der Partie und hüpft mit der grünen Schachtel zum Bullauge hinaus. Mit uns will sie nicht spielen, es müssen schon die Soldaten draußen an Deck sein. Ich höre, wie die vor Lachen beinah keine Luft mehr bekommen, und als ich hinausschaue, sitzt Ida gefaßt da mit einer Wäscheklammer im Ohrläppchen, die Strafe für eine verlorene Runde. Sie wird betätschelt, gekniffen, gedrückt und verwöhnt und findet überall Freunde.

Abends lesen wir gerade eine Geschichte vor, als plötzlich der

Motor zu arbeiten beginnt. Wir stürzen hinaus an die Reling und sehen in der untergehenden Sonne, wie das Wasser plötzlich anfängt, an uns vorbeizuströmen. Wir machen Fahrt, aber es geht in die falsche Richtung! Mit halber Kraft und mit einer Geschwindigkeit von vier Knoten sehen wir unsere Neuguinea-Pläne Schiffbruch erleiden.

Kupang, du hast uns wieder! Die „Sibayak" liegt draußen auf der Reede, und der einzige Kai im Hafen ist voll belegt. Das Geräusch von Außenbordmotoren rollt über das klare Wasser, kleine Jollen verfrachten Menschen und Gepäck an Land, aber wir können unsere Motorräder nicht mitbekommen. Der Bootsführer verlangt einen horrenden Preis, und der Kapitän will die Winde nicht starten. So lassen wir die Motorräder an Deck stehen und werden ohne sie an Land gebracht. Ein *bemo* – ein kleiner Lkw, auf dessen Ladefläche Bänke befestigt sind und der somit zu einem Freiluft-Bus umgewandelt ist – wartet am Kai, und eine Viertelstunde später sind wir in Kupang. Unser Problem hat uns wieder eingeholt: In vier Tagen laufen unsere indonesischen Visa ab, und statt wie geplant in Jayapura zu stehen, um über die Grenze nach Papua-Neuguinea zu fliegen, befinden wir uns – leider Gottes – wieder auf Timor. Doch diesmal sind wir uns keiner Schuld bewußt, und ich denke, daß die *Imigrasi*, die Ausländerpolizei, mit sich reden lassen wird. Sehr schnell zeigt sich jedoch, daß dies ein Trugschluß war.

„Die Verlängerung Ihrer Visa ist ausgeschlossen, ein illegaler Aufenthalt wird mit Gefängnisstrafe geahndet! Sie müssen unverzüglich via Bali nach Australien fliegen. Ihnen verbleiben nur noch vier Tage in Indonesien..." Der Polizist ist unerbittlich, fügt jedoch nach peinlichem Schweigen aufmunternd hinzu: „Glücklicherweise können Sie es gerade noch schaffen, denn die Maschine von Kupang nach Bali geht erst morgen. Und wenn Sie von Australien wieder einreisen, werden Sie selbstverständlich Visas von zweimonatiger Gültigkeit erhalten. Auf Wiedersehen."

Auf dem Rückweg zur „Sibayak" habe ich ständig die Worte des kleinen Bürokraten im Ohr. Ich bin wütend und verzweifelt; es ist ausgeschlossen, daß wir „einfach" die Maschine nach Australien nehmen, um die Verspätung der „Sibayak" wiedergutzumachen, und was ist mit den Motorrädern? Glaubt der Kerl, wir hätten Geld wie Heu?

„Glaubst du, daß die *Imigrasi* uns hier auf der ‚Sibayak' abholen kommt?" fragt Emil besorgt, und Ida sagt entschieden: „Sie dürfen uns nicht abholen, ich will bei Ponik bleiben!"

Draußen auf der Reede verstreichen die Tage, langsam driftet die „Sibayak" um ihre Ankerkette, das kühle Licht des Morgens verwandelt sich in sengende Mittagshitze, bis wir müde den Sonnenuntergang betrachten und zum dritten Mal am Tag Reis essen. Die *Imigrasi* hat uns nervös gemacht, aber nicht mutlos. Nicht für eine Sekunde erwägen wir, nach Australien zu fliegen. Solange wir diskret an Bord bleiben und uns hin und wieder erdreisten, im Hafen schwimmen zu gehen, rechnen wir nicht mit Schwierigkeiten. Wir haben das Vorlesebuch schon zum zweiten Mal hervorgeholt, Emil hat bald das Rechenpensum von vier Monaten in seinem Schulheft geschafft, und die Motorräder stehen noch immer unten an Deck neben den armen Rindern.

Alles an Bord wartet auf ein sagenhaftes Ersatzteil aus Java, das ein Experte von dort mitbringen soll; aber weder Experte noch Ersatzteil tauchen auf, und Jakarta hebt nicht mehr ab, wenn der Kapitän anruft. Unsere immer ungeduldigeren Fragen werden mit einem lächelnden: „*Munkin berangkat besok* – vielleicht legen wir morgen ab" beantwortet.

Nur mit großer Kraftanstrengung entkommen wir unserer verschwitzten, apathisch machenden Kajüte und gelangen an Land. Alle unsere Pläne sind über den Haufen geworfen worden, aber für heute nacht wollen wir uns wenigstens ein Bett auf Timor gönnen. Ein kleiner, überfüllter Bus fährt uns in die Berge, und bei einem Eßstand am Straßenrand steigt alles aus, um gekochte Maiskolben zu kaufen. Die untergehende Sonne tanzt in den

Fensterscheiben des Busses hinter den dunklen, breiten Silhouetten der Bauern. Ihre kleinen Hüte wippen, Popmusik plärrt, und die Akazienbäume haben ihre Blätter für die Nacht zusammengeklappt. Draußen vor einer kleinen Stadt steigen wir aus, und bald verschwindet der Bus in der Dunkelheit. Es ist kühl. Über der Tür der Herberge leuchtet eine Glühbirne.

Ich halte Emil an der Hand, spüre, wie die Wärme der Lebensfreude die vergangenen Probleme der Wartezeit auftaut. Mir fällt wieder ein, daß wir ja nirgendwo hinmüssen, kein festgesetztes Ziel haben. Die Reise wird plötzlich wieder sinnvoll, weil ich merke, daß ich Lust habe, die Welt gerade hier, wo wir sind, zu erleben.

„Ich habe Hunger!" Emil zieht energisch an meiner Hand.

Am nächsten Tag weiß es schon der ganze Kai: Die „Sibayak" ist am Ende. Der Mann aus Java hat einen Schlußstrich gezogen und ist schon wieder nach Hause geflogen. Gerüchte wollen wissen, daß Pelni in Jakarta ein neues Schiff ausrüstet, um Lasten und Passagiere nach Irian Jaya zu bringen, aber keiner weiß, wann es eintreffen wird.

Uns ist nicht danach zumute, noch länger auf irgendein Schiff zu warten. Nachdem der kleine Ausflug an Land uns frische Luft in die Köpfe gepustet hat, fühlen wir uns stark genug, selbst die Anker zu lichten. Und können wir nicht via Neuguinea nach Australien kommen, müssen wir eben die Route über Bali nehmen. Wir können mit einem kleinen Schiff nach Flores, einer Insel nordwestlich von Timor, übersetzen, so über die Inseln nach Bali zurückfahren und von dort aus die Maschine nach Australien nehmen. Das wäre eine phantastische Tour, und auf dem Weg könnten wir die Insel Komodo besuchen! Noch ehe die Sonne hinter dem Hafen von Kupang untergegangen ist, haben wir die „Budimurni" ausgemacht, ein kleines Schiff, das am folgenden Nachmittag nach Flores ausläuft. Auch mit dem Kapitän haben wir schon gesprochen.

Der Gedanke, daß die Reise morgen weitergehen soll, macht

uns ganz euphorisch. Wir tanzen den Strand entlang, bis wir ein Boot finden, das uns zur „Sibayak" hinausbringen will. Endlich haben wir uns entschieden: Dies soll die letzte Fahrt hinaus zu diesem Schiff sein! Da fällt Nina im letzten Augenblick ein, daß wir Gloria Lego-Sets versprochen haben. Sie sollen ein Weihnachtsgeschenk für ihre Kinder sein. Bevor wir Timor verlassen, müssen wir die Steine also noch bei einem australischen Missionar abliefern, dessen Adresse sie uns mitgegeben hat. Müde, aber geduldig springen Emil und Ida wieder in den *bemo*, und zurück geht es nach Kupang.

Ein blonder Junge öffnet die Tür. Wir treten in einen Raum, dessen Fußboden mit Klinkern ausgelegt ist, ein Ventilator dreht sich an der Decke, in den Ecken stehen bequeme Sofas, und am anderen Ende des Raumes lädt ein Klavier zum Spielen ein. Ein großer, kräftiger Mann kommt uns entgegen. Er hat ein markantes Gesicht, trägt einen Backenbart, die graugesprenkelten Haare sind aus der Stirn zurückgekämmt, und er strahlt gleichzeitig Autorität und Hilfsbereitschaft aus. Es ist Ian, der Missionar. Außer seinem Sohn, der uns die Tür geöffnet hat, entdekken wir noch zwei ältere Jungen, die mit zwei schwarzen Mädchen zusammen fernsehen. Ians Frau Lorraine, klein und rundlich, tritt lächelnd aus der Küche und lädt uns sofort zum Abendessen ein. In der gepflegten Umgebung fällt mir plötzlich unsere armselige Erscheinung auf oder besser unsere elende Verfassung nach den Wochen auf der „Sibayak". Lorraine sagt, wir sollen uns aufs Sofa setzen, und gleich darauf bringt sie uns Limonade. Emil und Ida sitzen sehr still, während sie trinken.

Die Köchin deckt den Tisch, und Emil und Ida gehen beinah die Augen über, als sie richtiges Brot, Schinken, Salate, Erdnußbutter, Marmelade und frische Butter sehen. Wir setzen uns alle an den großen, runden Tisch, die Familie faltet die Hände, und ich schaffe es gerade noch, Ida zu bremsen, die schon zulangen will.

„Let us give thanks." Der Missionar und seine Familie schließen die Augen und beugen die Köpfe. Ian dankt dem Herrn für

die Speisen und unseren unerwarteten Besuch, blickt auf und lächelt Ida aufmunternd zu: *„Now, what would you like?"* Nachdem sie eine unfaßbare Anzahl von Broten vertilgt hat, stellt er lachend fest, daß Ida wohl schon lange nichts Richtiges mehr gegessen hat.

Es ist offensichtlich, daß Ian und Lorraine gut miteinander auskommen und auch ihren Kindern gegenüber lieb und aufmerksam sind. Sie bekommen nicht oft Besuch von Ausländern, und bald sind wir in ein Gespräch vertieft, bei dem jeder dem anderen zuhört.

Ian erzählt, daß sie seit elf Jahren in Kupang wohnen. Er arbeitet im Priesterseminar der australischen Baptisten-Mission, die gemeinsam mit der örtlichen indonesischen Baptisten-Kirche betrieben wird. Alle Missionare müssen heute mit einer örtlichen Kirche, d. h. unter indonesischer Kontrolle, arbeiten.

Die Stunden vergehen, wir probieren Lorraines selbstgebackenen Kuchen und trinken den Kaffee, den die Köchin gekocht hat. Emil und Ida spielen begeistert mit den drei Jungen, und selbst auf die Gefahr hin, etwas aufdringlich zu wirken, erzählen wir Ian von unserem Visaproblem. Er nimmt es sehr ernst und meint, daß es viel zu gefährlich sei, über die Insel nach Bali zurückzufahren. Wir würden vermutlich im Gefängnis landen, und unsere Motorräder könnten beschlagnahmt werden. Er will sehen, was er für uns tun kann, er kennt da verschiedene Leute in der Stadt. Ich möchte ihm am liebsten nicht glauben, aber wir sind ihm sehr dankbar für seine Hilfe.

Es ist spät geworden, Emil und Ida schlafen schon beinahe. Ian fährt uns zum Hafen hinunter, und am nächsten Tag will er uns am Kai abholen. *„God bless you, good night."* Der Dschungel-Volkswagen verschwindet. Wir haben einen Freund in Kupang gefunden, aber unsere Euphorie von vorhin wird von Zweifeln überschattet.

★

Nina und ich sind früh auf den Beinen. Uns wird langsam bewußt, daß wir mit abgelaufenen Visa nicht besser gestellt sind als Zuchthäusler auf der Flucht. Nach dem, was uns der Missionar gestern erzählte, haben wir Angst vor der *Imigrasi* bekommen; sie verfügt offenbar über die Macht, uns die Hölle heiß zu machen. Die Dame, die Ian über die Kirche kennt, kann uns jedoch nicht helfen; wir müssen schon mit dem Chef persönlich sprechen.

Abends fahre ich mit Ian in das neue, reiche Viertel von Kupang. Wir werden in einen Raum geführt, in dem geschmackloser Kitsch den Wohlstand des Hauses zur Schau stellt. In kurzen Hosen kehrt der Chef vom Badminton zurück, ein Dienstmädchen serviert Tee, und alle sind von ausgesuchter Höflichkeit. Aber der Mann ist unerbittlich: Eine Verlängerung der Visa ist ausgeschlossen. Wir *müssen* Timor mit dem ersten Schiff verlassen und aus Indonesien ausreisen. Zum Schluß bietet er uns jedoch an, eine Bestätigung schreiben zu lassen, daß wir uns an die *Imigrasi* gewandt haben und unsere Ausreise sich ohne eigene Schuld verzögert hat.

Unsere ganze Energie und Abenteuerlust von gestern hat sich in Nichts aufgelöst. Mißmutig sitzen wir in der Kajüte. Emil und Ida schlafen schon, schwitzend.

„Hjalte, dieser Wahnsinn muß ein Ende haben! Wir sind nicht hierher gefahren, um auf einem Schiff zu vergammeln", sagt Nina entschlossen. „Die Tage vergehen, und wir kommen nicht nach Neuguinea. Es kann Wochen dauern, bis Pelni sich endlich bequemt, ein Schiff nach Timor zu schicken, um uns abzuholen. Wir müssen in den sauren Apfel beißen und eine direkte Schiffsverbindung nach Surabaja finden und von dort aus weiter nach Australien reisen."

Am nächsten Abend sitzen wir wieder in der Kajüte. Nach einem langen Tag bei der *Imigrasi* habe ich den versprochenen Brief bekommen, und – was man an Bord begrüßt – wir dürfen auf der „Sibayak" wohnen bleiben, bis ein anderes Schiff kommt. Nina hat zusammen mit Emil und Ida sämtliche Schiffe im Hafen abgeklappert, um eine Verbindung nach Surabaja ausfindig zu machen.

„Es ist wie verhext! Heute morgen um sechs ist ein Schiff nach Surabaja ausgelaufen, und jetzt wird es eine Woche dauern, bis das nächste fährt. Dann ist da die ‚Kananga‘, ein rostiges Kohlenschiff, das erst Richtung Osten fährt und in Atapupu Kohle löscht. Sollten wir nicht doch lieber das kleine Schiff nach Flores nehmen?"

„Nein", sage ich fest, „das Risiko, über die Inseln nach Bali zurückzufahren, gehe ich nicht ein. Die Verbindungen zwischen den Inseln sind einfach zu unsicher. Wir müssen mit Wartezeit rechnen, die wir vielleicht dann auch noch in einem gottverlassenen Gefängnis verbringen dürfen – dem Gutdünken eines korrupten Bürokraten-Königs überlassen. Ich sehe im Geiste vor mir, wie alles schiefläuft."

„Aber die ‚Kananga‘ sah schrecklich aus, nichts als Rost und Kohlenstaub."

„Wenn es so lange dauert, nach Java zu kommen, wäre es dann nicht besser, hier auf das Schiff nach Jayapura zu warten? Es heißt, daß nächste Woche eines kommt."

Aber Nina hat ein neues Problem bereit: „Und was ist, wenn wir im Flughafen von Jayapura entdecken, daß die Motorräder zu groß sind, um mit dem Flugzeug über die Grenze nach Papua-Neuguinea transportiert zu werden?"

„Die Maschine nach Papua-Neuguinea soll eine Fokker 28 sein, und da paßt wohl kein Motorrad rein. Aber ich werde die Hondas in die allerkleinsten Einzelteile zerlegen", sage ich verbissen, „und dann werden sie reinpassen."

Draußen im Gang weint Yayuk, Poniks kleine Schwester. Sie sitzt einfach da auf der Matte zwischen den Essensschalen der Familie und dem Kopfkissen und weint. Ida und Ponik versuchen sie zu trösten, so gut es geht. Heute nacht schrie ein Baby stundenlang, und heute morgen weinte eine der Frauen draußen im Gang, den Kopf unter einem Handtuch versteckt. Schließlich putzte sie sich die Nase hinein, zog die Knie bis unters Kinn und

Ida und Ponik

starrte auf die Reling, genauso unglücklich wie zuvor. Die Männer haben offensichtlich beschlossen, die ganze Zeit zu verschlafen.

Mein letzter Gedanke, bevor die Tropenluft auch mich in die Knie drückt, ist, daß wir uns eine Fokker näher anschauen müssen. Ist sie groß genug, heißt es vorwärts; ist sie zu klein – dann heißt es Metallsäge raus. Und wenn sie als ein Sack Metallspäne rüberkommen soll, die Motorräder müssen mit nach Neuguinea!

Am nächsten Morgen gibt der Kapitän endlich Order, die Winde zu starten, und wir setzen zum Kai über. Wir haben beschlossen, zum Flughafen zu fahren, um den Gepäckraum einer Fokker 28 genauer zu untersuchen, und unter großem Gelächter werden die Motorräder von fünf Matrosen auf den Kai befördert. Meine Honda startet sofort, aber Ninas streikt. Zusammen mit den Kindern hält Nina das Gepäck und betrachtet mich voller Mitgefühl, während ich mein Glück versuche. Rauf auf den Kickstarter und einen ordentlichen Tritt und noch mal und noch einmal... Nichts tut sich. Die Situation ist nicht neu. Viele Jahre mit den unmöglichsten Motorrädern haben mir eine direkt engelhafte Geduld beigebracht – aber was hilft es, wenn der Scheiß trotz der größten Geduld einfach nicht startet? Alles, was auf dem Kai kreucht und fleucht, schaut fasziniert meiner schweißtreibenden Vorstellung zu. Benzin ist drin, auch Anschieben nützt nichts. Irgend etwas ist total hin, ich muß aufgeben.

„Hjalte, was rinnt da eigentlich aus dem Auspuff?" Emil hat einen Finger in den Auspuff gesteckt und schnuppert mißtrauisch daran. „Es riecht jedenfalls nicht nach Benzin."

Nina schnuppert auch daran und schmeckt es. „Um Gottes willen, Salzwasser!" ruft sie bestürzt.

Ich wische mir den Schweiß von der Stirn. Plötzlich verschwinden einige Jungen hinter dem Packhaus und wollen sich totlachen. Da ist alles klar. Es sind die schlimmsten Burschen von der „Sibayak", und ich habe keine Kraft mehr, hinter ihnen her zu rennen. Nach 200 vergeblichen Startversuchen bei

32 Grad Hitze bin ich völlig erledigt. Ich lasse reinstes Meerwasser aus Tank und Vergaser laufen und stelle mir nervös vor, was es an Schaden angerichtet haben kann.

Einige Typen, die ganz vorn im engen Kreis der Zuschauer stehen, kratzen mit ihren langen Fingernägeln einen Aufkleber vom Motorrad, ein anderer öffnet den Ölkanister, so daß Öl über unser ganzes Gepäck läuft. Nina reißt die Geduld und droht ihm, daß sie ihm gleich eine schmiert, wenn... Alle lachen, und beleidigt haut der Übeltäter ab. Ein hilfreicher Bootsführer hat mir Werkzeug geliehen, er besorgt mir auch noch ein wenig Benzin und zum Schluß eine Zündkerze, und da kommt wieder Leben in die Honda. Immer noch kochend vor Wut, starte ich mit durchdrehendem Hinterreifen und fahre den Kai entlang. Der Fahrtwind beruhigt mich. Es ist gut, endlich wieder ein Motorrad unter dem Hintern zu fühlen!

Türkisfarbene Brandung und ultramarines Meer! Hier erhält der Tag ganz andere Farben als draußen vom rostigen Deck der „Sibayak". Die Insel ist herrlich in der zitternden Hitze inmitten des Gesangs der Zikaden. Wir baden lange und ausgiebig und fahren schließlich nach Kupang, um etwas zu essen. In Lima Jaya finden wir einen Tisch auf einer Terrasse mit Blick über das Meer und die Dächer der Stadt. Es ist ein stiller Vormittag, und die einzigen Gäste außer uns sind zwei Europäer, die sich mit ihrem Bier zu uns setzen. Walter und Ulrich arbeiten an der Konstruktion der neuen Zementfabrik am Hafen. Wir unterhalten uns über dieses und jenes, und als wir unseren leckeren *gado-gado*, frischen Salat mit Erdnußsoße, gegessen haben, bestellen sie eine Runde Bier für uns. Ulrich wartet, bis die Bedienung außer Hörweite ist, und gesteht uns, daß sie Timor recht leid sind. Ihr Zwei-Jahres-Vertrag läuft bald ab, und sie freuen sich auf zu Hause.

„Man ist hier so unfrei; rund um die Uhr werden wir kontrolliert."

Während Walter auf Timor nichts anderes als das ausgezeichnete Bintang-Bier entdeckt zu haben scheint, weiß Ulrich interessantere Dinge über Ost-Timor zu erzählen.

Seit dem Jahr 1975 herrscht Krieg auf dem östlichen Teil von Timor; damals besetzte Indonesien die frühere portugiesische Kolonie. Zehn Jahre lang hat die Widerstandsbewegung „Fretilin" gegen die überwältigende Übermacht von 170 Millionen Indonesiern zu einer halben Million Timoresen für Selbständigkeit gekämpft.

„Habt ihr von dem Krieg auf Ost-Timor irgend etwas mitgekriegt?" frage ich.

„Doch, das schon." Ulrich beugt sich über den Tisch und spricht leiser. „Nicht so laut; man spricht hier nicht offen darüber ... Es ist eine ziemlich schreckliche Geschichte." Etwas zögernd fährt er fort, unsicher, wo er anfangen soll. „Es hat ja schon vor langer Zeit begonnen. Indonesien hat der Welt immer wieder versichert, es würde das Gebiet nie annektieren, und begann gleichzeitig im Oktober und November 1975 mit geheimen Angriffen über die Grenze hinweg. Die Invasion folgte im Dezember 1975, nur vierundzwanzig Stunden, nachdem sich Kissinger und Präsident Ford von Suharto in Jakarta verabschiedet und den Plan vermutlich gebilligt hatten."

„Die Indonesier behaupten, man hätte sie um Hilfe gebeten", unterbreche ich.

„Alles Lügen! Keiner auf Ost-Timor wollte von Indonesien regiert werden. Dili, die Hauptstadt dort drüben, wurde aus der Luft und vom Meer aus bombardiert, Frauen und Kinder wurden in den Straßen von Marinesoldaten erschossen, beinah alle Chinesen unmittelbar nach der Invasion hingerichtet. Zwei Kohleschiffen im Hafen befahl man, ihre Last zu versenken. Von den Offizieren überwacht, fingen die Soldaten an, Dili systematisch auszuplündern. Alles, was sich auf dem Schwarzmarkt in Java verkaufen ließ, selbst Autos, wurden zum Hafen gebracht und auf die beiden Schiffe verfrachtet. Die Offiziere müssen bei dieser Aktion ganz schön abgesahnt haben. Man sagt, im Laufe von neun Kriegsjahren seien Zehntausende von indonesischen Soldaten getötet worden; die Zahlen werden natürlich geheimgehalten. Und immer noch sind über 50 000 Indonesier auf Ost-Timor stationiert."

„Bist du jemals auf Ost-Timor gewesen?" fragt Nina.

„Nein, der Teil von der Insel ist von der Umwelt hermetisch abgeschirmt. Würde ich mich um eine Besuchserlaubnis bemühen, hätte ich augenblicklich meinen Vertrag los, und ich würde aus Indonesien ausgewiesen werden. Indonesier können dort auch nicht einreisen, aber ich habe einige Deutsche kennengelernt, die in der Nähe der Grenze wohnen, und die hören hin und wieder was. Und hier in Kupang habe ich mit Indonesiern gesprochen, die drüben gewesen sind."

Der stämmige Mann nimmt einen großen Schluck Bier, sein Gesicht verdunkelt sich.

Zutiefst erschüttert erzählten sie von Grausamkeiten, deren Zeuge sie geworden sind. Ein Dorf nach dem anderen wurde mit Napalm beschossen, die Lebensgrundlage der „Fretilin"-Bewegung wurde zerbombt und die überlebende Bevölkerung in „beschützten Dörfern" eingesperrt, wo man sie leicht kontrollieren konnte, wo sie aber keine Existenzgrundlage hatte. Erst erschoß die Armee alle Widerstandskämpfer, derer sie in der Nähe der Städte habhaft werden konnte, wonach die „Fretilin" ihren Widerstand von den Bergen aus weiterführte. Dann lieferten die USA Bronco-Flugzeuge an Indonesien, besonders langsame Maschinen, während des Vietnamkrieges entwickelt, die gegenüber einem Feind ohne Fliegerabwehr eingesetzt werden können. Die Indonesier haben ein Drittel oder gar die Hälfte der Bevölkerung getötet oder verhungern lassen! Eine Ungeheuerlichkeit, ein Völkermord, schlimmer als in Kambodscha. Adam Malik, der frühere indonesische Außenminister, hat gestanden, daß 250 000 der nur 650 000 Einwohner nach der indonesischen Invasion gestorben sind."

„Schlafen die Hilfsorganisationen denn?" wundere ich mich.

„Da kennst du Indonesien schlecht. Die Regierung hat verlangt, daß jede Hilfe über das Indonesische Rote Kreuz laufen muß, und hier in den Straßen von Kupang konnte man dann Trockenmilch, Decken, Mehl usw. kaufen, alles, was für die Hungernden auf Ost-Timor bestimmt war."

„Und wie stark ist die ‚Fretilin'-Bewegung heute?" fragt Nina.

„Sie kontrolliert immer noch ein Viertel des Landes, die unwegsamen Berge im Osten; sie hält durch, aber das Überleben der Bevölkerung ist fraglich. Sie wird von der Rasse her als minderwertig betrachtet, und in den Zukunftsplänen der Regierung wohnt auf Ost-Timor eine neue Bauernbevölkerung, vom überbevölkerten Java dorthin übergesiedelt. Die *Transmigrasi*-Projekte auf Ost-Timor laufen schon. Wenn die Indonesier wirklich so weit gehen wollen, daß sie die ganze Bevölkerung auswechseln, dann ist auch die ‚Fretilin'- zur Niederlage verdammt, fürchte ich."

Walter wird ungeduldig. Ulrich trinkt sein Bier aus und ruft die Bedienung. „Auf Wiedersehen, wir müssen zurück zur Arbeit. Schaut einmal vorbei, wenn ihr Zeit habt." Walter und Ulrich verschwinden die Treppe hinunter, und wir müssen hinaus zum Flughafen von Kupang.

Dort darf ich mir die Maschine anschauen. Bereitwillig öffnet der Pilot die Gepäckluke – da paßt gerade ein Koffer durch, so schmal ist sie. Aber der Gepäckraum selber ist groß; wenn das Motorradgestell durchkommen kann, müßte es gehen... Nachdem ich das Flugzeug gesehen habe, kehrt unser Traum von Neuguinea mit voller Kraft zurück. Obwohl wir Order haben, Timor mit dem ersten Schiff zu verlassen, werden in aller Stille viele Schiffe nach Surabaja ablegen, ohne daß wir an Bord sind. Für uns geht es in Richtung Osten weiter.

Timor
(Hjalte)

In Kupang haben wir nichts mehr zu erledigen; wir werden die Motorräder mit einer Fokker 28 nach Papua-Neuguinea bringen können. Über die *Imigrasi* machen wir uns auch keine Gedanken mehr, nachdem wir den Brief haben. Und ich bin hundert Prozent davon überzeugt, daß Pelnis neues Schiff bestimmt erst in einer Woche kommen wird, so wie es angekündigt wurde. So haben wir also sechs Tage, um Timor zu erforschen. Zum ersten Mal, seitdem das Schiff seinen Geist aufgegeben hat, fühle ich die tiefe Ruhe, die das Erleben alles Neuen erfordert. Die Motorräder stehen bereit, die Wartezeit wird zu einer Entdeckungsreise genutzt.

Mit nur wenig Gepäck machen wir uns auf den Weg. Die Küstenstraße bis nach Kupang ist asphaltiert, türkisblau schimmert das Meer, die spitzen Zweige der *Lontar*-Palme strahlen hoch oben in den Himmel hinein. An der Kreuzung am Markt von Kupang biegen wir nach Süden ab, ins Land hinein. Hinter der Stadt züngeln Flammen an den Berghängen, schwerer Rauch liegt in der Luft; die Berge werden kahlgebrannt, um Ackerland zu schaffen. Wir haben uns eine gute Karte von der Insel geliehen und wollen erst mal hinunter an die Südküste, um dort zu sehen, wie weit wir in Richtung Osten kommen können. Danach fahren wir hinauf in die Berge mitten auf der Insel. Wir versuchen erst gar nicht, nach Ost-Timor hineinzukommen. Wir haben im Laufe der Zeit auf Timor gelernt, daß es bloß eine leichtsinnige Herausforderung des Schicksals wäre, sich auch nur der Grenze zu nähern.

In Baun hört der Asphalt auf. Es ist sehr trocken. Staubig stehen die Akazienbäume am Wegesrand und werfen flimmernde Schatten über uns. Nina winkt, fährt neben mir her, Emil und

Steine und Staub – die Straßen von Timor

Ida halten sich an der Hand. Größere Steine liegen nun auf der Straße, nebeneinander rütteln wir weiter, und weißer Staub quillt unter den Rädern hervor. Immer steiler windet sich das weiße Steinband nach oben, hüpfend folgen wir den Kurven. Die Motoren haben jede Menge Kraft – es ist aufregend und wunderschön. Ich gebe Vollgas. Emil hält sich gut am Lenker fest, Staub wird hochgeschleudert, wenn die Honda Steine losreißt, wieder festen Boden findet und uns vorwärtskatapultiert. Hinter einer Kurve machen wir halt, ich wische mir den nassen Staub vom Mund, schiebe die Motorradbrille hoch. Emil hält die Vorderrad-

Das Pferd ist immer noch Haupttransportmittel

bremse, und ich stehe mit dem Teleobjektiv schußbereit, als Nina in voller Konzentration die Honda über die Steinbrocken manövriert. Sie hält mit einem glücklichen Seufzer neben uns an, nimmt den Helm ab: „Wie schön es hier doch ist!"

Es wird Abend, bevor wir das erste Dorf draußen an der Küste erreichen. Die großen Wellen des Indischen Ozeans spülen an den Sandstrand, drei junge Mädchen spazieren den Strand entlang, die tiefstehende Sonne schimmert durch ihre roten Plastikeimer. Wir ruhen uns aus, und plötzlich haben wir Hunger. Leider gibt es hier in der Gegend nichts zu kaufen, erzählen uns die

Mädchen, als wir sie deshalb ansprechen. Also kein Abendbrot, kein Frühstück, denke ich und sehe schon vor mir, wie wir uns in einer Stunde etwas weiter unten an der Küste mit leeren Mägen auf den Sand zum Schlafen legen. Schließlich fragt Nina das aufgeweckteste der drei Mädchen, ob wir nicht bei ihr essen könnten. Es ist dem Mädchen wohl gar nicht in den Sinn gekommen, daß wir Touristen normales Essen akzeptieren könnten. Sie freut sich und sagt sofort ja, lächelt uns mit ihren lebhaften Augen an und versichert uns, daß es absolut in Ordnung sei, eine ganze Familie zum Abendessen einzuladen. Sie ruft ihren Bruder auf seinem Mofa herbei, setzt sich im Damensitz drauf, und alle zusammen fahren wir durch das Dorf zu einem kleinen Steinhaus. Mir ist es etwas unangenehm, daß wir uns sozusagen aufdrängen. Die Mutter des Mädchens sieht aus, als wüßte sie nicht so recht, was ihr diese Ehre verschafft. Sie begrüßt uns bescheiden und bietet uns das Betel-Kistchen an, das auf dem Fußboden neben ihrem Stuhl gestanden hat. Es ist eine kleine geflochtene Schachtel mit Fächern für die Betelnüsse, den Kalk und den Pfeffer. Sich gegenseitig Betel anzubieten ist das traditionelle Zeichen für Respekt und Freundschaft auf Timor. Lachend macht das Mädchen ihre Mutter darauf aufmerksam, daß Fremde keinen Betel kauen, und fragt Nina, ob wir nicht in ihrem Haus übernachten wollen? Auch die Mutter läßt uns jetzt spüren, daß wir willkommen sind, und dankbar nehmen wir das Angebot an.

Das Gerücht von unserem Besuch hat sich schnell im Ort verbreitet, und durch das scheibenlose Fenster gucken uns die Dorfkinder staunend an. Bald sitzen einige von ihnen auf der Bank an der Wand, und auf dem Fußboden haben sich drei junge Männer niedergelassen, schön anzusehen in ihren heimgewebten *kains* und den breiten Silberarmbändern. Der Abend ist voll von goldenem Licht, das sich um die Kinder am Fenster und die Profile der Männer legt. Ein Mann steht für einen Moment in der offenen Tür und begrüßt uns ruhig; es ist der Vater des Mädchens. Lange ist nur leises Murmeln zu hören, der Vater tauscht Betel mit den Männern, das letzte Licht des Abendhimmels erlischt hinter den Palmen draußen am Meer. Hier herrscht Ruhe und eine bodenständige Bescheidenheit; Kinder und Erwachsene sitzen still und atmen unsere unerwartete Gegenwart ein, so anders als das aufdringliche Gerangel der Javaner. Hier ist Platz für die Seele.

Es wird dunkel. Drinnen in der Küche zündet das Mädchen Öllämpchen aus Konservendosen an. Die Feuerstelle auf dem Fußboden ist noch immer kalt, und ich verstehe erst jetzt, daß im Haus wohl nichts zu essen da war und der Bruder jetzt im Dorf eine Runde nach Reis und Fisch dreht. Ich erzähle dem Vater, daß wir aus Dänemark kommen.

„Oh, Morten Frost Hansen!" Die dänischen Badmintonspieler haben Dänemark überall in Indonesien bekannt gemacht, und der Vater ist enttäuscht, daß ich weder Morten kenne noch Badminton spiele. Es hilft jedoch, als ich mich als *docen di universitas*, Dozent an der Universität, vorstelle. Leute mit einer guten Ausbildung genießen hohes Ansehen hier in Indonesien. Der Vater ist selbst Schulleiter der örtlichen Schule in Baun. Deshalb konnte es sich die Familie leisten, ein Mofa zu kaufen, Betonsteine zu gießen und ein Haus zu bauen. Er erzählt, daß sie alles selber gemacht haben und daß sie sich sehr über ihr neues Heim freuen.

Nachdem der Sohn mit den Zutaten zu einem Essen zurückgekommen ist, pflückt das Mädchen draußen im Schein der Öllampe einige grüne Blätter, macht das Feuer unter dem Reis an und erzählt dann ein bißchen über sich selber. Gedreda ist eine unabhängige und muntere Natur, sie ist 23 Jahre alt und geht in Kupang zur Schule. Sie wohnt immer noch zu Hause, und obwohl die meisten Mädchen hier früh heiraten, scheint sie es nicht sonderlich eilig zu haben.

Still und müde sitzt Emil in einer Ecke. Gedreda sieht wohl, daß die Kinder fast einschlafen, zaubert ein wenig Mais für sie herbei und macht das elterliche Bett für sie bereit. Endlich ist das Essen fertig. Die Gemüseblätter schmecken sehr gut, aber die Fische sind voller Gräten und so klein, daß man sie schlecht davon befreien kann. Gedredas Eltern sitzen still für sich in der Ecke und kauen Betel, bis sie langsam etwas angetörnt sind.

Am nächsten Morgen kocht Gedreda uns Kaffee, dazu gibt es Sojabohnen. Der Dorfälteste kommt noch vorbei, um uns ins Protokoll einzutragen, denn das Militär verlangt, daß er jeden Besuch im Dorf meldet. Alle wollen fotografiert werden und wünschen sich Briefe mit *großen* Fotos.

Den ganzen Tag fahren wir an der wundervollen Korallenküste entlang, bis es wieder dunkel wird. Das Sausen des Windes am Helm und das Brummen der Motoren sind die einzigen Geräusche um uns herum. Emil beugt sich über den Tank und schläft schon halb. Er ist so voller Vertrauen und ohne Angst; ich merke es an seinem kleinen Rücken, der sich ganz weich gegen mich drückt.

Ein kleiner Pfad führt zum Meer hinunter. Sicher steuert das Motorrad über die scharfen Korallenklippen, der Lichtkegel hüpft und springt zwischen den kleinen Bäumen hin und her und wird von der Dunkelheit über dem Meer verschluckt. Ninas Licht schaukelt hinter uns her. Weit draußen auf einer Landzunge ist der weichste Sand für uns ausgestreut. Ja, hier ist der richtige Ort. Ich strecke mich. Wir sind mit unserem ganzen Zuhause hierhergerollt, sind völlig unabhängig. Was für ein herrliches Gefühl!

Summend, zirpend, gurgelnd begrüßt uns der große Konzertsaal der Sommernacht. Unsere Schlafsäcke haben gerade Platz auf dem schmalen Landstreifen. Emil und Ida liegen zwischen uns, wir halten ihre Hände. Über uns hat die Vorstellung schon angefangen. Zum Gesang der Zikaden stellen die Planeten die Sternenbilder vor, und ganz unten am Meer entdeckt Emil das Kreuz des Südens. Lange reden wir über das Weltall, und zuletzt kommen Emil beinah die Tränen, weil er nicht begreifen kann, daß es immer weitergeht, aber wohin? Was gibt es außerhalb des Weltalls? Nina sagt, daß es vielleicht gar nichts gibt, und fügt tröstend hinzu, daß es leichter ist, an das Nichts zu glauben, wenn man älter wird. Aber Emil ist untröstlich, und als die Sterne entdecken, daß ihre Unendlichkeit einen kleinen Jungen unten auf einer Tropeninsel völlig verzweifelt macht, warten sie mit einem beeindruckenden Finale auf: Eine Sternschnuppe nach der anderen flammt über den nächtlichen Himmel. Wir liegen still da und wünschen uns etwas, zuletzt müssen wir die Augen schließen, weil wir keine Wünsche mehr haben. Ein Vogel stellt flötend eine Zugabe in Aussicht. Wir schauen wieder nach oben und sehen, wie eine letzte Sternschnuppe so überwältigend groß explodiert, daß ich sicher bin, daß sie uns treffen wird. Wie ein überirdischer Feuerwerkskörper aus gelben Funken steuert sie direkt auf uns zu und setzt lautlos ihre Bahn im Himmelsraum hinter den Wellen fort.

Der Sonnenaufgang weckt uns mit lila Nebelschwaden über dem Meer. Es ist Ebbe. Wir hören, wie die Wellen gegen den klirrenden Kies von Korallen und Schneckenhäusern am Ende der Landzunge glucksen. Langsam steigt das Wasser, bis es die Kante unserer kleinen, weißen Landzunge erreicht.

Emil und Ida sind zwei kleine Delphine. Ganz ohne Furcht springen sie ins Wasser, tauchen, schwimmen, planschen, spritzen und klettern wieder nach oben, um aufs neue hineinzuspringen. Beide können noch nicht ganz sicher schwimmen, aber unbeschwert tummeln sie sich unter Wasser, kommen nur an die Oberfläche, um nach Luft zu schnappen, oder sie benutzen ihre Schnorchel und beobachten Fische, die am Fuße der Korallenklippe leben. Emil übt Kopfsprung, und ich liege unter der Wasseroberfläche bereit und versuche, in dem Augenblick ein Foto von ihm zu machen, wo er die Wasseroberfläche trifft.

Ich nehme Ida auf den Rücken und schwimme mit ihr hinaus, wo die Fische größer sind und lange Algen meinen Bauch kitzeln. Ida hat Schnorchel und Tauchermaske aufgesetzt und starrt hinunter in die wogende Märchenwelt des Meeres. Eine liebliche, orangefarbene Seeanemone mit weißen Zipfeln ist beleidigt, als Ida sie mit dem großen Zeh kitzelt, zieht die Arme ein und verwandelt sich in einen gelbgrünen Kloß, aber kaum sind wir

An der Südküste Timors

weitergeschwommen, öffnet sie sich wieder wie eine Blume. Es wimmelt von blauen und grünen Fischen. Erst als wir ganz nahe an sie herangekommen sind, huschen sie zwischen den Zweigen von hellroten, gelben und blauen Korallen davon. Schwarze Seegurken sehen wir, und Schwärme von winzigen Fischchen schießen in den Wellen vorbei, die von unten betrachtet wie eine glitzernde Lichtdecke mit flimmernden Falten aussehen. Große, grüne Meerschwämme sind so weich, daß ich einen richtigen Schreck bekomme, als ich sie berühre, und eine gefleckte Leopardenschnecke krabbelt über eine große Formation von Tellerkorallen.

Als wir wieder zurück auf der Landzunge sind, berichtet Ida völlig atemlos: „Das war so toll, daß ich es gar nicht zeichnen kann!"

Wir baden stundenlang, und weil das Wasser so warm ist, wird uns überhaupt nicht kalt. Zuletzt treibt der Hunger uns an Land, und völlig ausgelaugt essen wir im Schatten eines Baumes Bananen.

Am späten Nachmittag kommen wir in ein kleines Dorf, das mit leuchtendweißen Häusern und von taufrischem Rasen umgeben auf einem Hügel liegt. Das muß das australische Entwicklungsprojekt sein, von dem wir in Kupang gehört haben. Wir parken vor der Kantine in der leisen Hoffnung auf eine komfortable Übernachtungsmöglichkeit. Die netten Australier enttäuschen uns nicht, und nach einem wahrhaft luxuriösen Mahl unterhalten wir uns noch lange mit Colin Piggins, dem Leiter des Projekts.

Das große Problem auf Timor ist der Wassermangel. Es regnet nur im Dezember, Januar und Februar, man erntet im März, und schon im Oktober sind die Lebensmittel gewöhnlicherweise wieder knapp. Das halbe Jahr bis zur nächsten Ernte wird auf Timor „die Jahreszeit des Hungers" genannt. Colin erzählt, wie die Bauern am Ende der Hungerzeit wie ausgemergelte Greise vor den Strohhütten sitzen und darauf warten, daß der Mais und die Wurzeln reif werden. Aber oft gibt es eine Mißernte, und das nackte Überleben hängt an einem dünnen Faden.

Allein die Trinkwasserversorgung ist ein großes Problem. Während der Trockenzeit müssen Frauen und die größeren Mädchen oft zehn Kilometer weit gehen, um Wasser zu holen: vormittags bis zu den Quellen, die noch nicht versiegt sind, und nachmittags den langen Weg zurück nach Hause – mit den schweren Wassereimern.

Ein drittes Problem ist die Feuerrodung. Die Bauern brennen Bäume und Büsche ab, um für Felder Platz zu schaffen, und der Regen wäscht dann die nackte Erde weg. Langsam, aber sicher verschwindet die Lebensgrundlage, und es ist fast unmöglich, den Schaden wiedergutzumachen, wenn er erst angerichtet ist. Durch die Feuerrodung hat die Bevölkerung auf Timor das Gleichgewicht der Natur nachhaltig gestört, und heute ist Timor Indonesiens ärmste Provinz

„Wir versuchen, das Wasserversorgungsproblem zu lösen, indem wir kleine Staudämme bauen, wo das Wasser während der Dürre gespeichert wird", erklärt Colin weiter. „Hier können die Leute Wasser holen und ihre Küchengärten anlegen. Längerfristig gesehen versuchen wir, die Bauern dazu zu bewegen, die Feuerrodung aufzugeben und statt dessen unten im Tal Felder anzulegen, die sie mit dem *Lamtora*-Baum düngen. Das ist ein fabelhafter Baum, der durch Bakterien an den Wurzeln Nitrate produziert und dessen Blätter dreißig Prozent Proteine enthalten; in einem Jahr wächst er vier Meter. Er ist also ein gutes Düngemittel: Die Bauern können die Zweige abschneiden, während der Baum wächst, und sie als Futter verwenden, während die Wurzeln die Erde festhalten und sie düngen. Das Projekt könnte im Laufe der festgesetzten zehn Jahre den ärmsten Bauern ein besseres Leben bescheren. Aber man muß unendlich viel Geduld haben, denn es gibt noch viele Probleme technischer Art – und mit der politischen Trägheit des Landes. Hinzu kommt das Mißtrauen der Bauern. Sie sind durch Malaria, Tuberkulose und Hunger geschwächt, und sie halten untereinander nicht zusammen. Wir haben manch einen unserer Bauern den Mut und den

Glauben an das Projekt verlieren sehen, als sein Nachbar ihm nachts die Ernte vom Feld stahl, die er so mühevoll herangezogen hatte."

Es wird später Vormittag, bevor wir am nächsten Tag loskommen. Wir fahren durch weite Täler, bevor sich der Weg den Berg hinaufschlängelt. In den Dörfern mit merkwürdigen Strohhütten bemerke ich, daß es zwei Sorten von Hütten geben muß: die viereckige Schlafhütte mit offenen Wänden und die Küche, ein drei Meter hoher Iglu aus Stroh mit einer kleinen Öffnung, in die die Menschen wie Bienen in eine Wabe raus- und reinkrabbeln können. Dort drinnen hängen die Maiskolben, das wichtigste Nahrungsmittel auf Timor. Die Schulkinder laufen in ihren weißen Hemden und bordeauxfarbenen kurzen Hosen und Rökken über die Hügel, blühende Büsche senden Duftwolken zu uns herüber, wir fahren über grünes Gras unter gigantischen, weißblühenden Bäumen.

Timor ist eine schöne Insel, aber Timor ist auch trocken. Die Felder sind klein und voller Steinbrocken, das Leben ist hart und beschwerlich. Hinter ihren Steinzäunen beobachten uns die Menschen. Wir steigen ab und gehen zu ihnen hinüber.

„Selamat tinggal" – guten Tag", grüßen wir.

Die Bauersfrau trägt ein kleines Kind auf dem Arm und hält einen Jungen an der Hand. Ihre Augen scheinen zu brennen. Der Junge ist krank; leer liegen die Augen in seinem eingesunkenen Gesicht, und die Arme sind so dünn. Seine Jacke ist zerfetzt. Die Frau ist zierlich und mager. An ihrem langen, schmalen Ringfinger trägt sie einen Trauring, es ist ein Alu-Zipfel von einer Coladose. Sie würde gern lächeln, unterdrückt es aber, ihre Betel-Lippen straffen sich um den roten Schaum, und ihre Augen brennen in meinen weiter.

Die Luft ist kühl geworden, als wir am Abend das Tal mit der roten Erde erreichen, in dem Soe liegt. Die Felder stehen in Flammen, vor uns reitet ein Mann auf einem weißen Pferd, am Wegesrand lehnen ein zerlumpter Mann und ein kleiner Junge an einem Baum. Der Mann spielt auf einer blaulackierten, selbstgebastelten Gitarre und lacht. Kalt ist es geworden und dunkel. Kein Licht dringt aus den runden Strohhütten, nur die Flammen leuchten auf den Feldern und der Rauch, der am Mond vorbeizieht. Die Pferdehufe entfernen sich klappernd, der Wind singt, das Motorrad rumpelt den Feldweg entlang. Ich klopfe Emil leise auf den Oberschenkel und drücke ihn fest an mich. Heute haben wir viel sehen dürfen.

Am folgenden Tag ziehen sich zum ersten Mal die Wolken über den Bergen zusammen, der Rauch von den brennenden Fel-

Eine Bauersfrau mit ihrem von Krankheit gezeichneten Kind

125

dern wird von Windstößen niedergedrückt, einige wenige Tropfen fallen. Die Regenzeit steht vor der Tür, der Anfang eines neuen Lebenszyklus. Er wird vom Gesang wild jubelnder Menschen begrüßt, die, vom ersten Wolkenbruch durchnäßt, durch die Straßen von Kupang wogen.

Natürlich ist das Schiff nach Irian Jaya noch nicht eingetroffen, als wir auf der Mole in Kupang stehen. Erst drei Tage später sehen wir es neben der „Sibayak", die immer noch auf der Reede liegt, vor Anker gehen, und es wird noch eine Woche dauern, bis die Last umgefrachtet ist. Auf der „Sibayak" herrscht gedrückte Stimmung. Zu unser aller Überraschung taucht zwei Tage später die „Sianiri" auf, ein drittes Pelni-Schiff auf dem Weg nach Jayapura. Es legt am nächsten Tag um zehn Uhr ab, nimmt aber *keine* Passagiere mit.

Wir wohnen bei Ian und Lorraine. Sie sind mehrere Male vom *Imigrasi*-Chef angerufen worden, der wütend ist, daß wir noch immer auf Timor sind. Am Nachmittag kommen drei Bauern aus den Bergen zu Ian. Sie berichten, daß der Hunger in ihren Dörfern so schlimm geworden ist, daß die Leute langsam sterben; viele Kinder und ältere Menschen sind schon Opfer des Hungers geworden. Sie hoffen, daß Ian Hilfe mobilisieren kann, denn sie wissen sehr wohl, daß die Regierung so unfähig ist, daß bereitgestellte Nahrungsmittel nie dort hingelangen würden, wo sie wirklich nötig sind. Ian telegrafiert sofort an seine Kirchenorganisation in Australien und versucht Hilfe zu organisieren. Er sagt, das sei nicht das erste Mal.

Früh am nächsten Morgen nehmen wir Abschied von der verantwortungsbewußten, gastfreundlichen Missionarsfamilie. Im Hafen weigert sich der Kapitän der „Sianiri", uns an Bord zu lassen, wenn wir nicht eine Genehmigung vom Pelni-Büro in Kupang vorweisen können. Es ist wie zweimal aussetzen müssen beim Mensch-ärgere-Dich-nicht kurz vor dem Ziel. Emil paßt auf Ninas Motorrad am Kai auf, Nina und Ida wollen mit einem kleinen Boot unsere letzten Sachen von der „Sibayak" abholen, und ich rase in die Stadt. Im Büro bestehen sie darauf, daß ich die Genehmigung nicht bei ihnen, sondern beim Hafenmeister holen muß. Nur noch eineinhalb Stunden, dann legt die „Sianiri" ab.

Inzwischen stehen Nina und Ida am Kai und entdecken, daß ich den Schlüssel für die Kajüte bei mir habe. Das haut Nina beinah um, aber Ida sagt ganz vernünftig, daß sie zur „Sibayak" hinausfahren müssen, um herauszufinden, ob es nicht noch einen Extraschlüssel gibt. Das ist natürlich nicht der Fall, aber im Laufe von einer Minute hat Hasibuan das Bullauge geknackt, und Ida klettert hindurch. Mit dem Gepäck rennen sie die Treppen hinunter, können sich nicht einmal mehr von Ponik verabschieden, bevor der Bootsführer ablegt. Auf dem Kai wieder Panik! Jetzt ist der Motorradschlüssel weg...

Währenddessen bin ich wieder zu Ian gefahren – er muß uns noch ein letztes Mal helfen. Ohne Bedenken fährt er mit zum Hafen. Der Hafenmeister ist ein großer, fetter Mann und sieht aus wie ein Gangster. Nach einer längeren Unterhaltung über Wind und Wetter bedauert er, daß er die 50 möglichen Sondergenehmigungen schon vergeben hat. Voll Unbehagen schaue ich zum Fenster hinaus und sehe zu meinem Entsetzen die „Sianiri" zum Hafen hinaustuckern!

Am Kai hat Nina inzwischen den Motorradschlüssel unten im Motorboot gefunden, und mit Hilfe von Emil und Ida sammelt sie das Gepäck auf dem Kai zusammen. Da sieht auch sie die „Sianiri" losfahren. „Die Arschlöcher!" schreit sie. „Eine Dreiviertelstunde zu früh ablegen, und das ohne uns! Arschlöcher hoch drei! Arschlöcher hoch hundert, ach, die Bezeichnung ist viel zu freundlich für solche Typen!"

„Der Motor ist schon kaputt!" stellt Ida froh und erleichtert fest.

Drinnen im Hafenbüro betrachtet der Hafenmeister kühl meine Nervosität und erwähnt so nebenbei, daß jede Sondergenehmigung 25 000 Rupien kostet, aber Ians wegen, sagt er mit einer schleimigen Grimasse, wird er mir den Stempel kostenlos geben. Ungläubig sehe ich, wie die „Sianiri" draußen Anker wirft. Zum zweiten Mal an dem Tag nehme ich Abschied von Ian und düse hinunter zu Nina am Kai.

Jetzt ist guter Rat teuer. Wie bekommen wir die Motorräder zum Schiff hinüber? Alle Bootsführer sind zum Mittagessen gegangen. Wir flitzen an den Kaimauern entlang und finden schließlich einen Mann mit einer Jolle. Es dauert eine Ewigkeit, bis wir den Preis verhandelt, die Motorräder in das Boot bugsiert und die „Sianiri" erreicht haben. Ich spurte die Schiffsleiter hinauf, um den Steuermann dazu zu bewegen, die Winde zu starten, und irgendwie gelange ich an den Richtigen. Endlich schwingt die eine Honda über die Reling, und kurz darauf stehen beide sicher oben vor der Brücke. Der Anker wird gelichtet. Wir winken zur „Sibayak" hinüber – und sind unterwegs nach Neuguinea!

Ida weint, weil Ponik nicht mit auf die „Sianiri" gekommen ist, und wir versprechen ihr, daß wir Ponik und Yayuk in Jayapura wiedersehen werden. Die „Sianiri" ist voller Leute, die wir schon auf der „Sibayak" gesehen haben. Die Rinder sind auch mit von der Partie; säuberlich stehen sie in Reihen an Deck hinter einem Berg aus Stroh.

Ich binde die Motorräder fest, und wir richten uns hinter ein paar Ölfässern häuslich ein. Emil hat die hervorragende Idee, eine dicke Lage Stroh auf das ölverschmierte Deck zu legen, worauf wir gut und trocken schlafen können. Nina hat zwei große Netze voller Obst und Gemüse besorgt – etwas haben wir auf der „Sibayak" schon gelernt. Vierundzwanzig Stunden, nachdem wir Kupang verlassen haben, sehen wir am Horizont die Insel Wetar, und die hohen Berge von Ost-Timor verschwinden achtern im blauen Dunst.

„Jetzt sind wir wieder da, wo das Meer wie eine Wüste aussieht", stellt Emil fest.

Gegen Mitternacht sehe ich die Gefangeneninsel Baru im Mondschein vorübergleiten, eine völlig unzugängliche Dschungelinsel, wo Tausende seit dem kommunistischen Putschversuch 1965 immer noch interniert sind . . .

Neben uns, zwischen der Winde und den Stahltrossen, haben sich ein junges Paar mit einem kleinen, hübschen Jungen und eine Frau namens Maria eingerichtet. Sie stammen aus Java, wohnen aber jetzt auf Irian Jaya. Nina und Ida probieren ein *jamu* aus, das wir auf Timor gekauft hatten; es soll gut gegen Falten sein. Nina rührt das Pulver mit ein wenig Wasser an und schmiert es sich ins Gesicht. Es sieht aus, als sei sie in den Matsch gefallen. Maria und die junge Mutter verfolgen kichernd das Treiben und erzählen Nina, daß das *jamu* die ganze Nacht über auf dem Gesicht bleiben muß, um Wirkung zu zeigen. Nina gibt auf und wäscht es ab, aber Maria hätte gern ein wenig davon, und als der Matsch in ihrem Gesicht trocknet, wird es ganz weiß.

„Die weißgepuderten Frauen auf Java hatten also alle Falten-Jamu im Gesicht", erinnert sich Ida ganz richtig.

Der Tag ist voller Sonne, der Horizont leer nach allen Himmelsrichtungen. Gegen 17 Uhr verdunkelt sich der Himmel, direkt am Horizont verläuft ein grauer, verschmierter Tuschestreifen, der fast schwarz wird, der Wind frischt auf, und ich schaue nach, ob die Zeltplane unten an den Ölfässern auch richtig festgezurrt ist. Und dann fängt es auch schon an. Der Regen fällt in schweren, gewaltigen Tropfen, hüllt das ganze Schiff ein. Die Wellen und der Sturm lassen die Trossen unheilvoll brummen. Wir sind jetzt allein an Deck. Ganz hinten in der Ecke ist noch eine trockene Stelle. Die Nacht bricht herein, Blitz und Donner knistern zwischen den Masten. Emil und Ida kriechen noch tiefer in die Schlafsäcke. Sturm und Regen dringen überall herein; ständig scheint der Wind die Richtung zu wechseln. Wir müssen die hysterische Zeltplane mit neuen Schnüren festbinden und, so gut es geht, Stroh in die Löcher stopfen. Zwölf Stunden lang hält der Wolkenbruch an. Zuletzt sind unsere Schlafsäcke ziemlich naß, aber wir haben die Reißverschlüsse zusammengekoppelt und wärmen uns gegenseitig.

In den letzten Stunden der Nacht läßt der Regen nach, die Wolkendecke reißt auf, und der Vollmond wirft ein bleiches

Licht über Schiff und Meer. Da erhasche ich einen ersten Blick von Neuguinea. Ganz langsam erhebt sich die Küste. Kein Licht verrät auf den flachen Hügeln, ob hier Menschen wohnen. Später, beim ersten Tagesanbruch, kommen wir an den Lichtern von Sorong vorbei, der Stadt am westlichen Zipfel von Neuguinea. Im Laufe des Tages umrunden wir das Vogelkopf-Gebirge. Der Kapitän fährt dicht an der Küste entlang; wilde zerklüftete Berge ragen steil aus dem Meer. Hier gibt es keinen Strand, alles ist von dichtem Dschungel bewachsen. Die Wolken hängen über den zahllosen Bergkämmen, von Menschen keine sichtbare Spur, nur eine Rauchsäule hier und da.

Neuguinea ist größer als Frankreich und die Bundesrepublik zusammen, aber fast unbewohnt. Im weiten Landesinneren leben nur vereinzelte Stämme, die erst jetzt durch das gemeinsame Bemühen christlicher Missionare und der indonesischen Regierung dem Steinzeitalter entrissen werden. Gewaltige, von ewigem Schnee bedeckte Bergzinnen streben himmelwärts. Vielleicht werden wir den Schnee sehen, wenn wir ins Landesinnere fliegen; jedenfalls werden wir den „Steinzeitmenschen" begegnen.

Am nächsten Morgen erwachen wir nur langsam. Ich finde es lustig, im Zelt zu liegen, nicht *am* Meer, sondern *auf* dem Meer, und zu sehen, wie es an unserem kleinen Lager vorbeiströmt. Wir essen den Rest unserer *nangka*, eine Frucht, so groß wie ein Fußball, von einer stacheligen Schale umgeben. Sie schmeckt sehr süß und ein wenig wie Butter und ist ganz unglaublich klebrig. Hinterher versuchen wir stundenlang, Emils und Idas Münder sauber zu bekommen – der Saft ist wie an den Gesichtern festgeleimt. Ida hat in der letzten Woche einen Ausschlag gehabt, der ganz schön hartnäckig ist, und in der Hitze schwitzt sie so, daß die Pflaster abfallen. Mit ihren Wunden ist es heute etwas besser, aber sie hat immer noch zehn Stück am Kinn, auf den Knien, den Hüften und den Fußgelenken. Wir wissen nicht, was es ist, aber es tut zumindest nicht weh.

Ida hüpft in den Strohhaufen herum und hilft beim Zwiebelsortieren. Ein paar Bauern aus Java haben ihre Körbe ausgekippt; sie wollen ihre Zwiebeln für den Markt in Jayapura bereit haben. Es ist unglaublich, daß nach den ganzen Wochen auf der „Sibayak" überhaupt noch welche da sind. Es sind *Transmigrasi*-Bauern, das heißt, ihr Dorfältester hat sie dazu bestimmt, Neusiedler auf Irian Jaya zu werden. Sie haben keine Ahnung, was weiter mit ihnen geschehen soll, rechnen aber fest damit, daß die Regierung es schon zum Besten gerichtet hat und daß sie im Dschungel ihren Reis werden anbauen können. Von Irian Jaya wissen sie so gut wie gar nichts. Einer der Männer ist jedoch recht verbittert. Nur weil er arm ist, konnte er der Zwangsumsiedlung nach Irian Jaya nicht umgehen, berichtet er uns. Er hatte kein Geld, das er dem Dorfältesten unter der Hand hätte zuschieben können. Er möchte so schnell wie möglich wieder nach Hause.

„Ein Wal! Ein Wal!" schreit Emil plötzlich. Und tatsächlich, an Backbord taucht ein Wal auf, schickt einen Wasserstrahl in die Luft, verschwindet für einen Augenblick im Meer, um ganz dicht seitlich vom Schiff wieder aufzutauchen. Er ist groß, riesengroß, kohlrabenschwarz und hat einen mächtigen viereckigen Kopf, der für den Pottwal so charakteristisch ist. Ein herrlicher Anblick! Emil und Ida sind ganz aufgeregt, Emil beugt sich über die Reling und schießt ein Foto nach dem anderen. Der Wal schwimmt direkt auf das Schiff zu und stößt mit einem dumpfen Knall mit der „Sianiri" zusammen. Das Tier ist immerhin etliche Meter breit und ein Drittel so lang wie das ganze Schiff! So schnell wir können, stürzen wir zum Achterdeck, um den Wal nicht aus den Augen zu verlieren, und sehen gerade noch, wie er taucht, als sei nichts geschehen. Weit hinter uns kommt er mit einer Fontäne wieder an die Oberfläche.

Am nächsten Tag nähern wir uns wieder der Küste von Neuguinea. Langsam erwächst sie aus dem Meer, je weiter wir nach Osten kommen. Irgendwo sehen wir einen Feldweg wie einen roten Kratzer durch den Dschungel der Küste zustreben. Auf ihm zu fahren dürfte kein Kinderspiel sein. Das wird ganz schön spannend werden, das Motorradfahren auf Neuguinea!

Gegen Abend erhebt sich vor uns ein großer Berg, der Gunung Cyklop, 2500 Meter hoch, eine steile Dschungelwand mit einer Krone aus Wolken – der letzte Berg vor Jayapura. Wir sind bald da. Gegen Mitternacht umrunden wir langsam ein Vorgebirge und sehen Jayapura in einer Bucht liegen, Lichter auf den Berghängen. Der Motor schweigt, wir werfen Anker, alles ist still. Wir sind auf Neuguinea angekommen.

Unter „Hausarrest" in Irian Jaya
(Nina)

Als das Schiff in Jayapura anlegt, werden wir auf Neuguinea nicht von nackten Urmenschen empfangen, sondern von der indonesischen Polizei in enganliegender Uniform. Der ganze Kai ist abgesperrt, und die Polizei kontrolliert die Papiere von allen, die von Bord gehen. Endlich kommt der Augenblick, wo unsere Motorräder an Land gehievt werden, und kurz darauf stehen auch wir auf dem Kai.

„Nun sind wir also doch nach Neuguinea gekommen!" sage ich gerade noch, bevor man uns verhaftet und direkt zur Polizeiwache führt.

Wir müssen lange warten, bis ein Mann von der Ausländerbehörde auftaucht, der Englisch spricht. Mit einer ausgesucht hochnäsigen Miene betritt er den Raum und sagt als erstes: „Aha, Sie also machen da diese Probleme."

Beherrscht versucht Hjalte, ihm die Umstände zu erklären, während er den Brief von der *Imigrasi* aus Kupang auf den Tisch legt, der bezeugt, daß die Verspätung nicht durch unser eigenes Verschulden geschah. Außerdem haben wir die Genehmigung, Irian Jaya hinauf in die Berge bis nach Wamena zu bereisen. Wir haben Flugtickets nach Papua-Neuguinea und zurück, so daß wir unseren Einreisestempel und unsere Aufenthaltsgenehmigung verlängert bekommen können – all das, was zu erledigen in Jakarta zwei Wochen in Anspruch genommen hat. Doch das läßt den Polizisten völlig kalt – die Aufenthaltsgenehmigung kann nur durch Ausreise und bei der darauffolgenden Einreise wieder verlängert werden; hier von Irian Jaya ist nur die *Ausreise* möglich. Einreisegenehmigungen werden nur in Jakarta erteilt, und die Genehmigung zur Fahrt in die Berge ist auch abgelaufen und kann hier nicht erneuert werden.

Als der Polizist abschließend andeutet, daß wir in der Gefängniszelle der Polizei sitzen könnten, bis sich unser Problem erledigt hätte und man uns mit der ersten Maschine des Landes verweise, packt uns die kalte Wut. Nach all unseren Qualen an Bord des staatlichen indonesischen, vergammelten Mistschiffes sollen sie wahrlich nicht zu behaupten wagen, daß *wir* hier Probleme machen. Wir haben beinah sieben Wochen gebraucht, um eine Strecke zurückzulegen, die man normalerweise in zehn Tagen schafft.

„*Unser* Problem ist das nicht, behaupte ich – es ist *Ihres!* Sie sollten lieber den Kapitän verhaften, der ein Schiff von mehreren Millionen Dollar völlig verkommen läßt. Und dann diese untaugliche Pelni-Reederei, die zweihundert Passagiere eineinhalb Monate warten läßt. Und wenn Sie wollen, daß jemals Touristen hierherkommen, und das wollen Sie doch, dann raten wir Ihnen, sie etwas anders zu behandeln. Aber so nicht!"

Der Polizist scheint anderer Ansicht zu sein, außerdem habe sein Vorgesetzter das Sagen.

„Dann hätten wir gern Ihren Vorgesetzten gesprochen", verlangt Hjalte nachdrücklich.

Der Chef der *Imigrasi* behält unsere Pässe, aber er hält es für weniger sinnvoll, uns mit den Kindern ins Gefängnis zu werfen! Es muß eine andere Lösung gefunden werden. Ihm fällt ein, daß die *Imigrasi* über einige Häuser zehn Kilometer außerhalb der Stadt verfügt und daß eines von ihnen leer steht. Dort können wir bis zum Abflug der Maschine nach Papua-Neuguinea in ei-

ner „kleinen" Woche unseren Hausarrest verbringen. Falls wir
irgendwelche Besorgungen zu erledigen hätten, müssen wir den
Polizisten im Nachbarhaus um Erlaubnis bitten.

So hatten wir uns unseren Aufenthalt auf Irian Jaya nicht gerade vorgestellt. Schlimmer kann es bald nicht mehr kommen.
Der Polizist, mit dem wir zuerst verhandelt hatten, begleitet uns
mit seinem Motorroller zum Haus, wo er sich leider als unser
Nachbar entpuppt. Er überreicht uns die Schlüssel, zutiefst beleidigt. Es ärgert ihn, daß wir als „Verbrecher" genauso komfortabel wohnen dürfen wie er und seine Familie. Glücklicherweise
muß er zurück zu seiner Arbeit, und plötzlich stehen wir allein
in unserem Haus auf Irian Jaya. Die Kinder sind erleichtert,
glücklich darüber, daß wir dem Gefängnis entronnen sind. Hjalte
und ich dagegen sind enttäuscht, daß wir die Einheimischen in
den Bergen nicht besuchen dürfen, jetzt, wo wir so weit gereist
sind.

Als erstes gehe ich zur Frau des Polizisten, um die Erlaubnis
zum Einkaufen zu bekommen. Zum Glück sieht sie die Sache
nicht so eng, und sie versteht sofort, daß es notwendig ist, den
Haushalt zu organisieren. Mit letzter Energie holen Ida, Emil
und ich zwei große Tüten Lebensmittel bei einem Kaufmann in
der Nähe, der ein reiches Angebot an indonesischen Waren für
die Funktionäre im Viertel hat.

Die nächsten fünf Tage werden wir ein richtiges indonesisches
Zuhause für uns haben, komplett mit Reiskocher, Petroleum-
herd, Steinmörser für den Chili, *mandi*, Fliesenfußboden und
Neonröhre an der Decke. Wir müssen das Beste aus unserer Situation machen – und wie friedlich ist es hier! So ungestört waren wir schon lange nicht mehr. Ich ziehe die Rüschengardinen
zur Seite, während Hjalte in der Küche eine Tasse Tee aufsetzt,
und die Kinder decken den Plastiktisch im Eßzimmer. Nach der
Festmahlzeit rollen wir unsere Schlafunterlagen auf dem Stein-
fußboden in einem der leeren Zimmer nebenan aus.

„Wenn ich groß bin, will ich nie mehr früh zu Bett gehen",
versichert Ida.

„Ich auch nicht", stimmt Emil ihr zu.

„Wenn ihr groß und erwachsen seid", sage ich versöhnlich, „dann werdet ihr wohl von zu Hause ausziehen, und dann bestimmt ihr selber."

„Sollen wir dann nicht mehr bei euch wohnen?" ruft Ida ganz entsetzt.

„Nee", antworte ich, „die meisten möchten lieber für sich wohnen oder mit ihren Freunden zusammen, wenn sie erwachsen sind."

„Das wollen wir aber nicht, was, Emil?" sagt Ida.

„Nein", antwortet Emil mit Tränen in den Augen, „wir wollen immer bei euch wohnen bleiben."

„Ja, das wollen wir", schnieft Ida.

Ich umarme sie beide und versichere ihnen, daß sie so lange bei uns wohnen dürfen, wie sie wollen. Zufrieden legen sie sich hin und schlafen ein. Hjalte zieht die Gardinen wieder zu, bevor wir uns – zum ersten Mal seit langem – ganz ausziehen.

In fünf Tagen fliegt die Maschine nach Papua-Neuguinea, und Hjalte geht hinüber zum Polizisten, um für uns eine Ausgangsgenehmigung einzuholen, damit wir die zwanzig Kilometer zum Flughafen in Sentani fahren können, um die Plätze zu reservieren. Auf dem Flugplatz treffen wir Bob von der M. A. F. *(Missionary Aviation Fellowship)*. Er ist ein freundlicher Typ und möchte uns gern behilflich sein. Bob fliegt selber als Pilot in Irian Jaya. Er zeigt uns den Hangar, wo sie ihre dreizehn kleinen Maschinen reparieren und nachsehen. Auf Grund politischer Querelen war der Flugverkehr nach Papua-Neuguinea unterbrochen, erst jetzt wurde er gerade wieder mit kleineren Maschinen neu etabliert. Hjalte wird kreidebleich. Ob die Motorräder in eine Dash 7 hineinpassen?

Im Büro sitzt ein netter Amerikaner, der für die Air Niugini arbeitet. Als er sieht, wie uns die Knie weich werden, versichert er uns schleunigst, daß die Chance, die Motorräder mitzubekommen, gar nicht so schlecht sein dürfte, wenn wir sie in Einzelteile zerlegen. Aber können wir sie so klein zerlegen, daß sie durch die Gepäckluke passen? Das weiß keiner vor Mittwoch, wenn die Maschine gelandet ist.

Insekten schwirren in der Luft, als wir nach Hause fahren, und der rhythmische Gesang – zii-zii – der Zikaden erklingt von den riesigen Bäumen, deren Kronen sich hoch über der Straße zusammenflechten. Ein Regenschauer hat den aufgewirbelten Staub beruhigt, und im lauen Abendwind flattern die Nachtschwärmer über die Pfützen am Wegesrand. Zwischen den vermodernden Stämmen auf dem warmen Waldboden dampft es aus dem Lianengewirr.

Am nächsten Tag wollen wir uns Jayapura näher ansehen. Doch unter welchem Vorwand? Wir müssen uns einen Grund für den Ausflug einfallen lassen. Ja, wir müssen zur *Imigrasi*, um unsere Pässe abzuholen, damit wir Geld wechseln können.

„Richtig", meint der Polizist. „Ich bringe Ihnen morgen abend nach der Arbeit die Pässe mit."

„Nein, nein", sagt Hjalte, „wir müssen heute schon Geld umtauschen, bevor die Bank zumacht. Am Sonntag können wir kein Geld wechseln, und Montagmorgen müssen wir im Flughafen für die Platzreservierung für uns und die Motorräder bezahlen."

Voller Schadenfreude gehe ich mit einem großen Bündel indonesischer Geldscheine in die Bank und tausche sie wieder in 1300 US $ um. Hier durften wir sie nicht ausgeben, also werden sie in den Kassen von Papua-Neuguinea landen.

Den Rest des Tages schauen wir uns ein wenig um. Jayapura ist eindeutig eine indonesische Stadt; in den Läden verkauft man indonesische Waren, sogar der Imbißwagen auf der Straße und die Frau mit *jamu*, der Kräutermedizin, sind hier. Draußen vor der Stadt sehen wir die ersten Einheimischen; sie sehen nicht wie die Menschen in Afrika aus, obwohl sie schwarz sind. Emil entdeckt den ersten weißen Neger und kann es überhaupt nicht fassen. Ich muß ihm erklären, daß auch Menschen Albinos sein können.

136

Die grüne, fruchtbare Nordküste Irian Jayas

Wir finden den Weg zu einem langen Strand am Stillen Ozean, wo ein rostiges Schild verkündet, daß McArthur hier sein Hauptquartier aufgeschlagen hatte, als die Amerikaner während des Zweiten Weltkrieges gegen die Japaner kämpften. Ungestört baden wir, bis die Sonne untergeht und Ida zu frieren anfängt und herumquakt. Erst zu Hause entdecken wir, daß ihr Hals geschwollen ist. Die ganze untere Gesichtshälfte ist gerötet und geschwollen. Mumps kann es nicht sein, den hat sie schon längst hinter sich. Hjalte fühlt ihr die Stirn und merkt, daß sie Fieber hat – der Hals schwillt von Minute zu Minute immer mehr an. Was sollen wir nur tun?

Ich nehme Ida auf den Arm und laufe zur Frau des Polizisten hinüber. Sie versteht sofort, daß schnell etwas geschehen muß, und fährt uns im Auto zu einer Kinderarztpraxis, die gleich in der Nähe liegt.

„Ausgezeichnete medizinische Betreuung", beantwortet sie meine besorgten Fragen, „und die einzige in ganz Irian Jaya, die speziell für Kinder eingerichtet ist."

„Was werden sie mit mir machen?" piepst Ida.

„Ach, weißt du", versuche ich sie zu beruhigen, „der Arzt untersucht dich und verschreibt dir vielleicht Medizin."

„Ja", schnieft Ida, „vielleicht ist es aber auch eine Frau . . ."

Es zeigt sich bald, daß es wirklich eine *Ärztin* ist – da hat mich meine kleine Feministin aber erwischt! Die Ärztin stellt eine Infektion fest, die von einer Wunde unter dem Kinn stammt. Die Wunde hat Ida schon lange, weil die Indonesier sie dort ununterbrochen kneifen. Sie bekommt einige unserer mitgebrachten Penizillintabletten verschrieben, eine Wundsalbe und Tabletten, damit das Fieber fällt.

Während wir weg waren, hat unser Nachbar, der Polizist, Hjalte besucht. Erst beklagte er sich bei Hjalte über sein trauriges Schicksal. Gegen seinen Willen sei er für zwei Jahre nach Irian Jaya versetzt worden, und er freue sich, nach Jakarta zurückzukommen. Alle Indonesier fänden Neuguinea schrecklich, so weit weg von allem. Jeder Beamte aus Java würde am Anfang seiner Laufbahn auf eine der Inseln versetzt, aber Irian Jaya sei das Schlimmste. Danach hat der Polizist Hjalte eine volle Stunde auf die übliche Tour bequatscht: *friendship* und *business*. Er habe veranlaßt, daß wir das Haus mieten konnten, und fragte, wieviel wir bereit seien, dafür zu bezahlen. Wir seien auf seine Unterstützung für die Ausreisegenehmigung nach Papua-Neuguinea angewiesen. Und wieviel unser Kassettenrecorder eigentlich wert sei? Den könne er gut gebrauchen – und was sei das doch für eine feine Kamera dort auf dem Tisch! Wenn wir unbedingt die nackten Menschenaffen im Hochland sehen wollten, könne er das arrangieren. Wir könnten ein Flugticket für ihn mitkaufen, müßten aber versprechen, seinem Vorgesetzten nichts davon zu sagen. Das könnte am Montag ein schöner Ausflug werden, wo wir doch sowieso zum Flughafen wollten.

Hjalte hat weder ja noch nein gesagt, aber er hat immer noch ein ungutes Gefühl, als er mir davon erzählt. Was ist, wenn es tatsächlich stimmt, daß wir für die Ausreisegenehmigung von ihm abhängig sind? Als wir alles durchgesprochen haben, beschließen wir, seine Erpressungsversuche als talentlos abzutun. Vorläufig werden wir sie einfach ignorieren und dem Polizisten so weit wie möglich aus dem Weg gehen.

Am nächsten Morgen geht es Ida besser; die Schwellung am Hals klingt langsam ab, und sie hat kein Fieber. Sie und Emil spielen mit den Kindern aus der Nachbarschaft, die für sie rote Früchte von einem Baum im Garten pflücken. Die Morgensonne vertreibt den Dunst, und im Laufe des Vormittags kommt Richard, ein australischer Missionar, um uns zu einer Tasse Kaffee einzuladen. Dankbar nehmen wir die Einladung an, die uns Gelegenheit bietet, wieder das Haus zu verlassen.

„Es ist Sonntag", sagen wir zum Polizisten, „und wir würden gern . . ." Der Missionar bestätigt unsere frommen Absichten, bevor wir losfahren dürfen.

Kate, die Frau des Missionars, und ihre vier Kinder empfangen uns bei gedecktem Kaffeetisch und selbstgebackenem Kuchen. Richard und Kate haben zwei Jahre auf Papua-Neuguinea gelebt, während sie auf ihr Visum für Irian Jaya warteten, und jetzt wohnen sie schon seit eineinhalb Jahren hier, was ihnen eine gute Vergleichsgrundlage gibt. Sie halten es für eine gute Idee, daß wir nach Papua-Neuguinea, dem selbständigen Teil der Insel, wollen.

„Dort sind die Menschen viel freier", sagen sie. „Die Menschen singen und tanzen mehr; Zeit und Geld sind dort drüben besser angelegt als hier."

„Fast jedes Jahr drohen die Indonesier, sämtliche siebenhundert Missionare in Jayapura auszuweisen", fährt Richard fort, „aber passiert ist noch nichts, weil die Indonesier eingesehen haben, daß von Jayapura – oder überhaupt von Irian Jaya – nicht mehr viel übrigbleiben würde, wenn wir weggingen. "

Kate erzählt, wie beeindruckend es sei, mit den kleinen Maschinen durch die Berge von Irian Jaya zu fliegen, oft durch Schluchten mit strahlendweißen, schneebedeckten hohen Bergen zu beiden Seiten, zu hoch, als daß man sie überfliegen könnte. Sie schenkt mehr Kaffee nach, und Richard bietet Kuchen an. Wir langen zu und bitten sie, uns von der einheimischen Bevölkerung in Irian Jaya zu erzählen, die im Landesinnern lebt und sich in der Entwicklung noch Jahrtausende zurück befinden soll.

Richard und Kate beobachten die moderne Entwicklung mit gemischten Gefühlen. Das Umsiedlungsprogramm der Indonesier, die *transmigrasi*, schickt immer mehr Javaner nach Irian Jaya. Es ist geplant, dreimal so viele Javaner wie Einheimische auf der Insel anzusiedeln. Die Menschen hier sind den Indonesiern völlig egal, ihre Kulturen halten sie für wertlos und lächerlich, wie auch die Sitte der Männer, sich nur mit einem rohrförmigen Flaschenkürbis als Penisfutteral zu bekleiden. Die Rechnung der Regierung sieht so aus, daß die ursprüngliche Bevölkerung in *Transmigrasi*-Camps interniert wird, wo sie fünfundzwanzig Prozent der Bewohner in den neuen Dörfern ausmachen soll.

„Und wie sehen die *Transmigrasi*-Camps aus?" frage ich.

„Jeder Familie wird ein kleines, viereckiges Stückchen Erde zugeteilt", erklärt Kate, „dazu Saatkorn und Geld für das erste Jahr. Danach befinden sich die armen Menschen in einer fürchterlichen Lage, und sie entdecken, daß der Ertrag viel zu gering ist, als daß sie alle davon leben könnten. Viele hatten überhaupt keine Ahnung, was sie hier erwartet, und sie versuchen, nach Java zurückzuflüchten. Hier in Jayapura ist ein ungeheurer Zuwachs von Diebstählen und Kriminalität zu beobachten, weil die Leute weder aus noch ein wissen. Erst wenn sie die Erde zehn Jahre lang bestellt haben, wird ihnen das Stück Land urkundlich übertragen. Die meisten versuchen dann, es zu verkaufen, um nach Java zurückzukehren. "

„Wir Missionare haben auch große Schwierigkeiten gehabt", erzählt Richard weiter. „Die Moslems verwenden bei der Bekehrung die ‚wilden' Methoden, mit denen wir Christen am liebsten nichts zu tun haben würden. Zum Beispiel geben sie ihnen Kleidung und überreden sie dazu, Götterhäuser und -bilder zu verbrennen. In ihrem Bekehrungseifer sind die Moslems so weit gegangen, daß sie den Leuten den Verzehr von Schweinefleisch verbieten wollten. Aber das war nicht durchführbar, denn das Schwein spielt eine zu große Rolle in der Kultur auf Neuguinea.

Seit 1977 ist es im Innern des Landes zu großen Unruhen gekommen. Mehrere hundert Dörfer wurden dem Erdboden gleichgemacht – Maschinengewehre und Napalm gegen Pfeil und Bogen. Wie soll ein Naturvolk sich mit der Herrschaft der Indonesier abfinden können, wenn ihnen gleichzeitig die Erde weggenommen wird und man den Wald, in dem sie jagen, rodet? Viele flüchteten nach Papua-Neuguinea. Jenseits der Grenze, in Vanimo, liegt ein Flüchtlingslager, in dem 12000 Flüchtlinge von hier leben. Die Indonesier behaupten, die Widerstandsbewegung der Einheimischen, die O. P. M., operiere von Papua-Neuguinea aus. Indonesien ist ein Land mit 170 Millionen Einwohnern, in Papua-Neuguinea leben 3,5 Millionen, und die Angst vor einer indonesischen Invasion hält sie davon ab, ihre Brüder und Schwestern aus Irian Jaya bei sich aufzunehmen; aber zurückschicken können sie sie auch nicht. Deshalb müssen sie in den Flüchtlingslagern bleiben."

Später unterhalten wir uns darüber, wie die Zivilisation die Kultur der Einheimischen zerstört. Richard und Kate sind vernünftige Leute, die auch kritisch sind. Warum haben sie sich ausgerechnet hier niedergelassen? Als Christen seien sie der Ansicht, daß sie eine Verpflichtung haben, in alle Welt zu gehen und von Jesus zu erzählen, ist ihre Antwort.

Wir sind Richard und Kate dankbar für alles, was sie uns über das Leben in Irian Jaya erzählt haben, aber es kommt uns doch ein wenig merkwürdig vor, daß sie hier wohnen wollen, wo sie doch so genau wissen, daß sie zu der Zerstörung der ursprünglichen Kultur beitragen. Jetzt bauen die Einheimischen also Kirchen und hören von Jesus. Warum, in aller Welt, läßt man ihnen denn nicht ihre eigenen Götter, die sie schon immer hatten? Es ist grotesk, daß die Missionare den Leuten hier eine Religion beibringen, an die die zivilisierte Welt, aus der sie stammen, nicht mehr glaubt. In England dürfte es Menschen genug geben, die zu bekehren wären, aber das schaffen die Missionare nicht. Dagegen fällt es ihnen leicht, die Menschen auf Neuguinea zu bekehren, und ich denke, ich weiß auch genau, warum: Die Einheimischen hier müssen glauben, daß man als Christ Autos und Flugzeuge und Geld und feine Kleider und Medizin und Schulen und Küchenpersonal bekommt – und die Missionare machen sie nicht auf dieses Mißverständnis aufmerksam.

Es hat sich nicht viel verändert seit damals, als auf Neuguinea die *Cargo*-Kulte entstanden, weil die Leute hier gesehen hatten, daß auf einer Landebahn Flugzeuge mit jeder Menge *cargo*, also Fracht, landeten. Sie glaubten daher an Götter von oben, rodeten einen Streifen Wald und besorgten sich Papiere, in denen sie herumblätterten, während sie darauf warteten, daß die Herrlichkeiten vom Himmel kamen.

Richard und Kate wagen es nicht, uns zu „missionieren" – genau wie wir ihnen zuhören, ohne ihre Religiosität zu diskutieren. Ich finde, sie sollten den Einheimischen gegenüber hier den gleichen Respekt zeigen.

Montag legen wir einen gemütlichen Morgen zu Hause ein und genießen es richtig. Zum Frühstück backe ich Pfannkuchen, und Ida übt, sie in der Luft zu wenden. Die Tage in unserem indonesischen Haus sind schnell vergangen – schon morgen sollen wir zum Flughafen und die Motorräder in ihre Einzelteile zerlegen.

Wir essen gerade unsere Pfannkuchen, als der Polizist hereinkommt und sich vergewissern will, ob wir heute die Flugtickets nach Wamena für ihn und uns besorgen? Sein Besuch kommt nicht unerwartet, und wir sagen, daß Ida leider immer noch krank ist und ein Ausflug deshalb nicht in Frage kommen kann.

Dennoch müßten wir zum Flughafen, um alles mit der M. A. F. zu klären. Ich glaube, unsere Laune ist so gut, wie seine schlecht ist, als wir ihn zur Tür hinauslotsen . . .

Draußen am Flughafen verspricht uns John, daß wir morgen in einer Ecke der Flugzeughalle in Ruhe arbeiten können. Heute nutzen wir die Gelegenheit und fahren auf einem kleinen Weg in Richtung Sentani. Es gibt nichts Besonderes zu sehen, doch dann klettert der Weg hinauf auf eine Klippenformation, von der aus wir einen weiten Blick über die dramatische Küstenlinie haben, die sich zum Meer hin in großen Lagunen mit Palmen und weißem Sand erstreckt. Von hier oben gesehen sieht Irian Jaya aus wie das Paradies auf Erden. Wie Sonnenschirme breiten Riesenfarne ihre Blätter aus, und wir werden in überraschenden Kurven durch den Dschungel geworfen, wo auf dem Weg der Kies zwischen den Felsbrocken und den Baumwurzeln weggespült ist. Erst 50 Kilometer hinter Sentani endet der Weg in Depapre, ei-

Depapre – ein Dorf an der Nordküste von Irian Jaya

nem Dorf unten an der Küste, in dem kein einziger Indonesier wohnt.

Wir setzen uns unter einen großen Feuerbaum mit roten Blumen und begrüßen die Neugierigen, die von überallher angelaufen kommen. Dann machen wir einen kleinen Spaziergang, um die Häuser und Kanus anzugucken. Freundliche Blicke begleiten uns, aber keiner folgt uns; wir können uns frei bewegen. Unten am Wasser stehen die schönsten Pfahlhäuser, die man sich denken kann, und unter ihnen klirren die Schneckenhäuser, die von den klaren Wellen getragen an den Strand rollen. Draußen in der Bucht liegen Fischerboote.

Auf dem Nachhauseweg können wir es einfach nicht lassen, kurz vor Sentani noch einmal abzubiegen. Unglücklicherweise führt der Weg direkt in ein Militärlager, und schon am ersten Kontrollposten kehren wir um. Das kann auf Dauer nicht gutgehen! Bald werden irgendwo in Jayapura Berichte auftauchen, daß wir beim Militärlager und sonstwo gesehen wurden. Wir können jetzt nur noch hoffen, daß wir bis dahin außer Landes sind. 400 Kilometer sind wir während unseres Hausarrestes in Irian Jaya gefahren!

Hjalte und Emil fahren vor uns, aber ich sehe dennoch, daß Emil lenkt. Er muß es gerade hier gelernt haben, wo kein Verkehr ist. Und er macht es gar nicht so schlecht, kommt ruhig durch die Kurven, ohne zuviel Gas zu geben. Er fährt durch die grüne Landschaft mit grasbewachsenen Hügeln, an einer Moschee vorbei mit kuppelförmigem Blechdach..., und wahrhaftig, Hjalte fotografiert einfach währenddessen!

Es ist Dienstag geworden, und bevor wir ein letztes Mal aus Jayapura hinausfahren in Richtung Flughafen, drehen wir noch eine Runde am Hafen, um zu sehen, ob das Schiff mit Ponik von Timor vielleicht doch noch angekommen ist. Nichts ist zu sehen. Ida vergießt eine Träne, weil wir Ponik jetzt nie wiedersehen werden. Wir versuchen sie zu trösten, sagen ihr, daß wir Ponik schreiben können.

„Nein", schnieft Ida, „das ist nicht dasselbe." Tränen kullern über ihr kleines Gesicht, als wir den Hafen verlassen; ich weine auch, aber das kann sie glücklicherweise nicht sehen.

In einer Ecke der Flugzeughalle ist tatsächlich für uns Platz gemacht worden, und im Schweiße unseres Angesichts fangen wir an, die Hondas auseinanderzunehmen. Wir stapeln die Einzelteile auf einen Gepäckwagen und fahren sie zur Waage – sie wiegen 300 kg, o Schreck! Und sie nehmen ganz schön viel Platz ein, auch in diesem Zustand. Vor Anstrengung ganz weich in den Knien, fahren wir mit dem Bus nach Hause.

Die letzte Nacht in unserem indonesischen Haus ist lang, wir haben Dünnpfiff vor Aufregung, und in unseren Mägen rumort es, daß wir nicht ruhig schlafen können. Sehr früh stehen wir auf und fangen an, alles aus dem Hause zu räumen und die Fußböden aufzuwischen. Schnell noch ein Frühstück, und dann geht es zum Flughafen mit zwei noch verschlafenen Kindern. Die Gepäckstücke werden im Zoll kontrolliert und die Papiere der Motorräder gestempelt – das macht noch 40 $ extra. Und was ist eigentlich mit den 300 $, die wir als Sicherheit bei der Einreise hinterlegen mußten? Die können wir doch zurückbekommen, jetzt, wo die Motorräder außer Landes geflogen werden?

Ohne jegliches Mitleid sieht mich der Zöllner an und meint trocken: „Die hätten schon vor zwei Monaten außer Landes sein sollen."

Pünktlich auf die Minute landet die Maschine der Air Niugini. Wir halten den Atem an, als der Wagen mit den zerlegten Motorrädern zur Gepäckluke gefahren wird. Hjalte springt über den Zaun und hilft, das Gestell des ersten Motorrades zu tragen – es paßt gerade eben durch, was für ein Dusel! Völlig erschöpft setzen wir uns in die Kabine – wir sind die einzigen Passagiere –, und zwei nette schwarze Stewardessen begrüßen uns mit eisgekühltem Orangensaft. Ich ertappe mich dabei, wie ich immer noch ständig die Lippen zu einem angestrengten Lächeln forme, dann endlich höre ich auf zu lächeln und bin entspannt. Es ist ein Gefühl, als würde sich ein Knoten lösen.

Wir sind erleichtert, so leicht, daß wir schweben, und die Maschine muß mit uns mitfliegen, hoch über die grüne Insel. Durch die ovalen Fenster schauen wir auf Irian Jaya hinunter. Die großen, in Quadrate unterteilten *Transmigrasi*-Lager sind deutlich als gerodete Vierecke im Dschungel zu erkennen. Dann teilen uns die Stewardessen mit, daß wir die Grenze nach Papua-Neuguinea überflogen haben. Tief unter uns entdecken wir den gewundenen Verlauf eines großen Flusses durch dunklen, dampfenden Dschungel, und einen Augenblick später dreht das Flugzeug über einer türkisfarbenen Meeresbucht ab, bereit zum Anflug auf Wewak.

Neue Freunde in Papua-Neuguinea
(Nina)

Der Flugplatz ist sehr klein, genau wie das Häuschen, in dem die Zöllner die Pässe stempeln. Alles verläuft ohne Schwierigkeiten. Die Motorräder werden aus dem Flugzeug geholt, und als Hjalte sagt, daß wir gern unsere Zollpapiere gestempelt hätten, läuft der Zöllner in sein Büro, um auch das zu erledigen. In der Zwischenzeit studiere ich ein Poster an der Wand mit einem schwarzen Mann drauf, dessen Gesicht ockergelb und rot angemalt ist, sein Kopf ist von Federn und Blumen geschmückt, und am Hals trägt er eine halbmondförmige Perlmuschel. Ob sie wirklich noch so aussehen? Oder ist das nur für die Touristen?

Eine Viertelstunde später werden die Motorradteile auf einem Wagen neben das Flughafengebäude gefahren. „Bitte schön!" sagen die Zöllner freundlich; sie sind gespannt, was aus dem Haufen Eisen werden soll. Ich stapele das Gepäck im Schatten auf und setze mich obendrauf. Von hier aus habe ich einen guten Überblick. Die Kinder spielen schon auf einem Rasen, und Hjalte fängt an, die Motorräder zusammenzubauen. Einer von uns muß auf das Gepäck aufpassen, und da ich mich nicht gerade brennend für Mechanik interessiere, überlasse ich Hjalte guten Gewissens diese Arbeit.

Ausgiebig kann ich von meinem Aussichtspunkt die Leute beobachten. Die meisten sind recht groß und stark, das totale Gegenteil von den kleinen, schmächtigen Indonesiern. Die Männer tragen alle Vollbart, und viele der Frauen haben ihr Gesicht mit Strichen, Sternen und Punkten tätowiert, was auf ihrer dunklen Haut gut aussieht. Einige sind hellbraun, andere wieder dunkelbraun, und viele Kinder haben fast aschblonde Haare. Überhaupt sind die Leute sehr unterschiedlich anzuschauen. Es ist ein Vergnügen, hier unter diesen stolzen Menschen zu sitzen, die nur zu lächeln scheinen, wenn sie es meinen, obwohl ich gestehen muß, daß ich einen kleinen Schreck bekam, als wir aus der Maschine traten und die Leute um uns herum alle schwarz waren. Ein komisches Gefühl. Plötzlich hatte ich den Eindruck, daß unsere Farbe völlig falsch ist. Zum Glück beachtet kein anderer diese kleine Nebensache, und bald denke auch ich nicht mehr daran.

Hjalte baut geschickt die Motorräder zusammen, und das eine ist fertig, als die Sonne schon hinter den Palmen niedrig am Himmel steht. Das Flughafenpersonal übernimmt die Planung für uns. Sie rufen in einem Hotel an und bestellen ein Zimmer. Das zerlegte Motorrad packen sie auf einen kleinen Lieferwagen und fahren zusammen mit mir und den Kindern zum Hotel, während Hjalte auf dem anderen Motorrad hinterherfährt. Das Windjammer-Hotel liegt direkt am Strand, die Wellen lecken beinah an der Terrasse. Emil, Ida und ich springen ins Wasser, wo eine gewaltige Brandung uns sauber scheuert und uns auf eine Sandbank vor dem Hotel spült. Auf der Terrasse sitzt Hjalte und schaut in die Palmen, ein Bier in der Hand. Er ist von der Nervenbelastung von heute morgen und der Arbeit mit den Motorrädern total fertig..., er hilft sich mit einem ruhigen Bier in der leichten Brise des Sonnenuntergangs.

Als wir am nächsten Morgen die Tür öffnen, sehen wir als erstes den Hotelboy, der mit einem halben Fußball auf dem Kopf vorbeispaziert. Die Menschen hier scheinen sich mit Vorliebe zu schmücken, und alles ist erlaubt. Der Wachmann stolziert mit einem gehäkelten Zierdeckchen als Turban auf und ab.

Hjalte hat sich wieder erholt und macht weiter mit den Motorrädern. Während ich und die Kinder baden, lernt er Kelly, einen jungen Mann von hier, kennen. Kelly sitzt den ganzen Tag neben ihm und guckt zu und fragt alles mögliche. Aufgrund seines schwarzen Bartes und der Falten um den von Betel leuchtend rot gefärbten Mund schätze ich Kelly erst recht alt ein. Aber als ich ihn näher betrachte, sehe ich, daß er ein junger Mann von vielleicht dreißig Jahren ist und gar nicht schlecht aussieht. Er hat Schulbildung, aber es ist schwer zu sagen, wieviel er eigentlich weiß – er stellt ständig Fragen über die Welt, die Motorräder, über alles, was ihm in den Sinn kommt.

Hjalte ist von Kellys Offenheit und Wissensdrang beeindruckt, und auch wir hören mit großen Ohren zu, was er zu erzählen weiß. Er ist der Vertreter der Regierung in Ambunti am Sepik-Fluß, und jetzt ist er nur hier in Wewak, um an einem Treffen teilzunehmen. Wenn wir Lust haben, können wir Ende dieser Woche mit ihm zu seiner Station im Dschungel kommen. Die Einladung nehmen wir gern an. Wir sollen dort auch seine Familie kennenlernen. „In vier Tagen geht es los", sagt Kelly, „abgemacht."

Es gibt nur wenige Hotels auf Papua-Neuguinea, und die sind in der Preisklasse für Millionäre. Am folgenden Tag ziehen wir deshalb zu Ralph. Er ist ein früherer deutscher Missionar, der eine Frau aus Wewak geheiratet hat und deshalb aus der Mission geworfen wurde. Jetzt sitzt er mit seinen drei braunen Kindern in einem Häuschen neben dem Sendemast und hält sich damit über Wasser, Touristen zu einem moderaten Preis bei sich wohnen zu lassen. Das jüngste der Kinder, ein niedliches, kleines Mädchen, ist nur drei Monate alt. Ida und ich hüten sie, während Ralph den ältesten Jungen zur Schule unten in der Stadt fährt. Die kleine Theresia weint trotz all unseres Killekille-Machens, als Ralph zurückkommt.

„Ich glaube, sie möchte gestillt werden", sagt Ida. „Wo ist denn ihre Mutter?"

„Ihre Mutter ist zwei Stunden nach der Geburt gestorben", antwortet Ralph tonlos, während er das Fläschchen wärmt. Er zeigt uns ein Foto: seine Frau mit den zwei Kindern, die sie damals hatten, in Berlin auf Besuch..., sie sahen glücklich aus.

Am Sonntag morgen kommt Kelly uns abholen. Ralph ist schon seit sechs Uhr auf und hat das Frühstück gemacht. Auch die Motorräder sind gepackt, so daß wir nach einer gemeinsamen Tasse Tee mit Kelly startklar sind. Wir planen, nach Pagwi zu fahren, wo der Weg am Sepik-Fluß endet, und von da aus dann flußaufwärts mit dem Boot nach Ambunti. Dort lebt Kelly mit seiner Familie. Ralph macht sich Sorgen, denn in der letzten Zeit seien mehrere Überfälle auf der Strecke nach Pagwi vorgekommen, und er rät uns, unterwegs nicht anzuhalten.

Kelly, der einen Landrover mit Ladefläche fährt, macht sich eher Gedanken, ob wir ihm auch zügig genug folgen können. Wir versprechen ihm, so schnell, wie die schlechten Wege es nur erlauben, zu fahren.

Nach dem nächtlichen Regen liegen die Berge noch im Morgennebel eingehüllt. Die Luft ist kühl und angenehm. Die Schotterstraße wird schnell schmal und steinig, auf einigen Strecken fährt es sich wie auf einem Waschbrett. Kelly rast, was das Zeug hält; die Stoßdämpfer seines Autos krachen, und die fünf Passagiere, die hinten auf der Ladefläche sitzen, werden auf und nieder geschleudert. Dank der weichen Federung der Hondas preschen wir dagegen voran wie eine Mischung aus Gazelle und Gummiball. Die Reifen greifen gut. Wir haben die Herausforderung angenommen, schnell zu fahren. Die Motorräder sprinten die Berge hinauf, daß Steine und Kies nur so hinter uns hochfliegen, und bald haben wir Kelly im Auto überholt.

Wir fahren an kleinen Siedlungen vorbei, deren Häuser aus dem Material entstanden sind, das der Dschungel hinter ihnen liefert, und obwohl die Dörfer nicht weit voneinander entfernt liegen, sind sie doch völlig verschieden. In einem Dorf mit einem hohen spitzen Götterhaus *müssen* wir einfach anhalten. Der Giebel ist über und über mit Gesichtern und Masken geschmückt. Sofort kommt ein Mann heraus und verlangt zwei *kina*, etwa sieben Mark, von uns. Wir handeln ein bißchen und drücken den Preis auf einen *kina*, machen ein Foto und fahren weiter. In einer anderen Siedlung, wo die Häuser alle ein dreieckiges Profil haben, weil das Grasdach über dem Eingang am dicksten ist, legen wir wieder einen Stopp ein. Ein junger Mann mit einer Spiegelsonnenbrille und ein Kind mit einem großen weißen Ball fühlen sich sehr geehrt, als wir ein Foto von ihnen machen.

In einem Ort, wo einige kleine Hütten um ein großes Pfahlhaus einen Kreis bilden, fragt Hjalte einen jungen Mann, wozu das große Haus dort drüben dient. Das sei das Männerhaus, wird uns erklärt, dort schliefen die Männer. Der Fußboden ist so hoch über der Erde gebaut, damit darunter ein Feuer gemacht werden kann, so daß der Rauch, der durch den Boden steigt, die Moskitos verjagt. Die Frauen wohnen mit ihren Kindern zusammen in den kleinen Hütten, wo jede ihre Feuerstelle auf dem Fußboden hat. Während der junge Mann Hjalte dies alles erklärt, muß ich ihn unentwegt anschauen. Er hat sich das Gesicht mit der linken Hälfte eines Brillengestells ohne Glas geschmückt, und es wirkt ungeheuer irritierend, daß die Brille mitten auf der Nase endet. Kelly rattert in einer Staubwolke an uns vorbei, und auch wir eilen weiter.

Die letzte Stunde, bevor wir den Sepik-Fluß erreichen, fahren wir durch flache Sümpfe, Dort ist es so schrecklich heiß, daß wir die Jacken ausziehen und mit bloßen Armen fahren. Pagwi ist nicht ganz das, was wir uns unter einem Dorf vorgestellt haben; es besteht nur aus drei Häusern, einer Benzinpumpe und einem Lagerhaus mit Garage, die dem Staat gehört. Dort parkt Kelly sein Auto, und auch wir können hier die Mororräder abstellen, zusammen mit dem Gepäck, das wir nicht mit flußaufwärts nehmen wollen.

150

Der Schweiß rinnt an mir herunter, während ich das Gepäck durchwühle. Was sollen wir nur mitnehmen? Das Moskitonetz, Fotoausrüstung und Kassettenrecorder, einige Lego-Sets zum Verschenken und den Proviant, den ich in Wewak eingekauft hatte, d. h. Kekse, Reis und Spaghetti. Der Rucksack ist schon fast voll, also muß es reichen. Wir müssen mit der Kleidung, die wir anhaben, auskommen und mit den *sarongs* zum Zudecken für die Nacht. Die Schlafsäcke sind sicher zu warm, und die Jakken werden wir auch nicht brauchen, aber die Zahnbürsten und das Mückenspray.

„Kommst du bald?" ruft Hjalte. Er hat die Motorräder in die Garage gefahren und Kelly geholfen, das kleine, flache Aluminiumboot ins Wasser zu schieben. Ich bin ein wenig enttäuscht, daß es kein Holzkanu ist, bis Kelly erwähnt, daß wir mit einem unmotorisierten Boot drei Tage unterwegs sein würden, um gegen die Strömung nach Ambunti zu kommen.

Erst als wir ablegen, sehen wir, wie unermeßlich breit und wasserreich der Sepik ist. Das Flußbett windet sich zwischen hohen Ufern hindurch, wo wildes Zuckerrohr bis ans Wasser herunter wächst. Kelly sitzt hinten im Boot und steuert. Seit dem frühen Morgen schon hat er Betel gekaut, seine Laune ist bestens, und der Blick leicht starr. Er gibt Vollgas, und die Jolle hebt gegen die Strömung ab wie ein richtiges Motorboot. Emil und Ida sitzen vorne und kreischen jedesmal vor Freude, wenn das Boot auf den Wellen hüpft. Das Wasser spritzt uns um die Ohren.

Nach drei Stunden spritziger Fahrt taucht Ambunti hinter einer Flußschleife auf. Kelly lenkt das Boot fast bis ans Ufer, wir steigen aus und helfen ihm, es an Land zu ziehen. Auch Ambunti ist kein großes Dorf. Das einzige, was wir entdecken können, ist ein Lagerhaus an der Landungsbrücke, einige kleinere Häuser, etwas entfernt liegen eine Schule und ein Kaufladen und dahinter ein *haus sik*, ein Krankenhaus. Ein wenig weiter links sehen wir den Markt mit seinen kleinen schattenspendenden Dächern. Der Urwald wächst fast bis ins Dorf hinein, grün und

Kelly in seinem Boot auf dem Sepik

üppig umarmt er fast die äußerstgelegenen Hütten und die
Pfahlhütten am Ufer. Es wird sofort deutlich, daß Kelly sehr beliebt ist. Alle kennen ihn und freuen sich, ihn wiederzusehen,
und die herzliche Begrüßung, die ihm entgegenströmt, schließt
auch uns ein.

Wir sind überwältigt, als Kelly uns das *haus tambaran* von
Ambunti zeigt. *„This is a spirit house"*, sagt er, „ein Götterhaus." Das Dach besteht aus geschnitzten Stämmen, die mit Or-
namenten, großen Krokodilen, Eidechsen und Vögeln verziert
sind. An anderer Stelle sind deutliche Koitusszenen in die Balken
geschnitzt: da wird reihenweise gebumst, da wird einer geblasen,
da sind gähnende Vaginas, gebärende Frauen, Krokodilmen-
schen. Alles handelt von Fruchtbarkeit, der Entstehung und
Weiterführung der Geschlechter, und der Anblick stimmt einen
heiter.

Kelly zeigt auf das größte Krokodil: „Früher glaubten die Menschen hier, der erste Mensch sei, genau wie die Erde, von einem Krokodil geschaffen worden. Als er entdeckte, daß er alleine war, weinte er, und aus seinen Tränen entsprang der Sepik."

Unter dem Dach ist alles mit Augen und Ohren verziert. Die Geister der Vorväter schauen auf uns herab und lächeln.

Oben am Ort kommt uns Kellys Frau, Jocintha, aus dem Haus entgegen, den zweijährigen Kelly junior auf dem Arm.

„Welcome to Ambunti", sagt sie und reicht erst mir und danach Hjalte die Hand. Wir fühlen uns auch wirklich willkommen, als Jocintha und Kelly uns in ein leeres Zimmer führen, wo wir unsere Sachen lassen und schlafen können.

Sie haben ein modernes *permanent house* auf Pfählen. Ein *permanent house* besteht aus Furnierplatten, imprägnierten Balken und einem Blechdach im Gegensatz zu einem traditionellen Haus, das aus *bush materials,* Bambus und Palmenblättern, gebaut ist.

Kelly erklärt, daß die traditionellen Häuser nur fünf bis zehn Jahre halten, dann sind sie von den Insekten zerfressen. Als offizieller Vertreter und oberste Gewalt in Ambunti hat Kelly das Haus zur Verfügung gestellt bekommen; es hat ein richtiges Badezimmer und eine Küche. Das beste, finden Emil und Ida, ist dennoch Lynett, das ist Kellys fünfjährige Tochter, und Juniors Papagei, ein kleiner, putziger Schmucklori, der auf dem Fußboden in der Stube haust.

Es dauert eine halbe Ewigkeit, bis das Essen über dem Feuer zubereitet ist, aber das scheint Jocintha nicht zu stören, im Gegenteil . . ., und mir gibt es Zeit, sie in Ruhe kennenzulernen.

Jocintha beherrscht drei Sprachen fließend. Ihre Muttersprache ist die Sprache ihrer Geburtsinsel Manus. Kelly, der im Hochland aufgewachsen ist, spricht eine völlig andere Sprache, deshalb verständigen sie sich innerhalb der Familie in *Pidgin.* Außerdem spricht Jocintha ein perfektes Englisch, was sie auch an der Missionsschule unterrichtet.

Lebhaft erzählt Jocintha von ihrer Familie auf der Insel Manus und den zahlreichen Traditionen dort. Jetzt, wo Weihnachten sich nähert, beginnen sie, das größte Fest des Jahres vorzubereiten, das große Weihnachts-*sing-sing*. Die Frauen ordnen ihre Festsachen, die Grasröcke werden mit strahlenden Naturfarben eingefärbt, und die Mütter bringen ihren Töchtern bei, wie die Röcke die richtige Länge bekommen und vorne so decken, wie sie sollen – daß der Hintern dabei frei ist, sieht man nicht so eng. Dann sind die Perlenketten zu ordnen, mindestens vier müssen es schon sein; sie werden wie Schulterriemen getragen, so daß die Brüste von Perlen und Muschelschalen eingerahmt sind. Geflochtene Bänder an den Oberarmen dürfen auch nicht fehlen, es gibt also jede Menge zu tun...

„Und was ist mit den Männern?" frage ich.

„Auch die Männer schmücken sich für das Fest", antwortet Jocintha. „Aber darüber weiß ich nicht Bescheid, das lernen sie von ihren Vätern."

Ist dann endlich Weihnachten, schlachtet man viele Schweine und bereitet Berge von Essen zu. Die ganzen Herrlichkeiten werden zusammen auf einem großen Tisch aufgebaut, und die große *garamut*, die Trommel, ruft zum Fest. Dazu sind alle willkommen. An Weihnachten ist es ganz egal, ob man aus diesem oder jenem Dorf kommt oder völlig fremd ist. Und es wird viel getanzt. Das Fest dauert mindestens drei Tage und ist erst zu Ende, wenn alles aufgegessen ist.

Jocintha strahlt, als sie uns von dem Weihnachts-*sing-sing* erzählt. Ich wünschte mir, wir könnten es einmal zusammen erleben! Ich versuche ihr unser dänisches Weihnachten zu schildern und erzähle ihr, wie der Tisch mit Tellern, Gläsern, Servietten gedeckt wird, vom Wein, dem Braten und der Nachspeise – und wie man sich die Hände reicht und in einer Kette um einen Baum mit Lichtern tanzt.

„Das klingt wunderbar", sagt Jocintha versonnen.

Inzwischen ist es dunkel geworden, und es hat angefangen zu regnen. Ida und Lynett spielen mit einem Kätzchen, das vor dem Regen Schutz gesucht hat. Als der Reis endlich gar ist und die süßen *Kau-kau*-Wurzeln, die Yamswurzeln, über dem Feuer geröstet sind, gehen wir in die Küche, wo Jocintha einen großen Teller für jeden anrichtet und auf den Reis ein bißchen Fleisch aus der Dose legt. Nach Sitte und Brauch gibt es nur eine Portion für jeden, und es wäre unhöflich, sich zweimal zu nehmen. Denn damit könnte man andeuten, daß man nicht genug bekommen hat.

Kelly setzt sich zusammen mit uns weißen Menschen an den Eßtisch, um uns Gesellschaft zu leisten, während Jocintha, Lynett und Juniorboy lieber wie gewöhnlich auf dem Fußboden sitzen. Sie finden es bequemer so. Ida rutscht natürlich zu ihnen hinunter – sie muß eben alles ausprobieren. Da wir seit heute früh nichts gegessen haben, paßt unser Appetit zur Größe der Portionen, selbst Emil und Ida essen ihre vollgehäuften Teller leer. Besonders die *Kau-kau*-Wurzeln schmecken lecker, sie sind süß und herzhaft. Für uns ist es etwas komisch, daß die anderen auf dem Fußboden neben dem Eßtisch und den Stühlen essen und das Essen über einem Feuer im Garten kochen – das Badezimmer benutzen sie auch nicht! Aber so paßt es ihnen eben am besten, und sie sehen das ganz locker. Dadurch fühlen wir uns auch wohl bei ihnen.

„Letztes Jahr wanderte ich hier in der Ambunti-Region tief in den Urwald hinein", erzählt Kelly, während wir noch zu Tisch sitzen, „um die Mitglieder des sogenannten Baumvolkes zu zählen. Keiner hatte jemals mit ihnen gesprochen, weil es sehr scheue Menschen sind, und sie leben wirklich auf Bäumen. Nach einer mehrtägigen Wanderung habe ich sie auch gefunden. Sie waren ganz nackt, und als sie mich erblickten, liefen sie fort und versteckten sich hoch oben in den Baumkronen. Ich habe lange gewartet und sie gerufen, aber sie kamen nicht wieder zum Vorschein. Ein halbes Jahr später bin ich mit einem Hubschrauber noch einmal zurückgekehrt, aber da war keine Spur mehr von ihnen zu finden, nichts – sie waren verschwunden. Vielleicht sind sie weggezogen oder auch tot. Im ganzen waren es sowieso nur zehn bis zwölf Leute."

Vielleicht ist es eine traurige Geschichte, überlege ich, vielleicht aber auch nicht. Jedenfalls sind sie einige der wenigen letzten Menschen auf dieser Erde, die nicht registriert und aufgelistet sind.

Der Regen hört auch nachts nicht auf, und wir müssen eng zusammenrücken, um nicht zu frieren. Am Morgen ist die Luft feucht und kühl, aber Jocintha sitzt trotzdem draußen unter dem Halbdach und brät Pfannkuchen mit Bananenscheiben, die sie uns mit Honig bestrichen und zusammen mit einem großen Glas Kakaogetränk anbietet.

Yuar, einer von Kellys Freunden, kommt zu Besuch. Er wohnt in einem Dorf an einem Seitenarm des Sepik, dem April River. Yuar ist in Ambunti gewesen, um einige Holzschnitzereien zu verkaufen, und jetzt wartet er auf eine Mitfahrgelegenheit mit dem Boot nach Hause.

Kelly schlägt vor, daß wir mit Yuar zurückfahren und dessen Dorf, Biaga, besuchen. „Es ist sehr primitiv", sagt er und bietet uns gleichzeitig an, daß wir sein Boot ausleihen können, so daß wir nur einen Motor dazu zu mieten brauchen. Das halten wir für eine gute Idee, aber das nächste Problem ist, ausreichend Benzin sowohl für Hin- als auch Rückfahrt zu besorgen, denn hinter Ambunti gibt es keinen Treibstoff mehr zu kaufen. Das wird uns allein 60 *kina*, das sind etwa 230 DM, kosten.

Unten im Dorf gibt es einen Kaufmannsladen, der auch als Bank und Post dient. Während Hjalte Geld umtauscht, betrachten die Kinder und ich einen großen Neubau, der wie ein zukünftiges Götterhaus aussieht. Ein Handwerker erzählt mir aber, daß es eine Bar wird. Eine Bar? Ja, eine Bar und ein Restaurant in Verbindung mit dem neuen Hotel, das sie bauen. Er zeigt auf eine Gruppe von kleinen Häusern, die geschmackvoll daneben angeordnet sind. Erst da begreife ich. Es wird wirklich ein Hotel und eine Bar! Und außerordentlich exklusiv obendrein. Vermutlich wird es eine der entlegensten und teuersten Möglichkeiten werden, einen Drink zu genießen.

Als wir zum Landungssteg kommen, hat Kelly schon Benzin

für uns gekauft, und sein Freund Yuar sitzt in der Jolle mit einem 25-PS-Motor bereit. Mehrere der Männer, die am Ufer stehen, haben Narben auf Schultern und Brust, die den Kopf eines Krokodils bilden. Die Schuppen des Krokodils fangen über den Schultern an und enden mit den Nasenlöchern an der Taille, die Brustwarzen sind wie ein großes Paar Augen eingerahmt. Ich habe nicht gewußt, daß Krokodile so einen Blick haben können! Die Zeichnungen heben die Muskulatur des männlichen Körpers auf eine Art hervor, die gleichzeitig furchterregend und anziehend ist. Ich merke deutlich, wie die Krokodile mir nachstarren, als wir ablegen . . .

Yuar kennt sich auf dem Fluß aus und macht Abkürzungen auf den verschiedensten Flußarmen, ohne die Orientierung zu verlieren. Das hohe *Pit-pit*-Schilf am Ufer läßt einen nur schwer erkennen, was Fluß, was Sackgassen oder alte Seen sind. Der Fluß hat sich immer wieder ein neues Bett gesucht und große hufeisenförmige Seen und Sümpfe zurückgelassen, wo Krokodile ihre Gelege bewachen und Vögel nisten. Die lehmigen Ufer sind zugewachsen, und nur selten unterbricht eine Siedlung die dichte Vegetation. Ein Schwarm langbeiniger Reiher fliegt auf, läßt sich erneut auf einem abgestorbenen Baum nieder. Yuar umsteuert geschickt treibende Inseln und Bäume, die von der Strömung flußabwärts getragen werden.

Plötzlich drosselt Yuar die Geschwindigkeit und fährt auf das Ufer zu, wo wir eine gefällte Palme liegen sehen, daneben ein paar primitive Böcke, Werkzeug und Gefäße.

„Schaut her", sagt Yuar und hilft uns an Land, „hier wird Sago ausgewaschen. *Sak-sak* nennen wir es, und es ist unser wichtigstes Nahrungsmittel." Er zeigt auf den gespaltenen Stamm, der neben den Gefäßen liegt, und erklärt, daß der Sago aus dem Mark der im Urwald wachsenden Sagopalme gewonnen wird. „Normalerweise fällt man die Palme, kurz bevor sie blüht, das ist der beste Zeitpunkt. Und es ist immer Aufgabe der Frauen, den Sago herzustellen."

Er zeigt uns, wie das Palmenmark ausgewaschen und in den

Gefäßen auf dem Boden geknetet wird und wie die Stärke zusammen mit dem Wasser in das Rindengefäß hinunterläuft, wo der Sago sich absetzt.

„Aber ist das Wasser denn sauber genug?" frage ich etwas besorgt. „Es sieht so trübe aus."

„Natürlich", antwortet Yuar, „wir trinken ja auch sonst das Flußwasser."

Ich schöpfe etwas mit der Hand heraus und koste es. Es schmeckt zwar ein wenig lehmig, aber ich habe großen Durst.

„Wieviel Sago gewinnt man aus einer Palme?" fragt Hjalte.

„Aus einer einzigen Palme bekommt man so viel, daß ein Mensch ein Jahr lang davon leben kann, ich glaube so um die 200 bis 300 Kilo. Und zum Bearbeiten braucht man ungefähr 100 Stunden."

„Das ist ja geradezu ein geniales Nahrungsmittel!" rufe ich aus. „Zwei Wochen Arbeit, und man hat Essen für ein ganzes Jahr!"

Wir sind sehr darauf gespannt, wie es schmeckt.

Yuar bückt sich und hebt eine fette, cremefarbene Raupe auf. „Schaut her", sagt er, „diese Sagolarven sind auch sehr lecker." Sie windet sich zwischen seinen Fingern. „Die Kinder hier essen sie, und sie schmecken sehr süß. Wir spießen sie auch auf und rösten sie über dem Feuer. Vielleicht könnt ihr später welche probieren . . ."

Yuar amüsiert sich über unsere entsetzten Gesichter und hebt Ida ins Boot zurück. Plötzlich herrscht reger Verkehr auf dem Fluß. Wir fahren an einem Kanu vorbei, in dem Leute stehend paddeln, und einen Augenblick später sehen wir ein schmales Kanu mit Außenbordmotor, wo die Passagiere unter schwarzen Sonnenschirmen in einer Reihe bis vorn an die krokodilförmig geschnitzte Bugspitze sitzen. Wenn wir uns einem Kanu nähern, drosselt Yuar die Geschwindigkeit, sonst hält er ein gleichmäßiges Tempo gegen die Strömung. Nach vier Stunden erreichen wir eine Gabelung. Yuar dreht nach Süden ab, den April River hinauf, der sehr viel kleiner ist als der Sepik und wo das Wasser nur langsam fließt.

158

Eine halbe Stunde später legen wir in Biaga an. Das Boot vertäuen wir neben vier Holzkanus an einigen großen Holzstämmen, die als Landungsbrücke im Wasser liegen. Das ganze Dorf besteht nur aus einem Götterhaus, zehn großen Pfahlhäusern und ein paar kleineren Hütten. Yuar wohnt in einem der größten Häuser mitten im Dorf. Die Treppe, die nach oben führt, hat geschnitzte Stufen. Wir treten in einen halbdunklen Raum, in dem der Bambusfußboden unter uns derart nachgibt, daß wir am Anfang befürchten durchzubrechen. Wir müssen uns erst daran gewöhnen, daß er bei jedem Schritt schaukelt.

Monika, Yuars Frau, heißt uns willkommen, und ihr Sohn John holt Wasser in einem Kessel, den er über die Feuerstelle in der Mitte des Raumes stellt. Erst da entdecke ich Yuars alte Mutter, die auf der anderen Seite des Feuers sitzt. Sie nickt und grüßt freundlich, klein und runzelig wie sie ist.

Ich überlasse Monika unseren mitgebrachten Proviant und sage ihr, daß sie ihn für ein anderes Mal aufheben kann, wir würden lieber einheimisches Essen probieren. Ganz leise kommen die Männer und Frauen des Dorfes zu uns herein. Sie setzen sich, um einen Augenblick zu plauschen, und gehen dann wieder. Das alte Mütterchen schaukelt hin und her, während sie sich mit einem kleinen Besen abklatscht. Auch wir haben inzwischen die Heerscharen hungriger Moskitos entdeckt, die uns schon überall dort gebissen haben, wo nur ein Stückchen Haut frei ist. Die kleinen blutdürstigen Biester kommen selbst durch die Ritzen im Fußboden und beißen uns in die Fußsohlen. Emil kramt unser Mückenspray hervor. Die Dorfkinder schauen uns mit großen Augen zu; sie finden es ungeheuer schick, sich einzusprühen, und als sie es alle einmal ausprobiert haben, ist die Flasche leer.

Das kochende Wasser aus dem Kessel wird in eine Holzschale gegossen, Monika rührt Sago unter. Die graulila Masse ist so zäh, daß Monika sie um zwei Holzstäbchen wickeln kann. Sie klatscht den so gewonnenen Klumpen auf ein Palmenblatt und macht die nächste Portion. Das geht nicht besonders schnell vor sich, denn Monika arbeitet langsam und entspannt. Es wird auch noch ein Weilchen dauern, bis der Sago abgekühlt ist, aber in Biaga eilt nichts. Das fällt uns immer wieder auf, denn wir sind es ja gewohnt, daß alles so schnell gehen muß. Hier dagegen glaube ich gar nicht, daß sich die Leute dessen bewußt sind, wieviel Zeit sie für alles verwenden. Jedes Ding braucht eben nun mal seine Zeit, und warum sollte man nicht einige Stunden auf das Essen warten? Man kann sich ja unterdessen unterhalten. Ich versuche Monika zu fragen, wie alt sie ist, und zeige mit den Fingern, wie alt ich selber bin. Ich hätte gedacht, daß Zahlenangaben mit den Fingern eindeutig seien, aber das ist nicht der Fall. Doch zuletzt begreift sie, was ich wissen will. Sie schlägt sich erst siebenmal auf das linke Bein und dann zweimal auf das rechte – wenn ich sie richtig verstanden habe, ist sie 27 Jahre alt. Das kann hinkommen, denn John, ihr ältestes Kind, ist ungefähr zehn Jahre alt. Sie haben auch ein kleines Mädchen von etwa sechs Jahren, das sich aber im Hintergrund hält, weil es hinkt.

Monika reicht jedem von uns ein Palmenblatt mit Sago, zusammen mit einem völlig schwarz geräucherten Fisch. Der Fisch schmeckt sehr lecker, aber der Sago... Jetzt wo er kalt ist, ist er zäh wie Gummi. Genau wie die anderen reißen wir kleine Stückchen ab und stecken sie in den Mund, aber sie setzen sich am Hals fest. Wir müssen uns unheimlich zusammenreißen, um nicht unhöflich zu sein und keine Grimassen zu schneiden. Sogar die Kinder kämpfen tapfer. Der Sago schmeckt absolut nach nichts, er verströmt nur einen Geruch, der so in Richtung Schweinemist geht – und das soll hier das Hauptnahrungsmittel sein! O Hilfe! Yuars Familie kaut und mampft vergnügt vor sich hin, während uns ist, als würden wir Quallen essen.

Nach dem Essen bringt uns Monika Strohmatten, und darüber hängen wir die Moskitonetze auf. Immer noch hungrig, aber sonst zufrieden, legen wir uns hin. Kurze Zeit später, das Feuer ist ausgegangen, ist es zappenduster im Haus. Vor den Moskitonetzen summen die kleinen Blutsauger wie verrückt. Mir fällt plötzlich wieder die Nacht auf Java ein, als ich mit Ida allein nach

Neuguinea fahren wollte. Damals hatte ich noch nicht die leiseste Ahnung, wie primitiv es hier ist – und was für eine Vorstellung, wenn wir all dies nicht gemeinsam erlebt hätten: den Fluß, die „tätowierten Krokodile", die Palmen, den Sago . . . Es ist alles etwas unbequem, die Mückenstiche jucken, wir sind hungrig, und trotzdem ist alles so faszinierend.

Es wird eine eisig kalte Nacht, der Fußboden ist hart und uneben, wir frieren bitterlich, die Kinder jammern im Schlaf, und ich muß pinkeln, gebe es aber auf, mich draußen im Dunkeln zurechtzufinden. Drüben in der Ecke kratzt sich das alte Mütterchen und hustet. Mitten in der Nacht zündet Yuars Bruder ein Streichholz an und klatscht einige Moskitos tot, denen es gelungen war, unter sein Netz zu kommen, dann schläft er weiter.

Endlich bricht der Tag an, es kommt Leben ins Haus. Monika kocht Tee und brät die Sagomasse in einer Pfanne zu einer Art Brot. So ist es ein wenig schmackhafter.

„Jetzt, wo wir von so weit hergekommen sind, sollten wir doch noch einen Tag bleiben", sagt Emil, und Ida schließt sich ihm an. Die beiden haben gesehen, wie einige Kinder mit Pfeil und Bogen schießen, und möchten es gern probieren. John läuft mit ihnen nach draußen und zeigt ihnen, wie es geht; sie sollen die Pfeile und den Bogen selber machen. Also bleiben wir noch hier und fahren erst am nächsten Tag zurück. Kelly wird sich sicherlich deswegen keine Sorgen machen.

Emil und Ida haben es aufgegeben, mit Pfeil und Bogen zu schießen, es war wohl doch schwieriger, als sie gedacht hatten; jetzt lernen sie gerade, wie man Schmetterlinge fängt. Die Kinder laufen hinter den Schmetterlingen her und schlagen sie mit einem Stock zu Boden – es sieht brutal aus, aber die Flügel bleiben heil. Unten am Fluß legen zwei Frauen gerade in einem Kanu ab. Sie haben Glut mitgenommen, so daß sie auf dem Feld zu Mittag ein Feuer machen und kochen können. Eine andere Frau jätet Unkraut, sonst passiert nicht viel. Die meisten Männer sitzen unter dem Schattendach mitten im Dorf.

Yuars Haus ist groß, vielleicht zehn bis zwölf Meter lang und acht Meter breit. Es ist aus Stöcken gebaut, die mit Weidenzweigen zusammengebunden sind, das Dach ist mit Palmenblättern gedeckt, und Fußboden und Wände sind aus gespaltenem Bambus. Es ist ein sehr schönes Haus, außen wie innen, und als ich einen Blick nach oben auf die Balkenkonstruktion werfe, sehe ich dort eine Tasche hängen, aus der einige Federn herausgucken. Was ist das denn? Yuar nimmt die Tasche aus geflochtener Rinde herunter und breitet sorgfältig den Inhalt auf dem Fußboden aus: Es ist der Festschmuck der Familie. Zu Weihnachten werden auch sie ein großes *sing-sing* feiern, bei dem sie im Festtagsschmuck tanzen werden.

„Hol doch mal eben . . .", sagt Yuar zu seiner Frau, und Monika kehrt mit einem Paar Wildschweinzähnen zurück, die er mit einem Stück Schnur zusammenbindet und durch ein Loch mitten im Nasenknorpel steckt. Er lächelt uns breit an – so wird's gemacht! Er findet, daß auch Emil ein wenig geschmückt werden soll, und bindet ein kleines Pelzstück von einem Opossum um seine Stirn. Dann versucht er, ein Federbüschel in Emils Haaren festzumachen, aber Emils Haare sind nicht wie die seinen: fest und kraus. Die Federn gleiten wieder heraus. John zeigt Emil nun seine Tanztracht, die nur aus ein paar Weidenzweigen um den Bauch und einem Kokosfaserbüschel hinten besteht. Lachend steht Monika auf und führt vor, wie die kleinen Jungen beim *sing-sing* einen Kreis bilden und kleine Hüpfer mit dem Kokosfaserbüschel machen – John ist es ein bißchen unangenehm, und er versteckt sich hinter der Schürze seiner Mutter. Dann holt Monika eine Schachtel mit Sagoröcken hervor. Aus den Fasern der Sagopalme hat sie seidenweiche Schnüre gedreht und sie mit Beeren aus dem Wald gefärbt. Sie hat einen grünen und einen lila Schnürrock, die dürfen Ida und ich anprobieren. Hjalte bewundert Yuars Kopfschmuck aus den schwarzen Federn eines Kasuars, einem straußenähnlichen Laufvogel, der im Dschungel von Neuguinea lebt.

Monika schenkt Ida den grünen Sagorock, und Emil bekommt den Gürtel mit dem Kokosfaserbüschel, Hjalte ein blankgeschlif-

Yuar und Emil im Festtagsschmuck

fenes Messer aus dem Schenkelknochen eines Kasuars. Sie meinen es so gut mit uns, daß wir uns beeilen müssen, ihnen zu versichern, daß wir nicht mehr annehmen können. Den prächtigen
Kopfschmuck mit Federn von Paradiesvögeln und Kasuaren wollen wir nicht, der soll hier in Biaga bleiben. Sie verstehen nicht,
warum wir ein Geschenk ablehnen, und sind etwas traurig. Doch
dann schenke ich Monika meinen gelben *sarong*, was die herzlichen Gefühle zwischen uns wiederherstellt. Wir sind ihre Freunde, obwohl auch wir ihr etwas seltsam vorkommen müssen . . .

Emil holt die kleinen Lego-Schachteln hervor und schenkt
John und dessen Schwester je eine. Die betrachten die fremden
Dinge nur zögernd, doch als Emil ihnen zeigt, wie man es macht,

probieren sie es selber. Im Dorf gibt es nur sieben Kinder, und als sie auch ihr Lego-Geschenk bekommen haben, stürmen sie davon, um es zu Hause vorzuzeigen. Plötzlich zaubert Monika unter dem Rock auch ein Lego-Set hervor, das sie gerade noch für sich retten konnte . . ., und dann spielt sie mit Yuar. Mann und Frau sitzen tief versunken da und versuchen gemeinsam herauszufinden, wie es funktioniert. Sie müssen ordentlich überlegen, um die Steine so hinzubekommen, wie sie es wollen.

Hjalte und ich gehen leise nach draußen. Drüben unter dem Schattendach geht irgend etwas vor sich. Wir gehen hinüber, und dort sitzen nun alle erwachsenen Dorfbewohner und spielen mit Lego-Steinen! Die Kinder schauen zu. Die sehen übrigens nicht gesund aus, ihre Bäuche sind aufgebläht, und einige haben Hautkrankheiten. Das ist also der Gang der Natur, nur sieben überlebende Kinder in zehn Familien. Unten am Fluß baden Emil und Ida. Ich empfinde plötzlich große Dankbarkeit darüber, daß wir ein Leben führen können, in dem die Kinder gedeihen und in Geborgenheit aufwachsen.

Heute werden wir zurückfahren. Yuar hat den Motor für die Jolle geholt. Wir verabschieden uns von Monika und der übrigen Familie, und alle im Dorf reichen uns die Hand zum Abschied, bevor wir auf den Holzstämmen zum Boot balancieren.

„Wenn du einen Wunsch frei hättest", sage ich zu Yuar auf der Fahrt zurück nach Ambunti, „was würdest du dir dann wünschen?"

„Eine Uhr", antwortet er ohne Zögern.

„Eine große Uhr?"

„Nein, eine Armbanduhr, so eine wie Kelly sie hat."

„Ich werde dir eine schicken", verspreche ich ihm, obwohl ich nicht recht verstehe, wozu er eine Uhr braucht.

Yuar strahlt wie die Sonne und will immer wieder wissen, ob ich ihm die Uhr auch ganz sicher schicken werde.

„Ganz bestimmt, aber es wird einige Monate dauern, bis sie ankommt." Ich sehe Yuar an, daß er es kaum erwarten kann.

„Weißt du, was ich mir wünschen würde, wenn ich einen Wunsch frei hätte?" fragt Emil schelmisch.

„Keine Ahnung."

„Ich würde mir wünschen, daß ich zaubern könnte, so richtig zaubern, denn dann könnte ich mir jeden Wunsch erfüllen."

„Und ich würde am liebsten ein kleines Motorrad haben", sagt Ida.

„Ja, aber würdest du nicht auch gern zaubern können?"

„Nein, wieso denn?" fragt sie erstaunt. „Wir haben doch Emil..."

Der Tag des Zauberers
(Hjalte)

Wir rücken in der Jolle zusammen, der Himmel ist grau, die Landschaft eintönig. Über dem meterhohen *Pit-pit*-Schilf am Ufer erahne ich niedrige Berge. Ein- oder zweimal gleiten wir an Pfahlhütten vorbei, wo ausgehöhlte Holzstämme am Ufer vertäut sind. Die Sonne hat sich verkrochen, Emil und Ida haben sich fröstelnd unter einem *sarong* zusammengekauert. Biaga liegt viele Stunden hinter uns. Ein Motorboot kommt uns entgegen, ein Mann an Bord winkt zu uns herüber.

„Es ist Kelly!" ruft Emil.

Kelly formt die Hände zu einer Sprechtüte und ruft: „Ein Zauberer soll zwei Mörder ausfindig machen. Habt ihr Lust, mitzukommen?"

Yuar wendet das Boot, und wir folgen Kelly wieder den Sepik hinauf. Kelly lacht zu uns herüber, er scheint blendend gelaunt zu sein. Nach einer halben Stunde verschwindet sein Boot plötzlich im Schilf. Auch unsere Jolle schiebt die Stengel auseinander, sie kratzen an der Reling entlang und schließen sich hinter uns wieder, nichts verrät mehr den Durchgang zum Fluß. Wir sind auf einen kleineren Nebenfluß geglitten und machen nun mehr

Fahrt. Das Wasser ist schwarz, das schwärzeste Wasser, das ich je gesehen habe. Für einen Moment schäumt das Kielwasser weiß auf, dann beruhigt es sich hinter uns wieder, blank und undurchsichtig.

„Sanchi River", sagt Yuar.

Unter einem alten Baum am Ufer legt Kelly bei ein paar Männern an, um Benzin für Yuars Boot zu kaufen, aber sie haben nichts mehr vorrätig. Wir vier hüpfen in Kellys Boot, und Yuar muß allein weiter nach Ambunti fahren.

Kelly hat heute eine offizielle Angelegenheit zu regeln. Er trägt ein gelbes Bürohemd, aber die üblichen kurzen Hosen, die Plastiksandalen, die große Sonnenbrille und die Perlenkette. Es sitzen noch vier Männer im Boot: der Polizist von Ambunti, der Amtmann von Ambunti und dessen Assistent, ein junger, aufgeweckter Junge namens Francis, und schließlich der Bootsführer, ein kohlschwarzer Mann mit einer Blume im Haar. Kelly freut sich, uns etwas Interessantes zeigen zu können, und erzählt, daß vor einiger Zeit ein Mann in sein Büro gekommen sei und behauptet habe, er verfüge über magische Kräfte. Damit könne er herausfinden, wer durch Zauberkraft den Tod anderer Menschen bewirkt habe. Kelly hatte sich mit ihm für eine Geisterbeschwörung am heutigen Tag verabredet. Er erklärt uns, daß die Menschen auf Neuguinea nicht an einen natürlichen Tod glauben, sondern daran, daß jeder Tod durch Hexerei verursacht werde. Ja, genau, Hexerei. Wenn die Leute krank werden und sterben, ist es Hexerei, und wenn die Leute alt und schwach werden, dann ist es auch Hexerei.

Ich überlege, warum der Bootsführer wohl eine Schrotflinte auf seinen Knien liegen hat. Erwartet man, daß es zu Gewalttätigkeiten kommt, wenn der Mörder entlarvt wird? Aber eine Schrotflinte? Ich verdränge die Frage und betrachte fasziniert die großen, schwarzen Krokodil-Brustwarzen des Bootsführers, die aus dem offenen Hemd hervorschauen, und die runden Narben, die seine Brust schmücken. Mit seinen engen, weißen Hosen, dem muskulösen Körper, dem Vollbart, den Perlenketten und den Blumen im Haar sieht er ungeheuer gut aus. Er scheint alle Abkürzungen im Flußgebiet zu kennen. Wir durchschneiden Seen und Sümpfe und dürften bald in Mino sein, in dem Dorf, wo der Zauberer wartet. Zwei Menschen sind dort gestorben, und wir sollen miterleben, wie ihre Mörder gefunden werden.

Wir sind gespannt und unsicher, die Stimmung im Boot verheißt etwas Außergewöhnliches und Dramatisches. Ich krame den Kassettenrecorder hervor und stecke einen zusätzlichen Film in die Tasche, und wir ermahnen Emil und Ida, sich nicht von uns zu entfernen. Je mehr wir uns dem Ort nähern, um so schweigsamer werden die Männer im Boot. Wir spähen alle nach vorn über das bedrückende Dunkel des Wassers. Bald entdecke ich einige Pfahlhütten, beinah vom Urwald versteckt, das Dorf Mino. Armselig sieht es aus, die Hütten hier sind viel kleiner als die von Biaga. Der Bootsführer läßt das Boot auf dem morastigen Ufer neben ein paar Kanus auflaufen, und Kelly hüpft als erster an Land.

Diskret gehe ich hinter den Männern her. Emil hält meine Hand, und Ida folgt mit Nina. Eine Wiese erstreckt sich vor hohen Bäumen bis hin zu den ersten Pfahlhütten, wo eine Gruppe von Männern im Schatten steht.

„Welcher ist wohl der Zauberer?" flüstert Emil.

Ich weiß es nicht, und ich habe auch keine Ahnung, wie die Geisterbeschwörung vor sich gehen soll. Die Männer unter den Bäumen scheinen lange auf Kelly gewartet zu haben, sie wirken nervös und ungeduldig. In einiger Entfernung stehen die Frauen und Kinder in einer kleinen Gruppe eng zusammen. Keiner beachtet uns, aber ich bin mir trotzdem nicht ganz sicher, was der Zauberer dazu sagen wird, daß wir einfach mitgekommen sind. Kelly hat sich auf einen Baumstamm gesetzt und tauscht Betel mit dem Polizisten aus Ambunti und einigen Männern im Dorf.

Dann tritt ein Mann aus dem Urwald, einen fünf Meter langen Bambusstock über der Schulter. Keiner von uns zweifelt auch nur einen Moment daran, daß dieser Mann die Hauptperson ist, obwohl er eigentlich wie alle anderen aussieht mit abgetragenen roten kurzen Hosen und einer alten, blauen Jacke. Keiner spricht ihn an, den Zauberer, der einen aus dem Dorf als Mörder entlarven soll. Er begrüßt Kelly mit einer Art Grunzen, und einen kurzen Augenblick lang gleitet sein Blick über uns in der zweiten Reihe, selbstbewußt und stark, vielleicht ein klein wenig herausfordernd; *Papua-Neuguinea* steht auf seinem knallroten Hut.

Der Mann beginnt sofort mit den Vorbereitungen. Aus einem Sack holt er einen Holzschemel hervor, der wie eine Art Nackenstütze aussieht, und legt einige grüne Blätter ins Gras. Die Männer des Dorfes beobachten ihn mit verschlossenen Mienen und mit einer gewissen Unruhe, Kelly und seine Männer dagegen sind neugierig und gespannt. Vorsichtig bettet der Zauberer das eine Ende des langen Bambusstockes auf den Holzschemel, auf die Blätter legt er einige Geldscheine. Dann steht er auf und sieht Kelly abwartend an – die einfachen Vorbereitungen sind abgeschlossen.

Kelly sagt, daß er mit dem Polizisten und dem Amtmann aus Ambunti gekommen sei, um zu sehen, wie der Zauberer arbeitet. Er fordert das Dorf auf, bei der Durchführung der Zeremonie behilflich zu sein. Nach kurzem Zögern treten einige Männer hervor und hocken sich in zwei Reihen auf jeder Seite des Bambusstockes nieder. Der Zauberer sitzt am Nackenschemel, betrachtet kurz die Männer und zeigt ihnen, wie sie ihre offenen Handflächen unter den Stock halten sollen.

Kelly flüstert mir zu, daß der Zauberer jetzt den Geist des Verstorbenen anrufen und daß der Geist den Bambus zum Leben erwecken wird. Angespannte Stille hat sich über die Leute gesenkt, denn so eine Beschwörung findet nicht alle Tage statt. Keiner will sich vom Zauberer beeindrucken lassen, aber doch haben sie ganz offensichtlich Angst vor ihm. Er fängt an, mit beschwörender und monotoner Stimme zu sprechen, hebt seine Hände, und gleichzeitig hebt sich der Bambusstock zwischen den beiden Reihen vom Erdboden. Die Männerhände zittern ganz leise, der Bambusstock wogt leise auf und nieder. Alle starren ihn an. Auf wen wird er zeigen? Wer soll als Mörder entlarvt werden?

Emil fragt nervös, ob der Stock auch vielleicht auf uns zeigen könnte. Ich beruhige ihn, bin mir aber auch nicht so ganz sicher.

Der Mörder muß ganz schön starke Nerven haben, wenn er so seiner drohenden Entlarvung zusehen muß, aber wenn man in einem so kleinen Dorf Reißaus nimmt, hat man schon sein eigenes Urteil gefällt. Nein, der Mörder muß stehenbleiben und das Urteil des Bambusstockes abwarten. Der Zauberer spricht unaufhörlich, beschwörend, immer lauter und lauter.

„Jetzt bittet er den Geist des Verstorbenen, ihn zum Mörder zu führen", flüstert Kelly mir schnell zu.

Der Stock schwankt immer heftiger auf und nieder, der Zauberer atmet schwer, seine Hände schließen sich fest um den Bambus. Auf und nieder, hin und her, er dreht und windet sich zwischen den Männern, der Zauberer wird geradezu zum Aufstehen gezwungen, und beide Gruppen schwitzender Männer werden mitgezogen und stehen sprungbereit, den Bambus, der in Schulterhöhe ausschlägt, zwischen sich.

Der Zauberer schweigt keine einzige Sekunde. „Wo ist dein Mörder? Wo ist dein Mörder?" ruft er und starrt dabei den Bambus an. Mit einem Mal setzen sich die Männer in Bewegung, ein Hahn kräht schrill, wir folgen ihnen durch das Dorf. Was wird passieren, wenn der Mörder gefunden ist? Der Zauberer hat bald die entlegenste Ecke des Dorfes erreicht, er tanzt wie besessen mit dem Stock, völlig konzentriert, völlig in seiner eigenen Welt, wo nur er das Urteil hört.

Und da, hinten bei der letzten kleinen Pfahlhütte, trifft der Stock auf den Mörder. Ein Männlein mittleren Alters sitzt unbeweglich im Schneidersitz im Schatten unter der Hütte. Ausdruckslos blickt er auf die aufgeregte Menschenmenge vor sich. Mir fällt auf, daß keine Lynchstimmung aufkommt, von Rache und Haß keine Spur, keiner will Blut fließen sehen. Ich begreife nicht, was hier abläuft.

„He is the man! He is the man who made the sorcery – er hat

den Zauber gemacht! Der Bambus hat es gezeigt!" flüstert Kelly mir zu, ganz außer Atem.

Aber keiner aus Mino zeigt irgendwelche Anzeichen von Überraschung oder scheint dem Mann gegenüber feindliche Gefühle zu hegen. Keiner tut ihm was, und er selbst bleibt ruhig sitzen. Keiner fragt ihn, ob er derjenige war, der das kleine Kind tötete. Er streitet nichts ab und gesteht nichts. Der Bambus hat gesprochen, und damit ist jedes weitere Wort überflüssig. Ich betrachte den Mann genauer. Er hat einen weißen Bart, trägt ein dünnes Stirnband und einen blauen Lendenschurz und eine kleine Tasche über der Schulter. Seine Ruhe ist unerschütterlich. Ist er wirklich ein Mörder? Ein Mörder in den Augen der Dorfbewohner?

Der Bambus hat sich beruhigt, aber nur für einen Augenblick. Zu keinem Zeitpunkt haben die Männer den Stock losgelassen, und der Zauberer erweckt ihn erneut zum Leben. Schnell erklärt mir Kelly, daß der Mord noch nicht ganz aufgeklärt sei. Der Geist solle nun auch zeigen, wo der Mörder das Zaubergift mischt und wo die Reste versteckt sind. Der Bambus sucht kreisend vor der Hütte des Mörders herum, und plötzlich stürmt er los, die Hühnerleiter zur Hütte hinauf, der Zauberer und die Männer hinterher. Auch ich klettere mit Emil nach oben und sehe, wie der Bambus in der kleinen Küche wütet. Unter dem Dach hängen die wenigen Habseligkeiten des Mannes in einigen Taschen aus Rinde, sie werden auf den Boden gerissen und aufgeschlitzt. Der Stock saust über die Wände und den Fußboden zur Feuerstelle in der Ecke, gierig schleudert er die Asche in alle Richtungen, und mit harten Schlägen zertrümmert er zwei Tontöpfe: Hier wurde das Gift gemischt. Der Zauberer schreit auf in Ekstase. Dann geht es wieder zurück, hinaus ins Freie und direkt zum Fluß hinunter: Hier wurde der Rest des Zaubergiftes ins Wasser geworfen.

Alle gehen langsam zum Platz unter den Bäumen zurück. In kleinen Grüppchen sprechen die Männer aus Mino miteinander. Es steht nicht zur Debatte, daß der Polizist aus Ambunti den

Schuldigen mitnimmt, vergessen ist die Schrotflinte, Kelly und die übrigen Vertreter der Obrigkeit haben nichts mit dem Mann zu schaffen. Das ist eine Sache zwischen ihm und seinem Dorf. Doch was wird jetzt mit ihm geschehen?

Der zweite Mord, den der Zauberer klären soll, ist an einer älteren Frau verübt worden, die vor wenigen Tagen gestorben ist. Kelly zeigt auf den Witwer. Mit hängenden Schultern steht er neben uns und betrachtet den Bambus. Kelly tauscht ein wenig Betel mit ihm, und wir warten darauf, daß der Zauberer sich wieder bereit macht. Soweit ich verstanden habe, ist die Frau draußen auf dem Feld erkrankt und innerhalb eines Tages gestorben. Keiner fragt, an welcher Krankheit sie gestorben ist – das Problem ist ausschließlich, wer sie verhext hat. Hier wird kein Arzt gebraucht, sondern ein Zauberer, der den Hexenmeister entlarven kann.

Die Männer halten wieder den Bambusstock des Zauberers

Kelly möchte helfen, den Bambus zu halten. Er möchte genau wissen, was der Zauberer eigentlich macht. Nach einigem Zögern setzen sich noch einige weitere Männer zu beiden Seiten des Stockes nieder. Keiner scheint große Lust zu haben, den Schuldigen zu finden. Vielleicht haben sie Angst vor dem Mörder?

Es dauert lange, bis der Stock zu neuen Taten erwacht, bis der Zauberer Verbindung mit dem Geist der Frau aufnehmen kann. Seine ausgestreckten Hände heben und senken sich, die Finger schließen sich um den Bambus, und die Armmuskeln des Zauberers müssen sich anstrengen, um den Stock halten zu können, der gleich loszufliegen scheint. Kelly lacht mir zu, sieht aber dennoch ein wenig ängstlich drein. Die Männer erheben sich, der Stock dreht sich wie wild und windet sich. Die Zuschauer weichen zur Seite, um ihm freie Bahn zu machen. Wieder geht es den Pfad hinunter an den Pfahlhütten vorbei, aber bald hält der Zauberer etwas unschlüssig an, der Stock tanzt wilder denn je zuvor. Mit einem Mal macht er kehrt und steuert wie von einem Magneten angezogen wieder auf die Männer aus dem Dorf zu, die noch immer unter den Bäumen stehen. Sie starren den Stock an, der auf sie zusaust, aber keiner wagt, die Flucht zu ergreifen. Ohne Zögern zeigt der Stock auf einen jungen Mann.

Kelly, der Zauberer und die anderen Männer keuchen, ihr Atem ist ein rhythmisches Fauchen. Vor dem Betroffenen tanzt der Bambus auf und nieder. Wie erstarrt steht der da, die Hände auf die Hüften gestützt, eine Kippe im Mund und mit trotzigem Blick in seinen dunklen Augen. *Happy Face* steht auf seinem verblichenen T-Shirt. Auch er schweigt, läßt sich auf keine Diskussion mit dem Zauberer ein. Kelly und die anderen lassen den Stock los, lehnen ihn an einen Baum. Ein Hund pinkelt gegen den Bambus.

Kelly erklärt mir, daß die Zeremonie unterbrochen worden sei, weil der Bambus enthüllt hat, daß der junge Mann noch woanders Mitschuldige habe, dort, wo die eigentliche Beschwörung auch vor sich gegangen sei. Der Bambus habe fürchterlich gezittert, als der Name eines bestimmten Dorfes genannt worden sei.

Der komplizierte Mordfall verzweigt sich also weiter, aber Kelly zieht es vor, jetzt nach Hause zu fahren. Erst morgen wird der Zauberer seine Nachforschung im Dschungel fortsetzen. Auf dem Nachhauseweg erlegt Kelly eine Ente – mit der Schrotflinte.

Endlich sind wir wieder in Ambunti. Während der Sepik in der Dämmerung untertaucht, unterhalten wir uns über die merkwürdigen Vorgänge des heutigen Tages. Nina fragt, was mit den Männern geschehen wird, auf die der Bambus gezeigt hat.

„Nun, wenn sie ihr Verbrechen gestehen, wird das Dorf ein Fest feiern, und alle werden wieder gute Freunde sein. Oder sie müssen den Angehörigen, die um die Toten trauern, ein Schmerzensgeld bezahlen. Die Schuldigen könnten die Toten tatsächlich verhext haben, aber es könnte auch sein, daß sie doch nichts mit den Todesfällen zu tun haben." Kelly streicht sich mit seinen Fingern durch den Bart. „Auf jeden Fall sind sie immer noch Mitglieder der Dorfgemeinschaft, und jetzt wissen alle, daß sie vielleicht gefährliche Hexenmeister sind, und deshalb wird sich jeder ihnen gegenüber vorsichtig verhalten."

Der Zauberer zeigte also offensichtlich nicht auf die Mörder, um sie zu bestrafen, sondern damit man sich wieder vertragen und weiterhin friedlich miteinander im Dorf leben kann. Mir ist es kaum möglich, solch fremde Gedankengänge zu fassen. Was für eine Vorstellung, daß man den Mörder seines eigenen Kindes oder seiner Frau kennt und daß dann ein Fest oder ein Schmerzensgeld die Angelegenheit bereinigt! Aber es ist beeindruckend, daß die Dorfbewohner mit einer so ernsten Sache wie mit einem Mord ohne fremde Hilfe fertig werden können, ohne Polizei, ohne Gerichte oder Gefängnisse und all das, was wir im Westen benötigen, um die zwischenmenschlichen Beziehungen zu regeln.

„Und was ist mit der Polizei?" will Nina nach einigem Grübeln wissen.

Kelly erklärt, daß es nie Polizeieinsätze in den Dörfern gibt. Er selber fährt zweimal im Jahr aufs Land und schreibt auf, wie viele Geburten und wie viele Todesfälle es gegeben hat. Das ist alles. Grundsätzlich kann einen das Gericht schon zu zwölf Jahren Strafarbeit auf Carabou Island wegen Mordes verurteilen, aber nicht wegen Hexerei.

„Was hat der Polizist aus Ambunti zum Ganzen gesagt?" möchte ich wissen.

„Ja, er hat voll und ganz an den Zauberer geglaubt..."

In der Küche füllt Jocintha, die inzwischen die Ente gebraten und eine Menge Reis gekocht hat, große Portionen auf die Teller, und wir lassen es uns schmecken.

Als oberste offizielle Instanz in der Ambunti-Region verfügt Kelly über ein Radiotelefon. Mit verständlichem Stolz schlägt er mir vor, nach dem Essen zu Hause in Europa anzurufen. Kelly spürt sehr wohl, daß unsere Vorstellung von seinem Land reichlich romantisch ist, und er möchte gern vorführen, wie weit man andererseits auch gekommen ist.

Kellys Großvater kannte buchstäblich kein anderes Werkzeug als die Steinaxt, und seine Welt umfaßte nur einige Täler und die nächsten Dörfer; Kellys Vater wuchs auch noch in der Steinzeit auf, doch er sah, wie die ersten Weißen ins Hochland eindrangen. Er erlebte damals, wie die Straße von der Küste gebaut wurde und wie sein Dorf schließlich Teil des selbständigen Staates Papua-Neuguinea wurde. Kelly ist der erste aus der Region, der eine Ausbildung bekommen hat und von der Existenz der restlichen Welt weiß. Selbstverständlich steht also auch ein Radiotelefon mitten im Urwald auf Kellys Tisch unter der schönen, mit dem Paradiesvogel geschmückten, schwarzroten Flagge von Papua-Neuguinea. Heute ist das Telefon eine Realität, und trotzdem überrascht es mich. In meiner unbedarften Vorstellung von Neuguinea kann es keine Telefone und Zauberer im gleichen Dschungel geben. Aber die Wirklichkeit lehrt mich etwas anderes, und gerade das ist das Faszinierende an diesem Land.

Ich schreibe Kelly die Nummer auf. Geld sei kein Problem, bedeutet er mir mit einer legeren Handbewegung und wählt. Es erfordert viele Anrufe, um bis nach Wewak durchzukommen, aber dann ist alles klar, und mit schelmischem Blick bestellt er ein Gespräch nach Dänemark. Dann klingelt das Telefon. Kelly strahlt. Über Satellit irgendwo oben am Himmel wird das Gespräch übertragen – von einem Haus am nächtlichen Sepik zu einem anderen Haus in der Wintersonne auf der anderen Seite der Erde.

„Hallo...?"

„Hallo!" Ich höre meinen Vater so deutlich, als stünde sein Telefon im Raum nebenan. Überwältigend konkret springt die Stimme aus dem Schatten und folgt der Bahn des Satelliten. Draußen hat es zu regnen angefangen, und plötzlich geht der Generator von Ambunti aus, alles Licht erlischt. Doch ich höre die Stimme meines Vaters direkt im Ohr.

„Hjalte, ich muß dir etwas Trauriges erzählen... Eva ist gestorben."

Die Dunkelheit hebt den letzten Rest von Abstand auf, der Schmerz der Trauer braust heran. Eva, meine geliebte Oma, die Mutter meiner Mutter. Das Bild ihrer Wohnung in Oslo taucht vor mir auf. Sie sitzt im Sonnenlicht des Fensters, mit ihrem weißen Haar, ihrem zierlichen 90jährigen Körper und den so lebendigen Fingern auf den Tasten des Flügels, mit ihrer immer wundervollen Laune, all die gemütlichen Geschichten, ihre humorvolle Ausstrahlung... Emil und Ida drängeln sich zum Telefon und sagen hallo, bevor ich auflege. Draußen schlägt der Bambus gegen die Scheibe. Jocintha zündet eine Kerze an, und Ida fragt, mit wem ich eigentlich gesprochen habe.

Bald darauf gehen wir alle zu Bett, müde von einem langen Tag. Ein großes Unwetter rast vom Waskuk-Berg herunter, und im Zimmer muß ich den Kindern erzählen, daß Eva gestorben ist.

Ida wird fürchterlich traurig. „Meine eigene Uroma!" Sie weint herzzerbrechend, und Emil versucht, sie mit erwachsenen

Überlegungen zu trösten: „Eva war ja schon alt, und irgendwann müssen wir alle sterben, und du hast gute Erinnerungen an sie."

Ida hat ein kleines, einfühlsames Herz. Sie lebt ohne Distanz zu den Dingen und läßt sich nicht von Emils lieben Überlegungen trösten, denn sie ist trotzdem traurig, wie sie sagt. Und als sie erst mit dem ganzen Kapitel Traurigkeit angefangen hat, weint sie auch darüber, daß sie nie ihre anderen Großeltern, Ninas Eltern, kennengelernt hat.

Nina schreckt aus dem Schlaf auf und ist krank. Sie hat hohes Fieber. Wenn sie den Kopf auch nur ganz wenig bewegt, muß sie sich erbrechen. Immer wieder wische ich auf, so gut es geht, und endlich wächst der Tag langsam aus der Nacht hervor.

Jocintha und Kelly kennen die Krankheit nicht; vielleicht ist es Malaria. Wir müssen abwarten. Wenn nur das Fieber nicht kritisch wird! Im Laufe des Tages sagt Nina, daß es ihr ein bißchen bessergeht, wenn sie absolut still liegt. Vorsichtig schließe ich die Tür und lasse sie im Halbdunkel dösen.

Am nächsten Morgen ist sie immer noch krank, aber das Fieber ist gefallen. Wir beschließen, den Versuch zu wagen, zusammen mit Kelly nach Pagwi zu fahren. Mit beinah unheimlicher Willensanstrengung steht Nina auf, schwankt mit starrem Blick, und ohne den Kopf zu bewegen, den Berg hinunter zum Flußufer. Eine winzige Bewegung, und ihr wird schwindelig, sie verliert das Gleichgewicht, erbricht sich und muß sich rasch hinsetzen. Zwei der größten Kanus von Ambunti sind mit dicken Zweigen zusammengebunden und werden gerade beladen. Dankbar verabschieden wir uns von Jocintha und ihren Kindern. Nina legt sich auf ein Brett zwischen die beiden Kanus, und die Ufer des Flusses gleiten wieder einmal an uns vorüber.

Die Motorräder erwarten uns unversehrt in Pagwi. Natürlich sollte Nina mit ihrer „Karussellkrankheit", wie sie ihren sonderbaren Zustand nennt, nicht Motorrad fahren, aber nachdem sie sich auf dem Fluß ausgeruht hat, meint sie, daß es gehen müßte. Herzlich verabschieden wir uns von Kelly und verabreden, in

Hayafaga im Hochland, in dem Dorf, wo seine Eltern leben, gemeinsam Weihnachten zu feiern.

Es ist Nacht geworden, als wir endlich Ralphs Haus oben am Sendemast in Wewak erreichen. Nina geht schnell zu Bett. Wir anderen trinken zusammen noch eine Tasse Tee, und Ralph erzählt uns von einem Reservat im Hochland, wo es Paradiesvögel gibt, die dort sowohl in Freiheit als auch in Gefangenschaft leben.

„Wußtet ihr", erzählt er mit einem Lächeln, „daß der Paradiesvogel erst Anfang des 16. Jahrhunderts bekannt geworden ist, nämlich als die Portugiesen über Tausende von Zwischenhändlern ein Federkleid eines dieser Vögel – allerdings ohne Beine – in die Hände bekommen hatten? Am Hofe des Fürsten dachte man, der Vogel habe nie Beine gehabt und seine Heimat müsse deshalb das Paradies sein, weil er von dem weltlichen Drang befreit sei, die Erde berühren zu müssen. Man stellte sich vor, daß er sich mit seinen langen Schwanzfedern einfach an einen Ast hängte, wenn er sich ausruhen wollte, und daß er vom Morgentau lebte.

Ich muß Emil und Ida versprechen, daß wir über die Berge zum Vogelreservat fahren. Das Hochland unterscheidet sich stark von der Flußlandschaft, auch was die Kultur der Leute betrifft, und ich freue mich darauf, mehr von diesem phantastischen Land kennenzulernen. Wenn nur Nina bald wieder gesund wird!

Ein paar Tage später trägt uns ein kleiner Küstenfrachter 600 Kilometer die Küste entlang, vorbei an der Mündung des Sepik, bis wir zum Anschluß der einzigen Straße gelangen, die die Küste mit dem Hochland verbindet. Nachts kämpft sich das Schiff durch die Dünung des Stillen Ozeans, und der Regen trommelt auf die Planen über den Decksluken, wo wir zu schlafen versuchen. Im Morgendunst legen wir am Kai von Madang an; die Palmen ragen in den grauen Himmel über den niedrigen Häusern der Stadt.

In Madang findet Nina einen Arzt und erfährt, daß sie nicht Malaria, sondern eine Virusinfektion des Gleichgewichtsnervs hat, was in der sumpfigen Ebene öfter vorkommt. Der Arzt hält überhaupt nichts davon, daß Nina Motorrad fahren will, aber sie sagt, sie fühle sich schon viel besser. Wir übernachten in der Feuerwache von Madang bei einem von Kellys Bekannten, und sämtliche Feuerwehrleute winken uns nach, als wir am nächsten Morgen bei strahlendem Sonnenschein losfahren. Jetzt liegt der Highland Highway offen vor uns. Ein paar tausend Kilometer brauchen wir nicht an Schiff oder Flugzeug zu denken.

Drei Tage später fahren wir durch das Waghi-Tal, das mitten im Hochland liegt. Mit den Nadelbäumen und den grünen Bergen erinnert es ein wenig an die Alpen. Wir finden ein Plätzchen mit toller Aussicht und machen Picknick im Gras. Das Besondere an diesem Tal ist jedoch nicht der schöne Anblick, sondern daß Archäologen hier 9000 Jahre alte Felder und Bewässerungskanäle freigelegt haben. Genau wie die Ebene zwischen Euphrat und Tigris ist dieses Tal einer der Orte, wo der Mensch am längsten die Erde bestellt hat. 9000 Jahre sind eine unfaßbar lange Zeit, und der Steinzeit-Bauer bestellte noch immer auf die gleiche Art seine Gärten, als die ersten Europäer das Hochland vor einer Generation entdeckten. 300 Generationen lang lebten die Menschen hier von der übrigen Welt total isoliert...

Abends erreichen wir die Berge von Baiyer River. Unter uns breitet sich das Tal aus, flach wie ein Mondkrater. Einen Augenblick lang verharrt die Sonne auf dem Bergrand, und die Berge werfen ihre Schatten weit über das dunkle Grasmeer. Im Halbdunkel beginnen wir die Abfahrt auf der unbefestigten Straße. Immer wieder tauchen unvorhergesehene Hindernisse auf, Gesteinsbrocken, zusammengestürzte Felsvorsprünge, es ist mörderisch. Doch das Vogelreservat taucht nicht auf, und schließlich müssen wir den Lichtern im Tal nachfahren. Sie gehören zu einer Missionsstation, stellt sich heraus. Hier dürfen wir das Zelt aufschlagen, und als wir warm und gemütlich in den Schlafsäcken liegen, fragt Ida, was eigentlich eine „Vogelreserve" sei, und

*Dieser alte Mann hat sich mit dem Flügel eines Paradiesvogels
geschmückt*

dann möchte sie noch wissen, warum es so weit weg liegt. Das
können wir ihr auch nicht erklären, also folgert sie, daß die Vögel wohl selbst bestimmt haben, wo sie wohnen wollen.

   Am folgenden Morgen finden wir das Reservat ohne große
Mühe. Wir parken die schlammüberspritzten Motorräder vor einem großen, runden Palmendach. Der Hochlanddschungel erstreckt sich zu beiden Seiten des Flusses, und als wir die Sturzhelme absetzen, hören wir die Vögel drinnen in den Bäumen
rufen. Vier Tage und 800 Kilometer sind wir nun schon seit Madang unterwegs. Mit „The Highland Highway" war nicht zu
spaßen gewesen. Die Gegend entlang der Straße war dicht bevölkert, und alle Häuser entlang der Straße waren von Stacheldraht

eingezäunt. Nur auf den Polizeirevieren hatten wir unser Zelt sicher aufschlagen können. Hier sind wir aber weit von der Landstraße entfernt, und alles ist friedlich. Wir sind allein im Dschungel; hier leben nur noch zwei Tierwärter.

Den ganzen Vormittag schlendern wir zwischen den Bäumen langsam von Käfig zu Käfig, einzig von den Geräuschen der Tiere begleitet. Die Vielfalt der Vogelarten auf Neuguinea ist phantastisch, Säugetiere gibt es dafür nur wenige und große Raubtiere überhaupt nicht. Die Paradiesvögel sind wunderschön, obwohl viele zu dieser Jahreszeit nicht ihr beeindruckendes Gefieder angelegt haben. Doch der Anblick einiger frei fliegender Vögel am Fluß ist das allergrößte Erlebnis. Die Vögel sind nur etwa so groß wie Tauben, und das Männchen erstrahlt in einer atemberaubenden Federpracht aus feinen, beinah durchsichtigen Federn in Gelb und Braun. Wenn sie von Ast zu Ast fliegen, sehen sie aus wie kleine, zarte Elfen. Der Kasuar dagegen fasziniert uns auf seine eher trollartige Weise. Der große, gedrungene Straußenvogel ist etwa so groß wie Nina, kohlschwarz und fürchterlich aggressiv, mit einem kleinen, blauen Kopf und einem langen, orangefarbenen Hals. Er schnappt nach uns und kratzt die Erde mit seinen kräftigen Krallen. Ida ist die Situation nicht ganz geheuer, aber sie muß lachen, als ein Schlammspritzer direkt auf meiner Kameralinse landet. Das merkwürdigste an diesem Vogel ist vielleicht seine Stimme: ein gewaltiger Ton, so dumpf, daß das menschliche Ohr ihn kaum wahrnehmen kann. Es ist ein Geräusch, das ich ebenso spüre, wie ich es höre.

In der entferntesten Ecke des Reservats wohnen die Baumkänguruhs. Die kleinen, weichen Tiere liegen ganz still da und genießen die Sonne. Ida streichelt zärtlich die niedlichen Tiere und hat gar keine Lust weiterzugehen. Noch bei der Rieseneidechse vergießt sie Abschiedstränen, schnieft bei den heulenden wilden Hunden und beruhigt sich erst, als sie zusammen mit Emil auf dem Lagerplatz ein Feuer macht. Energisch und verrußt suchen sie nach Blättern und Zweigen, der Rauch steigt auf, und schließlich ist das Teewasser heiß.

Keiner von uns hat Lust, heute noch weiterzufahren, und wir bekommen die Erlaubnis, im Reservat zu übernachten. Morgen wollen wir tiefer in das wilde Gebirge nahe der Grenze nach Irian Jaya hinein. Nach dem Essen kontrollieren Emil und ich einmal gründlich die Ausrüstung. Er putzt den Schlamm von unserer Lagerlampe und bringt sie in Ordnung, so daß sie wieder brennt, und ich versuche unseren Gaskocher zum Leben zu erwecken, aber er hat endgültig den Geist aufgegeben. Ida möchte gern noch mal die Baumkänguruhs besuchen und macht mit Emil ab, daß sie gemeinsam dorthin gehen. Ich zeichne ihnen eine Karte des Reservats auf und gebe ihnen ein wenig Proviant mit. Dann verschwinden sie Hand in Hand mit ihrer Tasche und den Malsachen zwischen den Bäumen.

Ich denke ein wenig über unsere Situation nach. Wir haben keine Ahnung, wie weit wir mit den Motorrädern noch nach Westen vordringen können. Auf jeden Fall muß unsere ganze Ausrüstung perfekt in Ordnung sein, aber im Grunde mache ich mir deswegen keine Sorgen, auch nicht, daß uns das Wasser oder Benzin ausgehen könnte. Das tatsächliche Risiko ist eher ein Unfall, daß wir von der Straße abkommen, stürzen oder vielleicht bei einem Überfall ausgeraubt werden. Dummdreister Übermut wäre fehl am Platze, andererseits ist eine gute Portion Kaltblütigkeit gerade richtig für das Wagnis der nächsten Reiseetappe.

Emil und Ida bleiben lange fort und kommen vergnügt und hungrig nach Hause. Ida erzählt ein bißchen betreten, daß ein Baumkänguruh sie in den Finger gebissen hat, als sie es streicheln wollte, deshalb konnte sie auch nichts malen.

„Aber dann hat Emil ein Känguruh und zwei Vögel für mich gemalt, um mich zu trösten", berichtet sie zufrieden.

Nina hängt unser Mückennetz unter dem Palmendach auf und rollt die Schlafsäcke auf der Erde aus. Bevor wir einschlafen, geben Emil und Ida eine Zirkusvorstellung mit den zwei Leoparden unter dem Netz und den Mücken draußen als eifrigen Zuschauern.

Eine teure Übernachtung
(Nina)

Sobald es hell wird, krabbeln wir aus dem Zelt, das wir auf dem Rasen der Polizeiwache in Wabang aufgebaut hatten. Der Himmel ist immer noch bedeckt, obwohl es kaum mehr regnet. Die Polizeistation, der kleine Rasen und der Parkplatz für die Streifenwagen sind solide eingezäunt, und die Nacht verlief ohne Störung.

Wie alle Männer auf Neuguinea haben auch die Polizisten einen Vollbart, ihre Uniform ist recht ungezwungen: ein kurzärmeliges Hemd und kurze Hosen. Sie haben uns den Schlüssel für die Hintertür geliehen, und als ich zur Toilette gehe, werfe ich einen Blick in ein Büro, wo sich eine Menge Pfeile, Bogen und Speere vom Schreibtisch bis zur Wand stapelt. Das finde ich doch ein wenig sonderbar. Ich frage einen der Polizisten, was das denn sei, und seine Antwort lautet: beschlagnahmte Waffen.

Gestern, als wir das Vogelreservat verließen, fuhren wir über Mount Hagen auf der Hauptstraße hierher nach Wabang. Auf der Polizeistation erklärte uns der Oberwachtmeister, daß es große Probleme hier in der Enga-Provinz gäbe. Es geschehen hier viele Morde, Raubüberfälle und Vergewaltigungen, auch Vergewaltigungen von Kindern. Außerdem sei die Straße nach Mendi über Kandep wegen der Stammeskriege gesperrt. Um bei diesen Kämpfen die Einmischung der Polizei zu verhindern, hätten die Beteiligten einfach die Brücken zerstört, und seit Monaten sei aus diesem Grund die Polizei nicht mehr in diesem Gebiet gewesen.

Unten in der Stadt fragen wir trotzdem noch verschiedene andere Leute, ob sie glauben, daß die Straße nach Kandep wohl befahrbar sei. Wir erhalten jedesmal eine andere Antwort. Offen

gestanden hatten Hjalte und ich uns schon in dem Augenblick
für die Tour entschlossen, als der Oberwachtmeister sagte, daß
wir die Straße aufgrund von Stammeskriegen nicht benutzen
könnten. Es gibt sicherlich genug vernünftige Gründe dafür,
nicht dorthin zu fahren – aber wir hatten einfach große Lust
dazu. Und Lust zu haben bedeutet eine Kraft, die sämtliche ver-
nünftigen Argumente hinwegwischen kann. Ich brenne darauf
dorthin zu kommen, und ich bin felsenfest davon überzeugt, daß
uns nichts passieren wird. Wir selbst tragen keine Waffen, und
sollten wir wirklich angegriffen werden, würden wir Räubern
gegenüber keinen Widerstand leisten. Wir würden niemals einem anderen Menschen etwas antun, um irgendwelche Cam-
pingausrüstung oder Wertgegenstände zu retten, aber wir bewachen sie mit Argusaugen. Hjalte und ich kennen einander gut,
wir wissen, daß wir da einer Meinung sind.

Zu guter Letzt treffen wir noch einen vergnügten Lehrer, der
uns sagt, daß es hinter Kandep nur einen einzigen Fluß gibt, den
wir nicht überqueren können, und diese Nachricht behagt uns
ganz gut. Wir können nun wenigstens bis an den Fluß fahren
und schauen, wie es dort aussieht, und wenn sich ein Weiterkommen wirklich als unmöglich erweisen sollte, dann können
wir ja immer noch umkehren.

Die ersten hundert Kilometer sind das reinste Vergnügen, die
Straße ist gut und trocken, und die wenigen Menschen, denen
wir begegnen, sind freundlich. Sobald wir mal absteigen, um zu
fotografieren, kommen sie auf uns zu und reichen uns die Hand,
offenbar, weil sie meinen, daß weiße Menschen sich so benehm-
men, und wir fühlen uns alle geehrt. Die jungen Mädchen haben
leuchtend orangefarbene Blumenkränze im Haar, und einige
junge Männer tragen *arse-grass*, die traditionelle Männerklei-
dung im Hochland, die nur aus einem Rindengürtel mit einigen
Schnüren vorne und einem Palmenzweig hinten besteht. Ein alter Opa hat sich mit einem blauen Flügel von einem Paradiesvogel geschmückt, und eine junge Frau trägt einen altmodischen,
braunen elektrischen Stecker als Halsschmuck.

Nina hängt ganz schön tief im Dreck

Es zeigt sich, daß Kandep gar keine Stadt ist, sondern nur aus einer Graslandebahn und ein paar Missionarshäusern besteht. Von hier aus geht die Straße weiter über die Berge, und ohne Zeit für den Einkauf von Proviant zu verschwenden, machen wir uns auf den Weg, denn wir wollen ja bloß bis an den Fluß hinunter und mal schauen... Das ist leichter gesagt als getan, denn wir müssen nun in einer Spur mit metertiefen Löchern fahren, in denen das Wasser steht. Auf den Steinen haben die Reifen festen Halt und können uns vorwärtsziehen, an anderen Stellen versinken sie tief im Schlamm. Dann beginnt irgendwo das ganze Motorrad abzusacken, und ich sitze mit meinen Stiefeln so tief im Schlamm, daß ich nicht mehr herauskommen kann. Hjalte stellt seine Maschine ab und eilt mir zu Hilfe – aber meine Maschine bewegt sich keinen Zentimeter. Ich steige aus den Stiefeln und ziehe sie unter Aufbietung all meiner Kräfte aus dem Morast. Hjalte packt den Lenker und gibt Gas, ich schiebe von hinten. Das Hinterrad düst herum, obwohl es bis über die Hälfte im Schlamm steckt, und spritzt eine Matschfontäne empor – mir direkt ins Gesicht und zum großen Vergnügen einiger Anwohner, die herbeigelaufen sind, um sich die Motorräder anzusehen. Die Honda versinkt trotz unserer schweißtreibenden Anstrengungen immer tiefer. Endlich bieten einige Männer ihre Hilfe an: Einer packt die Vorderradgabel, ein anderer schiebt hinten, und gemeinsam ziehen wir die Maschine aus dem Loch. Alle finden das ungeheuer lustig. Immer wieder versinken wir und werden wieder hochgezogen.

Jetzt müssen wir doch bald am Fluß sein! Es ist schon nach zwölf. Nachdem wir uns seit über zwei Stunden abgemüht haben, wollen wir nun nicht wieder umkehren und denselben unmöglichen Weg zurückfahren. Die Fahrspur wird zusehends feuchter, bis wir die Wiesen am Fluß erreichen, der still und schwarz dahinfließt. Der Weg über den Fluß führt über einen überfluteten Steinwall, nur in der Mitte ragt er ein wenig aus dem Wasser heraus. Hjalte sticht als erster „in See", Emil steht bis zu den Oberschenkeln im Fluß und winkt ihn voran. Die Steine auf dem Grund sind groß und glatt, und das Motorrad rutscht immer wieder seitlich ab. Durch die Dampfwolken, die vom heißen Motor aufsteigen, sehe ich Hjalte das Motorrad sicher durch den Fluß steuern.

Ich setze Ida ab, sie ist zu groß geworden, als daß sie auf dem Motorrad sitzen könnte, wenn ich „Motorradakrobatik" mache. Mit aller Kraft versuche ich, das Vorderrad auf dem rechten Kurs zu halten, aber als ich mich auf halber Strecke bei dem verzweifelten Versuch, ein Kentern zu vermeiden, plötzlich mit den Füßen abstütze, füllen sich meine Stiefel mit Wasser und werden so schwer, daß ich die Beine nicht mehr anheben kann. Ida watet allein durch den Fluß und wird herrlich naß bis zum Bauchnabel. Auch ich schaffe es schließlich bis zum anderen Ufer, und jetzt gilt es, nur noch ein wenig auszuhalten, bis wir in Margarima etwas zu essen bekommen – denken wir.

Doch die unbefestigte Schotterstraße läßt auf sich warten. Wir fahren noch immer in einer löchrigen Spur, und ich kann die Augen nicht davor verschließen, daß sie verdächtig unbenutzt aussieht; hier und da ist sie ganz von Gras überwuchert. Wie lange braucht Gras, um zu wachsen? Zwei Jungen springen seitlich aus dem Dickicht; sie lachen schallend und singen „iiii, iiii, iiii“ vor lauter Überraschung. Ihre Stimmen überschlagen sich. Viel haben die Jungen nicht an. Der eine trägt eine Schnur um den Bauch, und vor dem Geschlecht hängt ein gefaltetes Hosenbein von einem Paar aufgetrennter Hosen, die einmal einem Missionar gehört haben müssen. Dem anderen ist es gelungen, ein Stück Telefonkabel zu erwischen, das er als Gürtel trägt, vorne hängt eine halbe Küchengardine. Der Gesichtsausdruck der Jungen zeigt, daß sie gern wüßten, was wir vorhaben. Wir zeigen nach vorn und sagen: „Margarima“, und sie lächeln und nicken und rufen: „Iiii, iiii, iiii.“

Bald führen die Buchtungen des Weges uns weiter weg vom Flußbett, und der Unterboden wird fester. Auf der rechten Seite schrägt die Landschaft zum Fluß hinab, auf der linken Seite wächst eine Steilwand senkrecht empor. Irgend etwas saust mit einem schwirrenden Geräusch an meinem Ohr vorbei. Ich halte an und schaue nach oben. Zwischen dem wilden Zuckerrohr auf dem Hang kniet ein junger Mann, der gerade einen neuen Pfeil einspannt. Ich hatte es doch ein wenig mit der Angst zu tun bekommen, als der Pfeil vorbeisauste, aber es wird wohl nur ein großer Lümmel sein, der sich bemerkbar machen will. Fein sieht er aus, wie er dasitzt, das Gesicht rot und blau angemalt. Ich lächle und habe schon den Lenker losgelassen, um ihm zuzuwinken, als ich plötzlich das Gefühl habe, daß der zweite Pfeil genauer auf mich zielt. Jäh erlischt das Lächeln auf meinen Lippen – ich fahre schnell weiter. Wahrscheinlich lacht er sich halb tot über mich, der Gauner, aber ich war mir nicht ganz sicher. Hjalte und Emil sind schon weit vor mir; es wäre beruhigend gewesen, mit den beiden darüber zu sprechen, aber jetzt kann ich nur eines tun: weiterfahren und sie einholen.

Hier und da liegt eine einsame Bambushütte, nirgendwo entdecken wir ein Dorf, und dennoch tauchen überall Menschen auf. Männer und Jungen schlendern umher, während die Frauen und Mädchen die Rücken krümmen unter der Last ihrer *billums*, der Netztaschen, in denen sie *taro* und *Kau-kau*-Wurzeln tragen. Die Enden der Taschen sind über der Stirn zusammengeknotet, und die sehnigen Frauen falten die Hände im Nacken, um den Kopf zu stützen. Flink schreiten sie auf dem unebenen Pfad voran, ohne zu stolpern. Es gehen immer mehrere zusammen, und ihre farbenprächtigen Netztaschen leuchten auf in der sonst erdfarbenen Umgebung. Die Grasröcke der Frauen bedekken sie nur vorn und hinten in der Mitte; die Spitzen der Gräser haben sie mit Schlamm beschwert, damit sie nicht hochfliegen.

Viele Frauen haben ein Kind an der Brust, auch größere Kinder von zwei Jahren oder mehr. Entweder geht die Mutter mit nacktem Oberkörper, oder aber die eine Brust hängt aus dem Halsausschnitt der Bluse. Unglaublich, wie lang ihre Brüste mit der Zeit werden! Sie alle umgibt ein herber Geruch von Schweiß, Rauch und Erde, wenn sie die schweren Wurzeln von den Feldern heimschleppen.

Mehrmals glauben wir, daß wir falsch gefahren sind, weil der Weg nicht mehr zu sehen ist, und auf dem nassen, glatten Gras ist das Fahren sehr schwierig. Ida hat strahlende Plapperlaune, und ihre vergnügten Geschichten sind eine herrliche Ablenkung beim anstrengenden, nervenaufreibenden Fahren und den Überlegungen, ob ich es lieber über einige große Steine oder über eine lehmige Schräge versuchen soll.

Es wird vier, und es wird fünf, und noch immer kein Anzeichen dafür, daß wir uns der Hauptstraße nähern. Die Landschaft ist dunkel und bedrohlich, der Himmel bewölkt, und es fängt an zu regnen. Als ich von Schlamm und Motorrädern die Nase gestrichen voll habe, halte ich irgendwo an, wo die Leute in meinen Augen freundlich aussehen.

„Du, Hjalte", sage ich, „sollen wir nicht in so einer Bambushütte übernachten?"

„Ja, habe ich auch gerade gedacht", meint Hjalte erleichtert, und durch den strömenden Regen lächeln wir einander an, völlig auf gleicher Wellenlänge.

Wir wissen, daß es zu weit ist, um zurückzufahren, und wir wissen auch, daß wir vor Einbruch der Dunkelheit ein Dach über dem Kopf haben müssen. Es gibt also keine Alternative: Wir müssen irgendwo in einer Hütte übernachten. Ida hält es auch für eine gute Idee, und Emil möchte gern absteigen, damit er an einer Zeichenmaschine, an der er gerade arbeitet, weiterbauen kann. Während wir Lagebesprechung halten, haben sich schon eine Menge Menschen um uns versammelt.

„Can we sleep here somewhere?" fragt Hjalte den ersten besten.

„Yes, yes." Natürlich können wir hier schlafen. Die Menge jubelt, und Kinder aller Größen überstürzen sich, um uns aus nächster Nähe zu begutachten. Aber die Erwachsenen finden die wild johlenden Rangen zu frech und heben Steine von der Erde auf, die sie unter großem Gelächter nach den auseinanderstiebenden Kindern werfen. Eine halbe Minute später stehen sie wieder da, und einer der Männer nimmt einen Stock und vertreibt die Kinderschar, während er sie in einer Sprache, in der jeder Satz mit einem Flüstern anfängt und mit Gebrüll endet, überschüttet. Die Kinder sausen nach allen Seiten davon, und die Erwachsenen lachen sich halb tot, weil nicht jeder der Stockschläge trifft. Ganz schön temperamentvoll, die Leute hier, und was für ein unglaublicher Sinn für Humor.

Sie haben einen Mann namens Amos geholt, der Jeans trägt und ein Hemd und Englisch spricht. Der Onkel von Amos besitzt das Haus oben auf dem Hügel, und Amos will sich erkundigen, ob wir dort schlafen dürfen. Einer der Jungen, die herumstehen, will unbedingt meine Adresse haben. Ich könnte meine Box hinten öffnen und ihm eines unserer Familienfotos mit dem Adressenstempel drauf geben, aber ich habe das Gefühl, daß ich die Box lieber geschlossen halten und ihm nicht den ganzen Inhalt vorführen sollte: den Fotoapparat, die Medizintasche, die Toilettensachen, die Kassetten, den Kassettenrecorder und das Mikrofon. Aber einen Augenblick später sehe ich, daß er Hjalte rumbekommen hat. Gewissenhaft kramt Hjalte im offenen Koffer zwischen Kleidung, Büchern und Fotoapparat herum, um einen Kugelschreiber zu finden. Ich hätte Hjalte warnen sollen ...

Nach einer Weile kommt Amos mit seinem Onkel zurück. Ja, wir können bei ihm übernachten.

Das Haus ist viereckig mit niedrigen Wänden aus geflochtenem Bambus und einem Dach aus Palmenblättern. Amos besteht darauf, daß wir die Motorräder sofort ganz bis ans Haus fahren, und unter großem Hallo zieht Hjalte seine Maschine über eine kleine, schräge Brücke aus Holzstämmen, während ganze Scharen von Männern und Kindern hinten schieben. Das Haus ist von einem Palisadenzaun umgeben, und Amos zieht zwei spitze Pfähle aus der Erde, damit Hjalte das Motorrad durchschieben und über einen weiteren Graben rollen kann. Der nackte Lehmhügel, der sich vom Haus bis zum Zaun erstreckt, ist durch den Regen so glatt, daß Hjalte notgedrungen die Stiefel ausziehen muß, um mit den Zehen Halt zu finden. Es gibt keine Fenster im Haus, nur eine kleine, niedere Tür. Ich krieche in die Dunkelheit hinein, sehe nur die Glut der Feuerstelle auf dem Fußboden. Ich stapele das Gepäck in einer Ecke hinter der Tür.

Vergeblich versucht Amos, die Neugierigen wegzuscheuchen; mit den Füßen schleudert er Schlamm nach den Kindern, mit einem glühenden Stück Holz von der Feuerstelle jagt er die Nachbarn hinter die Palisade und steckt die Pfähle wieder in die Erde. Aber es dauert nicht lange, da haben sie sich wieder durchgedrängelt. Hjalte hat die Motorräder abgeschlossen und kommt mit Ida herein. Amos versucht, die Tür zu schließen, aber sie wird ständig von irgendwelchen Leuten aufgeschoben, die uns anschauen wollen. Die Frauen, die erst jetzt vom Feld zurückgekommen sind, möchten auch gern sehen, wer da im Haus ist, und zusammen mit dem Quietschen der Tür ist von draußen das ununterbrochene Kichern zu hören.

Ich schlage einen Spaziergang vor, damit wir die Leute begrüßen und ihnen die Möglichkeit geben können, zu sehen, wer wir sind. Es regnet kaum noch, als wir losgehen und den Hang hinunterrutschen, während Amos fünf oder sechs Männer hinausjagt, von denen wir angenommen hatten, daß sie seine Freunde seien, und ein solides Vorhängeschloß an die Tür hängt. Er wagt offenbar nicht, jemanden allein im Haus zurückzulassen.

Ich würde gern eine Runde durch Andokoe, wie das Dorf heißt, machen – die Häuser müssen hinter den Hügeln liegen –, aber Amos hält nicht viel von seinen Nachbarn. „Es sind schlechte Menschen", sagt er. Statt dessen gehen wir weiter die Straße entlang, bis wir an eine Stelle kommen, wo die Erde vor kurzem umgegraben wurde.

„Das sind Gräber", erklärt Amos. „Zwei Männer wurden hier vor einem Monat von Männern aus dem Nachbardorf getötet; den einen traf ein Pfeil ins Auge, und der andere starb an einem Pfeil im Hals." Kein Grabstein oder sonstiger Schmuck verrät, daß es Gräber sind.

Amos zeigt vom Weg hinunter auf einen kleinen See mit dunklen Wasserpflanzen am Ufer. „Manchmal färbt sich der See rot", sagt er, „das bedeutet, daß es Krieg geben wird. Dann opfern wir dem See vielleicht ein Schwein, auf jeden Fall ein Stück Fleisch."

Der Regen nimmt wieder zu, und wir gehen mit der ganzen Menschenmenge hinter uns zum Haus zurück.

Eine Hand zupft vorsichtig an meiner Windjacke, und ein Junge, der eine Briefmarke mitten auf der Stirn kleben hat, sieht mich mit erwartungsvollen Augen an.

„Wo kommt ihr her?" fragt er auf englisch.

„Wir kommen aus einem Land, das Dänemark heißt", antworte ich, und er erklärt den anderen Kindern, daß wir „von weit her" kommen. Der Junge heißt Ipai und ist vierzehn Jahre alt, obwohl er jünger aussieht. Er geht in die *Community*-Schule in der Nähe von Margarima und ist jetzt nur in den Weihnachtsferien zu Hause.

„Wo liegt euer Dorf?" fragt er nun und möchte eine ganz genaue Antwort haben.

„Mein Dorf liegt auf der anderen Seite der Erde", antworte ich und fühle mich etwas hilflos.

„Seid ihr dann den ganzen Weg gefahren?"

„Nein, erst sind wir mit dem Zug gefahren, dann mit einem Flugzeug geflogen, dann sind wir eine Weile selber gefahren, danach ging's mit einem Schiff weiter und anschließend mit einem Flugzeug, und jetzt sind wir hier."

Er sieht mich mit derartiger Bewunderung an, als sei ihm ein übernatürliches Wesen begegnet. Die häßliche Briefmarke, die er an der Stirn kleben hatte, ist glücklicherweise abgefallen. Als wir an einem Schuppen am Wegrand vorbeikommen, erzählt Amos, daß sein Vater auch einmal so einen Laden gehabt hat, daß jemand sich aber mit dem ganzen Geld davongemacht hat, und nun besitzt er gar nichts mehr.

Einige Typen schlendern mit ihren Wertgegenständen umher. Sie müssen sie wohl immer bei sich haben, damit sie nicht gestohlen werden, und stolz zeigen sie uns, daß sie ein Kofferradio, eine Gitarre oder ein deutsches Fernglas besitzen. Der eine hat ein X über das ganze Gesicht gemalt und zwei der dadurch entstandenen Dreiecke tiefschwarz gefärbt. Ein anderer hat sich die Haare mit langen, schwankenden Grashalmen geschmückt. Eine grüne Tischdecke schaut als Lendenschurz unter einem karierten Hemd hervor, und ein lila Laken ist als Cape in Falten gelegt.

Ipai zieht mich am Arm. „Komm weiter!" Er friert, denn er hat keine Hose und nur ein zerlumptes T-Shirt an – und das bei zwölf Grad. Also beeilen wir uns.

Es ist ein lustiger Anblick, wie alle Jungen im Regen nach Hause laufen, ihr *arse-grass* sieht wie ein kleiner Wald aus, der auf und nieder hüpft, und sie jodeln dem Regen *„iiiä, iiiä, iiiä"* entgegen.

Stolz zeigen die Männer ihre Kostbarkeiten her

Ich finde, daß sich im Dunkel der Hütte schrecklich viele Leute um das Feuer setzen, das Amos mit Hilfe einiger trockener Zweige auflodern läßt. Eine dicke Staubschicht und verwelkte Blätter bedecken den Fußboden, und wir alle husten wegen des qualmenden Rauches. Aber es herrscht eine lustige Stimmung. Die Worte springen wie Funken über das Feuer, während draußen der Regen auf das Grasdach trommelt und fast die Stimmen übertönt. Ich sitze zusammen mit Ipai, Emil und Ida neben einigen Frauen, die mit hereingehuscht sind. Auf der anderen Seite des Feuers erkenne ich schwach Hjalte zwischen Amos und vier anderen Männern. Einer der Männer klimpert auf seiner Gitarre, die nur drei Saiten hat, und ein Jodeln aus der Ferne vermischt sich mit dem Geräusch meines knurrenden Magens.

„Können wir hier etwas zu essen kaufen?" frage ich.

„Ja, aber im Dorf gibt es nur Kartoffeln." Nach einer heftigen

Diskussion schickt Amos die beiden Frauen in den Regen hinaus.

„Sollen wir ihnen Geld mitgeben?"

„Nein", sagt Amos, „ihr bezahlt, wenn das Essen kommt."

Emil hat sich seinen Lego-Sack geholt. Er sitzt drüben in der Ecke und klimpert mit den Steinen. Um etwas sehen zu können, hat er seine Stirnlampe herausgekramt. Die Männer bewundern sie, und einer von ihnen fragt, ob er sie haben kann.

„Lieber nicht", antwortet Hjalte. „Wir brauchen sie selber." Es war ein Geburtstagsgeschenk für Emil.

Fünf Männer wollen im Haus zusammen mit uns schlafen und auf unsere Sachen aufpassen. Sie meinen, daß jemand versuchen werde, unsere Motorräder zu stehlen.

„Sind es Leute aus diesem Dorf?" fragt Hjalte.

„Ja, es sind einige Ganoven von hier", sagt Amos. „Sie haben die Motorräder gesehen, und jetzt haben sie mit ihren Geheimzeichen ihre Verschworenen aus den umliegenden Dörfern herbeigerufen – sie werden heute nacht kommen. Das Problem ist nur, daß du nicht die ganze Nacht auf dem Motorrad sitzen kannst, denn auf das Motorrad werden sie es als erstes abgesehen haben. Aber wenn jemand die Motorräder anfaßt, schlage ich ihn tot", sagt Amos.

In meinen Ohren klingt das alles etwas übertrieben – wir haben die Hondas ja direkt vor dem Haus geparkt. Trotzdem gehe ich zur Sicherheit unter den verschiedensten Vorwänden immer wieder hinaus und nehme dann jedesmal einige Dinge aus dem Gepäck unauffällig mit. Ich möchte weder den Männern draußen noch drinnen zeigen, was sich zu stehlen lohnen würde, und vor allen Dingen will ich ihnen nicht zeigen, daß ich Angst habe.

Amos fragt Hjalte nochmals, ob er auch wirklich nichts mehr draußen auf den Motorrädern gelassen hat.

Hjalte nimmt die Warnung der Männer nicht so ernst. Der Koffer hinten ist abgeschlossen, und die Motorräder können sie sich nicht einfach unter die Nägel reißen; sie sind mit dem überdimensionalen amerikanischen Kettenschloß zusammengeschlossen.

„Nein, draußen ist nichts mehr, nur die Motorräder", sagt Hjalte. In Wirklichkeit hat Hjalte es auch nicht für so angebracht gehalten, mit den Fotoapparaten durch die Gegend zu laufen, und hat deshalb einen Teil der Fotoausrüstung draußen gelassen.

In mir wächst das Unbehagen, so viel Besitz verteidigen zu müssen, und langsam begreife ich, daß das ganze Unternehmen doch vielleicht gefährlich werden könnte.

Als die Frauen mit den Kartoffeln immer noch nicht zurückkommen, hole ich schließlich eine Tüte Reis aus der Küchentasche. Das Feuerzeug brauche ich auch noch, denn das Feuer ist schon wieder ausgegangen. Ich stehe über die Tasche gebückt und fühle, wie Augen durch das Dunkel alles, was ich hervorhole, einzeln abtasten: Salz, Teller, Tassen, Löffel, Dosenöffner – was schleppen wir bloß alles mit uns herum!

„Ich muß mal", sagt Ida.

Und wo ist jetzt die Stirnlampe geblieben? Der Besitzer des Hauses, Ipais Vater, hat sie zuletzt gehabt, und nun ist sie verschwunden, ohne daß wir es gemerkt haben.

„Vielleicht hat er sie nur ausgeliehen", meint Amos. Wir suchen noch, als der Onkel zurückkommt und nichts von der Lampe zu wissen vorgibt. „Vielleicht finden wir sie morgen", sagt Amos beschwichtigend.

Aber wir sind ziemlich sicher, in welcher Richtung sie verschwunden ist, und die Situation ist uns etwas unangenehm. Wir fühlen uns seinetwegen peinlich berührt: der Älteste des Hauses. Aber die Stirnlampe ist und bleibt verschwunden. Vielleicht haben sie sie hier nötiger, denke ich großzügig und leihe Ipai Emils Regenmantel, bevor er mit Ida nach draußen geht. Das Wasser läuft nur so an ihnen herunter, als sie zurückkommen, und sie sind bis zu den Knien voll Schlamm. Mit Hilfe der trockenen Blätter auf dem Fußboden helfe ich Ida, den Lehm zwischen den Zehen zu entfernen. Ipai friert und darf Emils Regenmantel anbehalten.

Hjalte reicht einem der Männer das Feuerzeug, das Feuer wird erneut entfacht, der Kochtopf aufgesetzt, und der Rauch füllt wieder den Raum, bevor er durch das nasse Grasdach abzieht. Während der Reis kocht, schenken Emil und Ida ihrem neuen Freund Ipai ein kleines Lego-Set und lassen ihn auch mit ihren eigenen Bausteinen spielen. Emil sitzt an seiner soliden Zeichenmaschine, die er gerade konstruiert, und kümmert sich nicht viel um Ipai, der mit seinen Lego-Steinen bald in arge Schwierigkeiten gerät, weil sie nicht zusammenhängen wollen. Er sieht schon ganz traurig aus. Zum Glück habe ich einen roten und einen grünen Luftballon in der Tasche, die ich ihm schnell schenke. Die Freude ist so groß, daß er ganz glänzende Augen bekommt.

Der Reis ist endlich gar. Natürlich wollen wir mit allen anderen im Haus teilen, und wir holen auch noch eine Viertelflasche Tomatenketchup hervor. Nach dänischer Sitte lassen wir die anderen erst nehmen, aber dänische Bescheidenheit ist ihnen fremd: Jeder nimmt soviel wie möglich. Für uns sind bald nur noch wenige Reiskörner übrig – dabei haben wir seit dem Frühstück heute früh auf dem Rasen der Polizeiwache in Wabang nichts mehr gegessen!

Die Männer mampfen und schmatzen, während sie lauthals über das Festessen diskutieren. Die meisten von ihnen haben noch nie Reis geschmeckt. Es ist „feines" Essen, sagen sie, und nur Amos kennt es, weil er einmal ein halbes Jahr bei seinem Bruder in Madang gewohnt hat.

„Vielleicht habt ihr ihn gesehen", sagt er. „Sein Auto heißt Kumbai Taxi, und er ist groß und dunkel und hat einen Vollbart!" Wenn das nicht eine genaue Beschreibung ist...

Nachdem Amos mit der Schule fertig war, wohnte er bei diesem Bruder, konnte aber keine Arbeit finden und mußte schließlich ins Dorf zurückkehren. Jetzt sitzt er hier mit seinen blauen Jeans und dem karierten Hemd, dem einzigen, was er hat, und ist bitter. Bitter, weil er die Welt da außen für einen kurzen Augenblick erblickt hat, sie aber nicht erreichen kann, und bitter, weil sein Vater, der einmal einen Kaufladen besessen hatte, jetzt nicht einmal das Geld aufbringen kann, ihm eine Frau zu kaufen. Einige Männer haben mehrere Frauen, andere müssen ein Leben lang ohne Frau auskommen, so ist es nun einmal.

Es klopft an der Tür. Die Frauen sind mit einem Topf gekochter Kartoffeln zurückgekommen. Es dauerte so lange, weil sie erst aufs Feld mußten, um die Kartoffeln auszugraben, und dann dauerte es auch seine Zeit, das Feuer anzumachen und die Kartoffeln zum Kochen zu bringen. Es reicht gerade für eine einzige Kartoffel für uns vier, für die anderen gibt es zwei. Wir trösten uns damit, daß sie Hunger haben müssen – mehr Hunger als wir. Wir können doch wohl einen Tag lang aushalten, womit sie ein ganzes Leben fertig werden müssen! Emil macht Wasserkakao in unserem Topf.

„Ist das Kaffee?" fragt Ipais Vater.

„Nein, es stammt von einer anderen Pflanze, die hier in eurem Land wächst, unten an der Küste", klärt Hjalte ihn auf. Es schmeckt allen, und sie hätten gern noch eine Tasse und noch eine... und wir mischen, bis kein Kakao mehr da ist.

„Wollt ihr auch mal Kaffee probieren?" fragt Hjalte. Wir haben gerade noch so viel, daß es für eine kleine Tasse für jeden reichen müßte. Sie rühren ordentlich Zucker hinein und kosten nachdenklich. Doch, auch das schmeckt! Und weil wir gerade dabei sind, machen wir noch Tee.

Als der letzte Schluck Tee getrunken ist, bereiten wir uns für die Nacht vor. Es ist so gedacht, daß wir in einem kleinen Raum hinter einer Bambuswand schlafen sollen. Die Pritsche ist natürlich viel zu kurz für Hjalte, der sich zu den Männern ans Feuer legt, wo er seinen Schlafsack im Staub zwischen den Blättern ausrollt. Die anderen haben nur ihr *arse-grass* und die Netztaschen – das kann nicht viel Wärme spenden. Unser Geld und die Pässe habe ich in einer Tasche, die innen am Gürtel der Hose befestigt ist. Also lege ich mich hin, ohne mich auszuziehen, und friere trotzdem. Die Kinder schlafen schon auf dem schmalen Bett.

Draußen grollt der Donner, und der Regen rauscht wie ein Wasserfall. Irgend etwas raschelt hinten an der Wand – ich halte den Atem an und wage nicht, mich zu bewegen. Ich habe Angst.

Ob uns wirklich jemand erschlagen könnte, nur um an unsere Sachen zu kommen? Die Kinder liegen dicht an mich geschmiegt; sehen kann ich sie nicht, nur ihre kleinen Körper spüren. Ich habe Schuldgefühle den Kindern gegenüber, die ihren Eltern so felsenfest vertrauen.

Als ich gewagt habe, das Schlimmste zu denken, wird die Angst weniger. Es ist sowieso zu spät, um irgend etwas zu ändern. Uns bleibt jetzt nichts anderes mehr übrig, als den Leuten zu vertrauen, bei denen wir wohnen. Wieder raschelt es an der Wand . . ., es ist sicherlich nur eine Maus.

Kurz darauf ist draußen irgendwas los, ich höre eine Tür schlagen und Ipais Stimme vor dem Haus. Schnell stehe ich auf, gerade als der Junge mit regenüberströmtem Gesicht wieder hereinkommt.

„Die weiße Box ist aufgebrochen", flüstert er. „Ich habe nicht gewagt, näher ran zu gehen. Wenn sie mich gefangen hätten, hätten sie mich getötet und in den See geworfen." In seiner Stimme klingt der Stolz darüber mit, bald ein erwachsener Mann zu sein, der sich gegen Feinde und Räuber verteidigen kann. Die Männer, die auf unsere Sachen hätten aufpassen sollen, waren eingeschlafen, und auf leisen Sohlen hatten sich die Diebe herangeschlichen und hatten meine weiße Box aufgebrochen.

„Es ist halb so schlimm", sage ich, „es waren nur ein paar vollgeknipste Filme, eine Kassette und einige Kleidungsstücke drin."

Die Männer, die endlich aufgewacht sind, entfachen das Feuer, so daß wir ein wenig Licht bekommen, aber die Stimmung bleibt trotzdem angespannt.

Ipai kommt von draußen hereingeschlichen und berichtet, daß nicht weit von hier eine Gruppe von Männern auf der Lauer liegt, um später den Diebstahl fortzusetzen. „Ich konnte nicht erkennen, wer es war, aber ich habe gehört, was sie sagten."

Wir horchen in die Dunkelheit hinaus, die Kinder schlafen unruhig und husten und kratzen sich im Schlaf. Die Männer nicken am verlöschenden Feuer bald wieder ein. Doch Hjalte und ich werden wach bleiben . . .

Durch das Rauschen des Regens höre ich plötzlich das Knirschen der Tür. Hjalte und ich schrecken aus dem Schlaf auf, der uns doch übermannt hat.

Es ist Ipai. „Als das Feuer ausgegangen war und ihr wieder eingeschlafen seid, bin ich nach draußen geschlichen und habe mich versteckt", berichtet er flüsternd. „Kurz darauf schlichen sich auch die Männer wieder an die Motorräder heran. Sie hatten schon den Schraubenzieher unter den Deckel der anderen Box angesetzt, als ich Steine nach ihnen warf, und da sind sie davongelaufen." Voller Stolz strahlt er uns mit seinen glänzenden Augen an.

Wie der Blitz ist Hjalte draußen, um die Fotoausrüstung zu holen. Nur Ipais Geistesgegenwart und Mut hat sie gerettet. Wie hatten wir nur wieder einschlafen können! Ich hole Emils Joggingpullover heraus, den ich Ipai schenke. Und wie er sich freut!

Drinnen auf dem harten Bett fängt Ida zu weinen an – sie hat in den Schlafsack gepischert. Emil schläft noch als einziger im ganzen Haus. Ich glaube, nicht einmal ein Erdbeben würde ihn aus dem Schlaf reißen. Ich trage Ida ans Feuer und stecke sie in meinen eigenen Schlafsack, worauf sie sich zufrieden mit dem Kopf in meinen Schoß kuschelt . . ., ich werde heute nacht sowieso keinen Schlaf mehr finden.

Endlich singen die ersten Vögel, der Regen läßt nach, der Tag bricht an.

Ganz unten in der Küchentasche liegen noch zwei Tüten Reis, die ich Amos gebe. Ich bitte ihn, die eine zum Frühstück zu kochen, die andere kann er fürs Mittagessen behalten. Die Stirnlampe ist nicht wieder aufgetaucht, und das Feuerzeug steckt noch immer in derselben Tasche, in der es gestern verschwunden ist. Wir taumeln im dunklen Haus umher und versuchen unsere Sachen zusammenzusuchen. Wir wollen so schnell wie möglich los.

Amos hätte gern, daß wir ihn und die vier anderen Männer fürs Wachehalten bezahlen. „Ja", sagte Hjalte, „wenn wir abfahrbereit sind." Ohne erkennbaren Grund habe ich auf einmal das Gefühl, mich plötzlich umdrehen zu müssen. Einer der Männer sitzt mit Hjaltes Fotoapparat im Schoß! Er lacht versöhnlich und hält ihn vors Auge. Es ist einfach unglaublich, wie schnell und lautlos die sonst so lärmenden Menschen sein können und wie die Kamera aus der Tasche in der Ecke beim Mann am Feuer gelandet ist – es grenzt beinahe an Hexerei.

Hjalte hat die Motorräder hinunter an die Straße gerollt. Ich stehe oben im Haus und passe auf, während er das Gepäck zu den Motorrädern transportiert, wo Emil Wache hält. Doch bald herrscht völliges Chaos, weil viel zu viele mit anfassen wollen, und die Hilfe abzulehnen ist so gut wie unmöglich. Unten auf der Wiese kommt Ipai mit unseren Gepäckriemen angelaufen, die er aus den Klauen eines Diebes gerettet hat. Ipai ist ein waches Kerlchen, mitten in dieser Hölle der Unsicherheit hat er ein Herz aus Gold. Auch Amos' und Ipais Vater und die anderen Männer im Haus sind freundlich gewesen, wenn auch etwas halbherzig – aber was will man hier verlangen, wo jeder sich selbst der Nächste ist...

Endlich sitzt das Gepäck, wo es soll, und wir sind abfahrbereit. Aber wo ist jetzt die Tanktasche für mein Motorrad, Idas blauer Rucksack? Ein paar junge Typen rennen weg und sind schon hinter dem Hügel verschwunden. Eine Minute später kommen sie dahergeschlendert, ein freches Lächeln auf den Lippen. Was denn für ein Rucksack? Nein, davon wissen sie nichts. Und wo sind die Jacken der Kinder? Auch weg! Jetzt wird es uns langsam doch zu bunt. Wir sind ziemlich vor den Kopf gestoßen und geben Amos 10 *kina*, das sind ungefähr 35 DM, mehr als reichlich für solch eine Übernachtung. Er sieht uns trotzdem enttäuscht an.

Ipai begleitet uns noch ein Stück. „Kann ich nicht mit euch in euer Dorf kommen?" fragt er mich zutraulich.

Der Gedanke war mir auch schon gekommen, denn er ist ein außergewöhnlich lieber Junge, intelligent und phantasievoll. Soll er wirklich den Rest seines Lebens hier im Schlamm sitzen, ohne Gelegenheit, seine Talente zu entfalten? Doch ist in Dänemark denn alles in Ordnung? Würde er da glücklich werden? Und dann ist Papua-Neuguinea ein Land im Umschwung, das Leute wie ihn dringend braucht!

„Nein, Ipai, du mußt hierbleiben und fleißig zur Schule gehen. Du bist wichtig für dein Land . . ."

Bevor sich unsere Wege trennen, schenken wir ihm ein Paar Strümpfe, die er nachts anhaben kann, und einen Umschlag mit unserer Adresse. Ich verspreche ihm, einen Regenmantel und mehr Ballons zu schicken.

Ein Dorf auf dem Kriegspfad
(Hjalte)

Ich bin müde nach der Nacht, habe immerhin nur ein paar Stunden – leicht und unruhig – geschlafen. Immer wieder gehe ich unseren Besuch in Andokoe durch, überlege mir, ob wir irgend etwas mißverstanden oder falsch gemacht haben. Natürlich ist ein Grund für unsere Erfahrungen dort, daß wir mehr irdisches Gut mitbringen, als es vermutlich in dem ganzen Dorf dort oben gibt. Doch es ist beunruhigend, wie wenig ich die Leute einschätzen kann und wie wenig ich Amos' Warnung vor den Räubern ernst genommen habe. Ipais Mut und Geistesgegenwart hat die Typen verjagt, aber wie weit werden solche Leute gehen, um an unsere Sachen ranzukommen? Beunruhigt überlege ich zum ersten Mal auf dieser Reise, ob auch wir selber und nicht nur unsere Sachen in Gefahr sind.

Wir kommen immer wieder an kleinen Grashütten oder *Kaukau*-Feldern vorbei, und manchmal begegnen uns Menschen am Wegesrand, barfüßige, starke Männer in erdfarbener Kleidung, abgelegte Sachen von Missionaren. Heute morgen hatten Nina und ich uns entschieden weiterzufahren. Solange wir vorwärtskommen können, denken wir nicht ernsthaft ans Umkehren. Wir wagen noch ein weiteres Kapitel vom Abenteuer, die Rückkehr wäre schließlich auch nicht weniger risikoreich. Amos hatte mir heute morgen noch den Weg erklärt, und ich habe keine Angst, daß wir uns verirren. Dagegen mache ich mir ernsthaft Sorgen, daß wir so langsam vorankommen und dadurch zu einer weiteren Übernachtung in den Bergen gezwungen werden.

In einer Kurve teilt sich die Spur: Eine führt an dem See entlang, die andere klettert die Berge hinauf. Wir fragen einen Mann vor einem kleinen Blechschuppen, ob der Weg über die Berge nach Margarima führt. Mit ein paar ungeduldigen Bewegungen nickt er und winkt uns weiter. Schnell steigt die Spur an, und ich hoffe, daß sie etwas weniger schlammig sein wird als die am Seeufer. Während das Hinterrad sich abmüht, arbeiten Emils und meine Muskeln, um das Vorderrad in die richtige Richtung durch die Löcher zu lenken.

Auf dem zweiten Hang muß ich auf halber Strecke anhalten. Was ist das denn? Emil springt ab und begutachtet die drei Baumstämme, die als einziges von der kleinen Brücke über die Kluft noch übriggeblieben sind. Der Rest ist vermodert, ins Wasser gefallen. Der Abstand zur anderen Seite ist nicht groß, vielleicht drei Meter, und der Bach sieht auch nicht tief aus, aber nie im Leben schaffe ich es, die Honda durch den Bach und auf der anderen Seite wieder hochzubekommen. Nina hat Ida abgesetzt, und zusammen mit Emil tasten sie sich über den schmalen Steg. Ich starte das Motorrad und fahre ganz vorsichtig auf dem wakkeligen Holz hinüber. Drei Augenpaare folgen mir, und wir atmen alle vier erleichtert auf, als erst mein und kurz darauf auch Ninas Motorrad wohlbehalten auf der anderen Seite angelangt ist. Dann sehen wir einander an.

Ich bin ein wenig erschrocken. Wir müssen falsch informiert worden sein. Die lange Brücke gestern sollte angeblich die schwierigste auf der Strecke nach Margarima sein – aber diese kleine, zerstörte Brücke hier ist der Beweis dafür, daß das nicht stimmt. Was erwartet uns? Wieder fängt ein kleiner Zweifel in mir an zu nagen. Sollten wir uns in etwas gestürzt haben, das wir nicht zu Ende bringen können? Nina startet ihre Honda und setzt Ida vor sich aufs Motorrad. Sie scheint jedenfalls nicht den Mut verloren zu haben.

Vor uns am Himmel warten Wolken, schwarz und schwer. Gras und Unkraut wuchern über die Spur, die nie etwas anderes gewesen sein kann als eine notdürftige, in den weichen, gelben Lehm geschnittene Verbindung über die Berge. Dort, wo das Wasser schon seit Tagen steht, ist der Schlamm manchmal bis zu einem halben Meter tief. Ich meide die untere Hälfte der Spur und fahre lieber am Hang, wo die Erde ein wenig trockener ist. Der Kilometerzähler zeigt, daß wir, wenn auch langsam, Kilometer für Kilometer hinter uns lassen. Der Weg steigt höher und höher, hier und da müssen die riesigen grasbedeckten Hänge dem Wald weichen, und wo die nackten Felsen vorherrschen, verschwindet auch der Wald. Hügel folgt auf Hügel, Kurve auf Kurve, wir fahren langsam und vorsichtig. Solange es nicht regnet, geht es gut voran. Ich halte oberhalb eines weiten Hanges an – vor mir liegt ein breiter Sumpf. Auch Nina hat angehalten und sucht nach der Fortsetzung der Spur, die scheinbar im Nichts endet. Dann entdecke ich zwei Grashütten, die von einem hohen, spitzen Palisadenzaun umgeben sind. Ein Mann, mit einem Gürtel aus Weidenzweigen und *arse-grass* bekleidet, tritt heraus. Seine Axt reflektiert einen Sonnenstrahl. Ich steige vom Motorrad, gehe zu ihm hinüber und begrüße ihn. Er betrachtet uns mit einer Mischung aus Schreck und Verwunderung.

„Margarima?" frage ich.

Schweigend zeigt er mit der Axt in Richtung Sumpf, eine braune Fläche aus Schilf und verwehten Büschen. Doch daneben entdecke ich nun einen Pfad, der nach rechts zum Sumpf hin abbiegt und an dem wir vorbeigefahren sein müssen. Der Mann ist schon wieder hinter seinem Zaun verschwunden. Ich betrachte mit wachsendem Mißfallen die großen Steinbrocken, die in den scharfen Kurven liegen, bevor der Pfad sich wieder im Schilf und in den Büschen verliert. Wir arbeiten uns zwischen den Steinen hindurch, danach ist zwar ein Weg durch das Schilf geschlagen, aber er steht unter Wasser.

Keine sehr angenehme Brücke für einen Motorradfahrer

Große Büsche säumen die Spur, und etwas weiter vorn taucht unser Weg immer wieder als kleine Insel auf. Ich bitte Emil, vorauszugehen, damit wir sehen können, wie tief der Weg im Wasser liegt. Er zieht Stiefel und Hosen aus, und mit seiner Unterwasserkamera über der Schulter watet er vorsichtig ins stille, schwarze Wasser. Als er das erste trockene Fleckchen Erde erreicht, ruft er, daß wir es leicht schaffen können, das Wasser sei nicht so tief, und auf dem Boden liegen Steine. Ida watet auch schnell zu ihm hinüber. Sie winken uns zu und finden es lustig, wie mühsam wir die Motorräder durch das Wasser fahren müssen. Wir haben trotz der glatten Steine recht guten Halt. Das Wasser schäumt über die Räder und umzischt den Motor, doch wir kommen gut voran. Emil und Ida sind die Lotsen, und wir Erwachsene folgen ihren Anweisungen. Nach der letzten Wasserstelle windet sich die Spur die Hügel hinauf und verschwindet hinter einem Abhang.

Die Kinder ziehen gerade ihre Stiefel an, als ich plötzlich eine Reihe dunkler Gestalten über dem Abhang auftauchen sehe. Blitzschnell sind sie wieder verschwunden. Ich habe Herzklopfen, das Adrenalin saust durch das Blut, ich spüre es in der Magengegend und bis in die Beine hinunter. Ich habe nichts gehört, wir sind mit dem Rascheln des Schilfs und dem Heulen des Windes allein. Einen Augenblick lang kommen mir Zweifel, ob ich wirklich jemanden gesehen habe – dort oben ist alles ruhig und friedlich. Aber nein, ich *habe* jemanden gesehen! Wollen sie nicht entdeckt werden? Oder haben sie sich hinter dem Hügel in den Hinterhalt gelegt?

„Sie können unmöglich gewußt haben, daß wir kommen würden", sagt Nina und startet das Motorrad. „Auf uns haben sie also bestimmt nicht gewartet."

„Aber warum haben sie sich dann versteckt?"

Die Luft ist spannungsgeladen, ich fühle, daß Blicke im Verborgenen jede unserer Bewegungen verfolgen. Einen Moment lang fühle ich mich ganz erdrückt von dem Vertrauen, das Emil und Ida uns zeigen, ein Vertrauen, das sie völlig furchtlos macht. Ich treibe die Kinder zur Eile an. Es darf ihnen nichts passieren. Sie klettern schnell auf die Motorräder, Nina legt den Gang ein, und während das schlammige Wasser von den Hondas trieft, rollen wir unendlich langsam die Spur entlang dem Hang entgegen.

Zwei Männer versperren die Spur. Ein langer Pfeil liegt schußbereit auf dem Bogen. Die eine Fratze ist kohlrabenschwarz mit roten Augen, die andere blau. Wir halten sofort an, und ich begrüße die beiden höflich. Der Mann mit dem blauen Gesicht packt den Lenker und fragt, wohin wir wollen, während der Schwarze den Pfeil ein wenig senkt.

„Margarima", antworte ich, und wir mustern einander wachsam. Der Mann mit dem blauen Gesicht trägt ein zerlumptes Hemd und ein Paar alter kurzer Hosen; die Hand, die unseren Lenker hält, weiß, was sie will. Er trägt eine Armbanduhr. Abgesehen vom Weidengürtel und seinem *arse-grass* ist der zweite nackt, der Vollbart mit Kohle und Fett eingerieben, und unter den Augen hat er sich blutrot bemalt. Sein Blick unter den gespreizten Federn in den Haaren ist wild. Die beiden Männer versuchen vermutlich zu begreifen, wer wir sind und was wir hier auf dem Weg nach Margarima zu suchen haben, und ich bin davon überzeugt, daß sie zu dem Schluß kommen, daß diese Fremden verrückt, aber ungefährlich sind. Während der Blauangemalte unsere Motorräder in Augenschein nimmt, späht der Schwarze ununterbrochen über die Hügel.

Lange Augenblicke verstreichen. Emil streckt eine Hand aus und macht den Motor aus. Wir stellen ganz offensichtlich keine Bedrohung für sie dar... Der schwarze Mann nimmt den Pfeil vom Bogen, der blaue läßt den Lenker los und nickt fast unmerklich. Wie hervorgezaubert springt eine ganze Schar von Stammeskriegern aus dem Gras. Plötzlich sind wir von zwanzig Männern umringt, die uns unter Rufen und Schreien begutachten. Sie alle sind mit Pfeil und Bogen bewaffnet, alle sind unterschiedlich bemalt in kriegerischem Rot, Schwarz, Blau und Gelb. Ida starrt sie neugierig an.

Betont sachlich frage ich, was sie von uns wollen. Der Blick des blauen Mannes tastet mich ab, und dann antwortet er, daß sie unterwegs seien, um sich an einem Dorf zu rächen, um *„pay back* zu machen". Er zeigt dabei auf die Berge in der Richtung, die auch wir vor uns haben. Emil streckt eine Hand aus, um seinen Pfeil zu testen. Er ist buchstäblich pfeilspitz, und schaudernd zieht Emil die Hand wieder zu sich. Das blaugemalte Gesicht des Mannes leuchtet in einem kurzen Lachen auf, offenbar kann er sich Emils Gedanken vorstellen. Die Männer werfen noch ein letztes Mal forschende Blicke über die Hügel und unterhalten sich dann lebhaft über uns.

Plötzlich sind wir von einer Schar Stammeskrieger umringt

Ein Mann mit rotbemaltem Gesicht versucht mich vor einer Brücke weiter vorn zu warnen, sie sei *down*, aber sonst verstehe ich so gut wie gar nichts von dem, was er sagt. Wie weit es bis nach Margarima ist, kann uns keiner sagen. Der blaue Mann winkt uns nach, und ihre Rufe verhallen langsam hinter den Hügeln, als wir endlich weiterfahren. Dicke Wolken fegen über uns hinweg, einsame Sonnenstrahlen verschwinden im wogenden Gras. Oben auf einem Hügel hält Nina an, und Ida gestikuliert wild: Am Fuße des nächsten Hügels endet die Spur vor einer völlig zerstörten Brücke. Allmählich werden wir mutlos. Langsam rollen wir hinunter zum Bach und untersuchen dieses neue Hindernis. Nur ein einziger schwerer Baumstamm, halb ins Schilf gestoßen, ist von der Brücke noch übrig. Ich starre ins sumpfige Wasser hinunter und suche nach irgendeiner Möglichkeit, auf die andere Seite zu kommen.

„Versuch es lieber nicht", warnt mich Ida.

Einige hohe Stufen sind zu einem kleinen Erdwall hinunterge-trampelt worden, der durch das Wasser führt, und auf der anderen Seite führt der behelfsmäßige Pfad auf einer schmierigen Rutschbahn wieder hinauf. Während wir noch überlegen, trägt der Wind lautes Rufen zu uns herüber. Hinter dem Hügel tauchen die Krieger von vorhin, die uns inzwischen eingeholt haben, wieder auf und laufen auf uns zu. Sie erklären mit Händen und Füßen, daß wir einfach den kleinen Pfad benutzen sollen: Los, macht schon! Erwartungsvoll sehen sie uns an.

Emil und Ida sind schon vorsichtig über den Erdwall nach drüben geklettert und warten gespannt. Ich schaue Nina an, und wir entscheiden uns, den Versuch zu wagen. Sie startet den Motor, packt den Lenker mit festem Griff und konzentriert sich auf den Pfad. Das erste Stück die Stufen hinunter schafft sie ohne Probleme, aber als sie Gas gibt, um von dem Erdwall unten im Sumpf wieder hochzukommen, verliert das Hinterrad den Halt im glatten Lehm und rutscht ab. Dann sehe ich zu meinem Entsetzen, wie Nina kopfüber ins Schilf stürzt und verschwindet.

Noch bevor ich mich von meinem Schrecken erholt habe, sind vier der Krieger mit einem einzigen Satz unten im Sumpf und bekommen Nina zu fassen. Sie winkt beruhigend zu mir hoch und lacht. Es ist nichts passiert, aber viele starke Arme müssen zupacken, bevor der saugende Sumpf das Motorrad wieder hergibt. Immer mehr Krieger legen Pfeil und Bogen ab und hüpfen hinunter, um zu helfen. Sie rufen etwas im Takt, heben die Honda auf den Erdwall und schieben sie auf der anderen Seite das Ufer hinauf.

Und jetzt bin ich dran. Ich kicke Leben in die Honda, holpere die Stufen hinunter, und in flottem Tempo rolle ich über den Erdwall. Aber dann habe ich Angst vor dem Gasgeben, um wieder nach oben zu kommen. Ich versuche abzusteigen, aber es ist kein Platz für meine Stiefel, sie rutschen einfach weg. Während ich noch versuche, die Honda aufrecht zu halten, und kurz bevor sie umkippt, springen einige Krieger mir zu Hilfe. Sie schieben hinten, und mit der einen Hand an der Kupplung und der anderen am Gas, gelingt es uns gemeinsam, das große Ungetüm auf die Spur zu bugsieren.

Die Männer heben ihre Pfeile und Bogen wieder auf. Ich werfe einen Blick zurück auf den steilen Pfad und muß gestehen, daß wir es nun nicht mehr schaffen werden, über diese Stufen zurückzukommen. Ein unüberwindliches Hindernis liegt jetzt hinter uns – und vor uns...? Bis zu dieser Brücke hätten wir vielleicht noch umdrehen und nach Kandep zurückfahren können, aber jetzt sind die Brücken hinter uns buchstäblich abgebrochen und im Schlamm begraben. Ich hoffe nicht, daß wir nun zwischen zwei zerstörten Brücken eingesperrt sind, uns selbst und den Kriegern überlassen. Und bald wird der Tag langsam, aber sicher zur Nacht werden...

Nach der Brücke führt die Spur durch eine kleine Ebene, und hier treffen wir auf die übrige Dorfbevölkerung, die sich gemeinsam auf dem Kriegspfad befindet. Sehnige Frauen mit langen, flachen Brüsten, einige mit Pfeil und Bogen wie die Männer ausgerüstet oder mit Speeren, mit finsterem Gesichtsausdruck. Andere führen Schweine an geflochtenen Stricken mit sich, junge Mädchen mit Grasröcken laufen lachend herbei, und kleine Jungen mit weißgemalten Gesichtern rennen johlend hinter uns her, den Flitzbogen in der Hand und mit hüpfenden Zweigen am Hintern. Kleine Mädchen tragen *billums* mit *kau-kau*, den Yamswurzeln, ihre Nasen sind rot angemalt, und zuletzt fahren wir dann noch an drei Frauen vorbei, die den Zug anführen. Sie tragen dicke, glühende Zweige: das Feuer, das man hier nie ausgehen läßt.

In den nächsten Stunden kommen wir an mehreren zerstörten kleineren Brücken vorbei, über die wir hinüberbalancieren müssen. Bei jeder Brücke holen die Krieger uns ein, das ganze Dorf amüsiert sich, und die Kinder jubeln vor Begeisterung, wenn wir drüben sind und Kurs auf das nächste unbekannte Hindernis nehmen. Wir kommen nur in einem beunruhigend langsamen Tempo voran.

Die hilfreichen Krieger

Kurz vor den Bergen trennen sich unsere Wege, die Krieger verschwinden einen kleinen Pfad hinauf, und hier beginnt auch unser Weg, die wahnsinnige Kraxelei den Berg hinauf zur Wasserscheide.

Hier oben ist es recht trostlos, unter den jagenden Wolken ist gar kein Platz für die Berge, wir nähern uns dem Ende der Welt. Im Schrittempo torkeln wir vorwärts, die Hinterräder fahren im Zickzack. Wir treffen unterwegs auf kleingewachsene Männer mit langen Stäben durch die Nase, Haare und Bart sind mit Farnkraut und Blättern geschmückt. Schweigend und verwundert machen sie uns Platz, während wir uns darauf konzentrieren, geradeaus zu fahren. Der Kontrast zwischen ihnen und uns ist abgrundtief, ich werde immer mehr von einem Unwirklichkeitsgefühl erfaßt.

Die Berge werden immer zerrissener, wirken dunkel und trostlos auf uns, es regnet in Strömen. Vor Erschöpfung kippen wir im Schlamm und Matsch immer öfter um.

Wir wissen nicht, wie lange wir so weitermachen müssen und wieviel Kraft uns noch abverlangt wird, bis wir unser Ziel erreichen. Glücklicherweise sind wir nie zur gleichen Zeit völlig erschöpft, wir können uns gegenseitig helfen. Wenn wir mit unseren Kräften haushalten, nicht ausflippen, nicht verzweifeln, nicht unvorsichtig werden, dann schaffen wir es auch, da kann — fast alles — kommen, was will. Wir sind zäh, und wenn es gilt, sind es die Kinder auch.

Im Schneckentempo ackern wir uns im Wettlauf mit dem Regen voran. Irgendwo windet sich die Spur in einer engen Rechtskurve steil nach oben, die in zwei tiefen, vom Regen ausgewaschenen Furchen endet. Erschöpft betrachte ich den Morast und entscheide mich für die Furche an der Felswand. Der Motor arbeitet schwer, das Hinterrad schiebt uns schnurrend nach oben — und gräbt sich schließlich ein. Die verdammte Furche ist so tief, daß der Sturzbügel schon den Boden berührt. Langsam legt sich das Motorrad immer mehr zur Seite. Im letzten Moment versuche ich noch zu bremsen und mich mit dem Stiefel gegenzustemmen, aber wir rutschen ab. Ich gebe Vollgas, und mit allen meinen Kräften zwinge ich das Vorderrad aus der Furche, was die Situation jedoch nur verschlimmert, denn das Hinterrad weigert sich zu folgen. Sofort stehe ich quer, rutsche immer weiter bergab – wir stürzen.

Emil hat sich rechtzeitig vom Motorrad fallen lassen. Er steht auf, völlig naß und schlammverschmiert. Wieder haben der Sturzbügel und die blauen Taschen das meiste abgefangen, und uns ist nichts passiert! Nur die Windschutzscheibe hat einen Sprung abbekommen.

Ich versuche im glitschigen Lehm festen Grund unter die Füße zu bekommen, damit ich die Honda wieder aufrichten kann. Ich muß meine Maschine ein langes Stück hinunterrutschen lassen, bevor ich sie so lange aufrecht halten kann, um den Kickstarter zu treten. Und als ich endlich oben ankomme, zittern mir Arme und Beine vor Überanstrengung.

Auch Nina ist unten am Hügel umgekippt und bekommt ihr Motorrad nicht wieder flott. Ich schaffe es auch noch, Ninas Motorrad hinaufzubugsieren. Oben will sie sich völlig erschöpft ausruhen, aber ich dränge zur Weiterfahrt. Denn jeder Regentropfen, der fällt, macht das Fahren schwieriger, und wir wissen immer noch nicht, was uns heute noch erwartet. Ich habe Angst vor dem Regen, den Räubern und den zerstörten Brücken, davor, daß Nina bald die Grenze ihrer Kraft erreicht hat, aber am allermeisten fürchte ich mich vor einer Nacht hier in den Bergen.

Endlich entdecken die Kinder Wellblechdächer weit unten im Tal in den schwarzblauen Schatten. Das muß die Schule sein, wo wir ein letztes Mal abbiegen müssen. Unsere Stimmung steigt, und das Beste vom Ganzen: Wir fahren über eine intakte Brücke. „Hurra!" rufen wir durch den Regen. Ich glaube, daß wir nun aus dem Stammeskriegsgebiet heraus sind, und ermutigt nehmen wir das letzte Stück bis zur Schule in Angriff.

Die Schule ist leider über Weihnachten geschlossen, und wir machen nur eine kurze Pause, der Regen treibt uns weiter. Wir sind über die Wasserscheide gekommen, es geht abwärts, und wir fangen langsam an daran zu glauben, daß wir unser Ziel wirklich erreichen werden. Aber in einer Kurve lande ich in fürchterlichem Morast, das Hinterrad versinkt erst bis zur Achse, und dann verschwindet das ganze Kettenrad. Sofort betätige ich die Kupplung, um den Motor nicht abzuwürgen, gebe Vollgas, das Motorrad zittert, und mit einem halberstickten Aufjaulen zerrt es das Hinterrad frei. Aber wir kommen keinen Zentimeter voran. Speichen, Nabe, Kettenrad, alles ist zu einer unförmigen Lehmscheibe zusammengeklebt, selbst die Kettenglieder haben sich in eine klebrige, gelbliche Lehmstange verwandelt; die dreiundvierzig Pferdestärken mit Gepäck versinken langsam, aber sicher wieder im Schlamm. Der Regen peitscht auf uns ein, und plötzlich frage ich mich, was uns eigentlich dazu bringt, hier bis über die Stiefelkanten im Schlamm im kalten Regen zu stehen...

Wieder kommen wir nur weiter, weil bärenstarke Männer uns helfen. Und langsam wird die Landschaft flacher. In uns sprießt vorsichtiger Optimismus, und voller Hoffnung fragen wir jeden, der uns begegnet, wie weit es noch bis Margarima ist. Keiner kann eine genaue Antwort geben. Obwohl wir Kilometer um Kilometer zurücklegen, bleibt die Antwort dieselbe: *„About five miles."*

Allmählich wird der Weg trockener, ab und zu ist er sogar mit beeindruckenden Riesenschottersteinen ausgebessert, und auch der Regen läßt nach. Die Hügel öffnen sich, aber die *five miles* bis nach Margarima wollen und wollen nicht weniger werden. Eine Schar junger Mädchen kommt uns entgegengelaufen, außer Atem rufen sie uns an und bleiben stehen. Die Grasröcke tanzen um ihre bloßen Beine, ihre nackten, mit Öl eingeriebenen Körper glänzen. Sie müssen ein Fest gefeiert haben, mehrere von ihnen tragen geschnitzte Trommeln unter dem Arm. Um die Augen haben sie sich rot mit gelben Streifen bemalt. Eine hat eine gelbe Nase und rote Wangen, eine andere rote Kleckse auf der Stirn – von diskreter Schminke ist nicht die Rede, aber es sieht schön aus und fällt auf. Um den Hals haben sie Ketten aus Tau-

Junge Mädchen im Festtagsschmuck

senden blauer Glasperlen geschlungen. Auf den Köpfen thronen geflochtene Federkronen, und zwischen den Brüsten hängen Schmuckstücke aus Fell und Bambusröhrchen.

Wieder legen wir ein langes Stück in Richtung Margarima zurück, ohne daß dieser Ort näher rückt. Unterwegs begegnen wir einer weiteren fröhlichen Gruppe von Menschen. Diesmal sind es hauptsächlich Männer. Ihre Gesichter leuchten in schrillem Gelb, und abgesehen von kleinen Röcken aus Schweineschwänzen und Schnüren sind manche von ihnen völlig nackt. Die Körper haben sie mit weißer Erde eingerieben, aber das beeindrukkendste sind ihre phantastischen Perücken; große, kompakte Frisuren, geformt wie Hüte zur Zeit Napoleons, mit Strohblu-

213

Männer mit gelbbemalten Gesichtern und „Napoleonhüten"

men und Fellstücken geschmückt. Die Leute sind in Festtags-
stimmung, ihre Szene sind die wilden Berge, und die Wolken,
die durch das Tal treiben, bilden die Kulisse. Sie drehen sich um
und blicken uns noch einmal verwundert nach, als wir weiterfahren. Was waren das für komische Wesen, die heute an uns vor-
beifuhren? so denken sie vielleicht und setzen ihren Heimweg
fort.

Endlich ist der Bann der *five miles* gebrochen! Hinter den
grasbedeckten Hügeln leuchtet plötzlich das weiße Band der
Landstraße auf, wir legen einen Spurt ein und stehen auf „The
Highlands Highway", einer schmalen Schottersteinstraße. End-
lich! Wie ein Film mit überhöhter Geschwindigkeit sausen die
letzten zwei Tage, die Menschen, der Schlamm, die zerstörten
Brücken, die Räuber und Ipai vor meinem inneren Auge vorbei.
Ich bin zu müde, um froh zu sein.

Margarima liegt einige Kilometer entfernt ostwärts unten im Tal. Wir eilen weiter; ich verspüre ein heftiges Verlangen nach einem Dach über dem Kopf. Meine Augen tränen, ich greife nach der Motorradbrille auf dem Helm – sie ist weg. Scheiße und nochmals Scheiße! Die kurze Freude, die Landstraße erreicht zu haben, verpufft, ich bin nur noch fertig, voll und ganz. Zu unserer Enttäuschung entpuppt sich Margarima auch noch als eine Ansammlung windzerzauster Schuppen um eine lange Graslandebahn auf einem schrägen Bergrücken – übernachten oder etwas essen können wir nirgendwo.

Ein zufälliges Straßenschild mit der Aufschrift „TARI 44" entscheidet die Sache. Wir beschließen, mit letzter Kraftanstrengung westwärts nach Tari zu fahren, wo die Häuser, der Karte nach zu urteilen, etwas zahlreicher sein müßten als in Margarima.

Zum zweiten Mal heute holt uns der Regen ein, die schweren Wolken stürzen über uns zusammen, die Bergzinnen verschwinden in dunklem Nichts, große, öde Grashänge verlieren sich in einem Nebelwald aus kleinen Bäumen, die mit Moosen und Schmarotzerpflanzen verwebt sind. Eine Baustelle nimmt über zwanzig Kilometer kein Ende, wir fahren Slalom zwischen Kieshaufen und Schlamm. Allmählich bin ich davon überzeugt, daß die Ödnis Tari verschlungen hat. Die 44 Kilometer haben wir schon längst hinter uns, erst da komme ich resigniert zu der Erkenntnis, daß die Angabe auf dem Schild in Margarima natürlich in *Meilen* gewesen ist – bis Tari sind es also 70 Kilometer. Ich friere entsetzlich, mißmutig wundere ich mich darüber, wieviel Regen, Nebel und Kälte es auf der Welt gibt.

Tari ist nicht viel besser als Margarima, nirgendwo können wir schlafen oder etwas zu essen bekommen; der wachhabende Polizist in der funkelnagelneuen blauen Polizeiwache schickt uns zuletzt zu den Missionaren. Außerhalb von Tari entdecken wir eine weiße Frau, die unter einem Regenschirm zwischen braunen Bungalows umherflitzt. Ich versperre ihr den Weg, und mit meinem schlammverschmierten Gesicht und blutunterlaufenen Augen verlange ich von ihr eine Auskunft darüber, wo wir schlafen können. Es ist schon dunkel, es regnet ohne Unterlaß, und Emil und Ida haben für heute mehr geschafft, als wir ihnen zumuten dürfen. Etwas verwirrt erzählt uns die Frau, daß sie seit Jahren keine Herberge mehr betreiben, aber... aber... sie kann uns unsere Bitte nicht abschlagen, und sie haben ein Gästehaus, das leer steht. Wir schlafen so tief wie die Schluchten unter den zerstörten Brücken, so fest wie der Lehm an den Rädern. Immer noch etwas konfus wachen wir am nächsten Morgen in den Etagenbetten der Missionsstation auf und essen Cornflakes, die, zusammen mit dem Milchpulver und all den übrigen Sachen, die zu den Bequemlichkeiten eines australischen Lebens gehören, ins Hochland eingeflogen worden sind.

Weihnachten nähert sich, und wenn wir unsere Vereinbarung, gemeinsam mit Kelly Weihnachten zu feiern, einhalten wollen, müssen wir schnellstens umkehren. Wir waschen unsere verschlammte Kleidung, und Emil und Ida duschen die Motorräder ab, bis die Kühlrippen unter Strömen von gelbem Schlamm wieder zum Vorschein kommen, und machen uns auf den Weg.

Drei Tage lang fahren wir auf Asphalt- und Schotterstraßen durch enge Täler, über den hohen Daulo-Paß an Mount Hagen vorbei bis nach Henganofi. Laut Kellys Karte sollten es jetzt noch fünf Kilometer bis nach Hayafaga, seinem Heimatdorf, sein. Die kleinen Dörfer aus runden Strohhütten, die *Kau-kau-*Felder an den Berghängen und die Kaffeebüsche am Rande des Weges zeigen, daß das Tal dicht bevölkert ist. Vor einem kleinen Wellblechschuppen, wo es Zigaretten und Corned beef, Sardinen, Batterien und Salz zu kaufen gibt, sitzen wie immer ein paar Leute.

„Wo ist Hayafaga?" rufe ich ihnen zu.

„*It is here!*" antworten sie verwundert und lachen.

„Und wo ist Kelly?" frage ich weiter. Der Name hat die Wirkung von einem Sesam-öffne-Dich. Alle springen auf, um uns behilflich zu sein, reden laut auf uns ein.

Das Statussymbol der Männer – der Regenschirm

Der Weg zu Kellys Haus ist recht beschwerlich

Hier oben von der Straße aus kann ich nur einige wenige Hütten sehen, das übrige Dorf muß hinter den Bäumen und den Kaffeebüschen liegen. Nina bleibt bei den Motorrädern und dem Gepäck, während ein Mädchen mich zu Kellys Haus führt. Von vielen Kindern umringt, laufe ich mit Emil und Ida hinter ihr her einen schmalen Pfad hinunter. Das Dorf ist weiter weg, als ich gedacht hatte. Mit den Stiefeln in den Händen müssen wir durch zwei eiskalte, reißende Flüsse waten. Der Pfad ist glatt und matschig, doch das Mädchen und die Kinder aus dem Dorf haben keine Probleme mit ihren breiten, starken Füßen. Die Zehen bohren sich in den Morast, und sie kommen nicht ein einziges Mal ins Schwanken, während ich kaum das Gleichgewicht halten kann und versuche, Emil und Ida voranzuhelfen. Grunzend wühlen einige schwarze Schweine im Schlamm. Wir klettern über einen letzten Zaun und befinden uns auf einem kleinen Platz zwischen den Hütten von Hayafaga.

Ganz oben am Hang steht eine neue Hütte, gespannt öffnet das Mädchen die geflochtene Tür. Im qualmigen Halbdunkel sitzt Jocintha an der Feuerstelle. Überrascht steht sie auf und begrüßt uns herzlich. Sie freut sich sehr, daß wir wirklich gekommen sind. Emil und Ida setzen sich müde neben Jocintha, sie haben einen langen Tag hinter sich.

Dort, wo wir Nina zurückgelassen haben, können wir die Motorräder in einen Schuppen einschließen, aber diesmal lassen wir nichts auf ihnen zurück. Mit Hilfe von vielen freundlichen Händen kommen alle unsere Sachen wohlbehalten bei der Hütte auf der anderen Seite des Tales an. Dort haben sich inzwischen die ganzen Familienmitglieder aus Kellys weitverzweigtem Clan eingefunden, um uns zu begrüßen. Kellys Vater ist ein milder Patriarch, und seine Mutter eine vor Temperament sprudelnde Frau mit warmen, aufmerksamen Augen. Sie streicht uns immer wieder über die Arme und sagt, daß wir ja lange in Hayafaga bleiben sollen. Ich fühle mich sehr wohl hier bei dieser gastfreundlichen Familie.

Die Hütte gehört Kelly und Jocintha, und ich spüre deutlich, daß Jocintha hier das Sagen hat. Kellys Vater zieht sich bald wieder zurück, und nur ein paar Nichten und Kellys Schwester bleiben noch. Den ganzen Abend unterhalten wir uns mit Jocintha und berichten von unseren Erlebnissen der letzten Tage, und sie erzählt uns vom Leben hier im Dorf. Ich verstehe nicht ganz, warum Kelly noch nicht da ist, aber seine Verspätung scheint Jocintha nicht zu beunruhigen. Sie will für sich und die Kinder hier auf dem Fußboden neben der Feuerstelle ein Lager machen, und wir können in dem anderen kleinen Raum schlafen.

Am nächsten Morgen sitzt Kelly auf der Matratze neben Jocintha. Er umarmt mich und Nina. Es tut gut, ihn wiederzusehen. Er ist erst heute nacht eingetroffen und ist müde. Auch ich fühle mich müde und schlapp und döse wieder ein.

Als ich das nächste Mal aufwache, ist es in dem kleinen Raum dunkel und still. Nina und Ida atmen ruhig im Schlaf. Emil bewegt sich neben mir in seinem Schlafsack. Er schlägt die Augen auf, und die klaren blauen Augen lächeln mich verschlafen an.

Ich höre, wie Jocintha nebenan Feuer macht, der Kessel klirrt, und das Feuer knistert leise. Ich stehe auf und öffne den kleinen Fensterladen. Ich muß den ganzen Tag und die nächste Nacht durchgeschlafen haben, denn die Grasdächer draußen um den Platz dampfen in der Morgensonne, und auf der anderen Seite des Flusses erstreckt sich die große, baumlose Talseite noch im Schatten. Ganz oben am Berg, im schmalen Streifen Himmel unter dem Fensterrahmen erhebt sich der Hochspannungsmast im Gegenlicht. Die Zikaden singen, Rufen und Lärmen und Lachen steigt langsam von Kellys Dorf empor: heute ist Heiligabend.

Jocintha sitzt auf dem Fußboden, sie hat die Bettwäsche in die Ecke geschoben und pustet gerade in die Glut, um uns eine Tasse Kakao zu kochen. Juniorboy kaut an einem Stück *Kau-kau*-Wurzel, Lynett ist zur Schwägerin hinuntergezogen, und Kelly ist schon irgendwohin zum Frühstücken gegangen.

★

Kelly baut sich ein neues Haus. Zusammen mit fünf Männern hat er angefangen, an einem freien Platz mit schöner Aussicht die Erde auszuheben. Es bekümmert mich ein wenig, daß er das Haus gerade unter den Hochspannungsleitungen bauen will – dabei hat sein Dorf noch nicht einmal Strom. Wir unterhalten uns lange über seine Pläne. Das Holz liegt oben an der Straße schon bereit. Es ist hartes Holz aus den Wäldern um Ambunti. Es soll ein zweistöckiges Haus werden, ein bißchen im Stil wie das in Ambunti. In Papua-Neuguinea werden der Phantasie keine Grenzen gesetzt; jeder kann bauen, wie es ihm gefällt. Es wird das erste *permanent house* in Hayafaga sein, und Kelly hofft, mit der Zeit eine Art Übernachtungsmöglichkeit für Rucksacktouristen einzurichten. Das ist eine gute Idee, auch für die Touristen, denn billige Übernachtungsmöglichkeiten gibt es in Papua-Neuguinea noch so gut wie gar keine. Kellys Vater verdrießt es sehr, daß Kelly sein Haus auf der anderen Seite des Flusses bauen will, und dieser hat wiederum das Gefühl, daß er seine Eltern im Stich läßt, wenn er so weit von ihrer Hütte baut. Aber wegen der Touristen wäre es unpraktisch, wenn das Haus nicht am Weg liegen würde...

Kelly erzählt, daß sein Vater heute ein kleines Schwein geschlachtet hat und das traditionelle Festessen *mumu*, Schwein im Erdofen gebraten, zubereiten will. Mit Jocintha gehen wir über den Fluß und wollen zuschauen, wie das gemacht wird. Doch wir sind viel zu spät dran. Im Regen stehen Kellys Mutter in ihrem einfachen, erdfarbenen Kleid und der Vater in den braunen kurzen Hosen und der gehäkelten Mütze und graben das fertige Essen schon aus. Erst entfernen sie die Bambusblätter und verschiedene Zweige, unter denen die *Pit-pit*-Stengel, die Johannisbrot-Blätter und eine Menge *Kau-kau*-Wurzeln liegen, und noch tiefer, unter dem Gemüse, das Schweinefleisch in Bananenblätter eingewickelt auf den glühenden Steinen gart.

Kellys Vater verteilt das Fleisch. Dieser Akt bedeutet sehr viel, weil das Familienoberhaupt so zeigt, wer innerhalb der Familie etwas bedeutet. Kelly und Jocintha bekommen sehr viel Gemüse und ein Stück vom Schinken, das sich sehen lassen kann.

Oben in seiner kleinen Hütte stellt Kelly die Schüssel mit dem Essen auf den Fußboden, und wir setzen uns alle im Kreis darum. Tirami, Kellys Nichte, zündet die Laterne an, ein warmes Licht für unseren Weihnachtsabend. Da sitzen wir nun, jeder ein fetttriefendes, leckeres Stück Fleisch in der Hand.

„Eßt ihr so auch euren Schweinebraten in Dänemark?" fragt Kelly.

„Nein, wir machen das anders", antwortet Nina, „aber das hier schmeckt phantastisch. So gutes Schweinefleisch gibt es bei uns nicht." Recht hat sie.

Glühwürmchen fliegen draußen im Regen umher und blinken weiß und grün. Tirami erzählt, daß es auch rote und gelbe im Busch gibt; sie verschwindet für einen kurzen Augenblick und kommt mit zweien in der Hand zurück. Die lebenden Weihnachtskerzen schwirren im Zimmer umher. Jocintha spielt eine Kassette mit Musik von der New-Ireland-Insel im Stillen Ozean.

Das Feuer flackert leise unter dem Kessel, wir trinken Kakao, lauschen dem Regen, der auf das Grasdach plätschert, und im Schein des Feuers glänzen unsere zufriedenen Gesichter vor Schweinefett. Juniorboy schläft, und Emil und Ida liegen ganz still auf dem Boden und schauen ins Feuer.

Als auch wir uns schlafen legen, hat Jocintha die Kassette schon viele Male umgedreht. Ihre Lieder in einer Sprache, die wir nicht verstehen, die Gitarren, die Bambusglocken, die Zikaden und der Regen sind unser Wiegenlied. Jocintha summt mit, ich höre ihre schöne Stimme durch die Bambuswand, während sie dort drinnen auf dem Fußboden die Betten aufbaut.

Abschied von Neuguinea
(Nina)

Während wir am Feuer sitzen und Teewasser kochen, erzählt Jocintha von der Zeit, als sie das erste Mal nach Hayafaga kam. Sie
hatte damals, sozusagen als freundliche Geste, für Kellys ganze
Verwandtschaft kochen wollen, aber bereits als sie das Feuer an-
machte, war ihr ein unverzeihlicher Fehler passiert: Sie hatte
einen Schritt über das Brennholz gemacht, das auf der Erde vor
dem Haus lag. „Und alles schrie, daß das Holz jetzt verhext sei
und daß sie einer Krankheit zum Opfer fallen oder von Unglück
heimgesucht würden, falls sie es jetzt noch verwendete..."

Jocintha drückt sich farbig und humorvoll aus und erzählt
überhaupt sehr gerne. Sie kocht frischen Tee, wir holen unsere
rosafarbenen Plastiktassen hervor, während sie mit ihrer Geschichte fortfährt. Wir hören gespannt zu und übersetzen für
Emil und Ida.

„Damals mußte man sehr weit laufen, um Brennholz zu holen,
mehrere Stunden. Das war noch, bevor der neue Wald gepflanzt
war. Wie gesagt, alles schrie und jammerte, daß ich das Brennholz verhext hätte. Sehr gut, sagte ich, dann benutze *ich* eben
dieses Brennholz, und ihr könnt euch neues holen! Noch vor
Abend war vom Brennholz nichts mehr übrig, weil keiner Lust
gehabt hatte, so weit nach neuem Holz zu laufen."

„Was passierte dann?" frage ich Jocintha.

„Am nächsten Tag stellte ich mich dort hin, wo das Brennholz
gelegen hatte, und fragte: Ist irgend jemand seit gestern schwer
krank geworden? Nicht? Na, dann habe ich euch etwas beigebracht, jetzt wißt ihr, daß ihr sehr wohl einen Schritt über das
Brennholz machen könnt, genau wie in meiner Heimat! – Aber
auch jetzt haben sie noch Angst, über irgend etwas hinwegzu-

schreiten oder mir etwas zu leihen, denn nach wie vor fürchten sie, daß ich ihre Sachen verhexe."

Zwischen Hjalte und Kelly besteht ein besonderes Verhältnis, an dem ich als Frau nicht teilhaben kann. Zwischen ihnen funkt es fast so wie bei Verliebten. Es ist schön, das zu beobachten. Überhaupt herrscht überall, wo Kelly ist, gute Laune.

Ida möchte mit Lynett und Tirami zum Markt in ein anderes Dorf. Sie bekommen je 10 *toia*, das sind etwa 20 Pfennig, um sich etwas zu kaufen. Kellys Eltern hüten Juniorboy, und so machen Jocintha und ich uns barfüßig zu den Gärten des Dorfes auf. Außerhalb des Dorfes ist der Pfad so steil und glitschig, daß wir uns am Gras und dem wilden Zuckerrohr festkrallen und uns nach oben ziehen müssen.

In meiner Umhängetasche habe ich meinen Fotoapparat, den Kassettenrecorder und ein paar Binden.

„Sag ja keinem, daß du deine Regel hast", warnt mich Jocintha und schüttelt mit einem breiten Lachen den Kopf. „Damals, du weißt, als ich diesen Schritt über das Brennholz gemacht habe, kochte ich dann für die ganze Familie. Sie hatten alle mit gutem Appetit gegessen, bis irgend jemand entdeckte, daß ich meine Tage hatte. Das war schon fast eine kleine Katastrophe, denn in Hayafaga darf eine Frau, die ihre Menstruation hat, überhaupt *keine* Arbeit verrichten, auch nicht kochen. Die Frauen haben ein Haus, in dem sie sich während dieser Tage aufhalten, das Essen wird ihnen gebracht, und da sitzen sie dann und häkeln an ihren *billums*. Nun ja, aber da hatten sie nun aus Versehen etwas gegessen, was eine menstruierende Frau zubereitet hatte. Alle jammerten und klagten, daß sie jetzt vorzeitig alt werden würden und so. Aber ich sagte zu ihnen: ‚Das hättet ihr vorher sagen können. Erst eßt ihr mein leckeres Essen, und hinterher beschwert ihr euch.'"

Ich frage Jocintha, ob sie glaubt, daß die Frauen in Hayafaga gern in ihrem Frauenhaus sind. Sie meint, daß sie es sehr genießen, und wir kommen zu dem Schluß, daß die Frauen das doch sehr geschickt eingefädelt haben – jeden Monat fünf freie Tage in Ruhe und Frieden, an denen einem das Essen serviert wird. Ich hatte mir diese Isolationshäuser immer als etwas Diskriminierendes und Langweiliges vorgestellt, jetzt finde ich das gar nicht so schlecht. Die indonesischen Frauen legen sich während dieser Zeit ins Bett; das muß bedeutend langweiliger sein.

Wir stehen nun auf dem ersten Berggipfel, und von hier führt der Pfad wieder ganz nach unten – um dann den nächsten Berg erneut hinaufzuklettern.

„Wie weit ist es noch bis zu den Gärten?" frage ich, ganz außer Atem.

„Sie liegen auf dem dritten Berg", antwortet Jocintha gelassen. Der Pfad schlängelt sich durch hohes Gras und kleine Büsche. Je mehr der Boden in der Nähe des Dorfes ausgelaugt wurde, um so weiter weg müssen die neuen Gärten angelegt werden; das ist das Problem. Nach einer Stunde Kletterei erreichen wir endlich die Gärten hinter dem dritten Bergkamm, auf dem sich ein unendlich langer Zaun hinzieht. An den Pfählen ist das langblättrige *cordyline* gepflanzt, zum Zeichen dafür, daß der Boden bestellt wird und kein anderer ein Recht auf ihn hat.

An den Berghängen liegen die *Kau-kau*-Felder, klein und schief, den Hängen angepaßt. Sie werden von den Frauen im Dorf gemeinsam bestellt. Jede Yamspflanze wird von einem kleinen Erdhaufen beschützt, so daß das Regenwasser zwischen den Pflanzen ablaufen kann, ohne die Erde mit fortzuspülen. Unglaublich, wie klein die Felder sind! Doch der größte Teil der Erde liegt brach, mit Spuren von alten Gärten.

Oben vom Hügel herab ertönt ein Ruf. Die Frauen auf den Feldern unterbrechen ihre Arbeit und tragen ihre *Kau-kau*-Wurzeln dort hinauf. Einige Männer haben Löcher gegraben, die Wurzeln werden hineingelegt und wieder mit Erde bedeckt. Ich frage Jocintha, was da vor sich geht, und erfahre, daß die Yamswurzeln nur deshalb wieder eingegraben werden, um später ein rituelles Ausgraben vollziehen zu können. Endlich ist es soweit. Ein Mann aus dem Dorf spricht einige beschwörende Worte, die anderen graben die Wurzeln wieder aus und verteilen sie – ein Haufen pro Person. Erst bekommt jeder ein Stück – und es sind etwa 50 Personen versammelt –, dann noch eine Wurzel und noch eine – aber sie sind nicht alle gleich groß, und jede Wurzel löst ein Debattieren und Diskutieren aus – und dann noch eine und noch eine..., es dauert unendlich lange.

Während der Zuteilung frage ich Jocintha, warum den Männern diese Arbeit zusteht – schließlich sind es doch die Frauen, die die Gärten bepflanzen, sie bestellen, ernten und die Ernte heimtragen. Ganz langsam beginne ich zu begreifen, daß die Männer die Felder und die Ernte als ihren Besitz betrachten, genau wie sie ihre Frauen besitzen. Jocintha sagt, daß *the nice guys*, die netten Männer, manchmal ihren Frauen in den Gärten helfen, aber die meisten tauchen erst zur Ernte auf. Jeden Morgen gehen die Frauen zur Arbeit, und die Kinder, die nicht zur Schule gehen, bleiben allein im Dorf zurück. Die Männer, die früher voll damit beschäftigt waren, Krieg zu führen und ihre Familie zu verteidigen, haben jetzt immer weniger zu tun. Meistens verlassen sie das Dorf, um oben an der Straße herumzuhängen, oder sie gehen ein wenig mit Pfeil und Bogen spazieren, um nach einem Vögelchen Ausschau zu halten. Am späten Nachmittag kehren sie dann ins Dorf zurück; dann kochen ihnen ihre Frauen das Essen.

Bei dem Stichwort Essen fällt Jocintha ein, daß Yuar aus Biaga am Sepik-Fluß, wo wir damals zwei Tage verbracht haben, bekümmert gewesen sei, weil Hjalte so wenig Sago gegessen habe. „Aber die Frau hat eine Menge gegessen, sie könnte in einem Dorf gut überleben", hatte er noch gemeint. Wir finden das beide sehr lustig.

Endlich sind die Wurzeln verteilt, und überrascht stelle ich fest, daß ich auch einen Haufen bekommen habe!

Unten im Dorf spielen Emil und Ida mit den anderen Kindern. Die bauen lustige Wägelchen, indem sie die runden Früchte vom wilden Brotfruchtbaum an einem Stock befestigen. Plötzlich ist Krach auf dem Dorfplatz. Zwei Frauen streiten sich ganz fürch-

Streit auf dem Dorfplatz

terlich. Die eine trägt einen schwarzen BH, der schon halb zerrissen an ihr herunterbaumelt, und ein *lab-lab*, ein Tuch um die Hüften; die andere hat nur einen Rock an. Wüste Beschimpfungen fliegen durch die Luft, während sie sich im Karatestil treten und mit den Fäusten hart zuschlagen. Wohin sie schlagen, ist ihnen egal. Beim Aufprall dröhnt es dumpf; sie holen von hinten aus wie beim Diskuswerfen, und die Brüste fliegen. Die jüngere, die mit dem zerrissenen BH, blutet aus dem Mund, die andere krallt sich in ihrem Gesicht fest und bohrt ihr die Finger in Augen und Mund, während sie ihr das Knie immer wieder zwischen die Beine rammt. Die ganzen Dorfbewohner stehen herum und sehen ihnen mit bekümmerten Mienen zu. Aber sie greifen erst ein, als es ihrer Meinung nach genug ist. Der Vater der jungen Frau eilt herbei, reißt sie los, zerrt sie in sein Haus und wirft die Tür hinter ihr zu. Der Mann der anderen Frau holt auch sie nach Hause. Die übrigen diskutieren noch lange und eifrig über das Geschehen. Sie lachen darüber, daß der einen ein Zahn locker geschlagen wurde.

Ich frage, ob sie sich wegen eines Mannes gestritten hätten. Aber der Streit hat einen anderen Grund: Die junge Frau war letztes Jahr mit einem Mann aus dem Nachbardorf verheiratet worden und hatte schon ein Kind geboren. Aber der Mann hatte weder den Brautpreis bezahlt noch seine Frau abgeholt. Gestern war sie nun tanzen gegangen, und die Schwägerin beschuldigt sie jetzt, sie sei hinterher mit einem anderen Mann in die Büsche gegangen. Wenn das herauskommt, könnte die Familie um den Brautpreis betrogen werden, und deshalb hatte die Schwägerin sie verprügelt.

Ich empfinde tiefes Mitlied mit dem Mädchen, das seit einem Jahr auf ihren Mann warten muß – aber es darf ja nicht passieren, daß sie wieder schwanger wird, bevor er sie abholt. Ich frage Jocintha, was sie dazu meint.

„She was not supposed to go out dancing", lautet ihre Antwort, und das bedeutet wohl etwas in der Richtung, daß man von einer verheirateten Frau erwartet, daß sie nicht tanzen geht. Die meisten im Dorf finden es in Ordnung, daß sie Prügel einstecken mußte.

Wenn ein Mann eine Frau kauft, dreht es sich in erster Linie um eine Arbeitskraft, Sex ist zweitrangig. Der verheiratete Mann wird weiterhin mit den anderen Männern im Männerhaus schlafen, und wenn die Schwangerschaft seiner Frau zu sehen ist, darf er sie nicht mehr berühren. Sex ist auch tabu, während sie stillt, und das tut sie zwei bis drei Jahre, falls das Kind so lange überlebt. Man sieht nie eine schwangere Frau mit einem Kind auf dem Arm; wenn das passiert, betrachtet man das als eine große Schande für den Mann. Es ist einleuchtend, daß diese Sextabus notwendig sind, damit Mutter und Kind überleben können. Enthaltsamkeit ist früher eine natürliche Lösung gewesen, und so wird es heute immer noch gehandhabt. Die Menschen leben ein anderes Leben als wir, Sex dient nur zur Weiterführung der Familie. Was zählt, sind Essen und Schweine und Arbeitskraft. Jetzt, wo die Leute Christen werden, wohnen sie als Familie zusammen; dann wird es wahrscheinlich schwierig werden, die Tabus einzuhalten.

Kurz vor Einbruch der Dunkelheit geht draußen wieder irgend etwas vor sich . . ., die junge Frau mit dem Kind wird von ihrem Mann abgeholt. Das Gerücht von der Frauenschlägerei hat sein Dorf erreicht, und jetzt ist er gekommen, um sie mitzunehmen. Alle sind froh, und zufrieden ziehen sie los.

Nachts träume ich, daß der Fluß über seine Ufer getreten ist, so daß wir nicht weiterkönnen. Vielleicht sagt mir der Traum, daß wir nicht länger bleiben sollen. Es ist ein phantastisches Erlebnis gewesen, eine Woche lang in diesem Dorf zu leben, aber jetzt ist es wohl an der Zeit weiterzufahren.

Am Morgen frage ich Kelly, ob der Fluß über seine Ufer treten kann.

„O ja", antwortet er, „das tut er beinahe jedes Jahr."

„Was macht man dann?" fragt Hjalte.

„Dann bleibt man eben auf dieser Seite", meint Kelly.

Wir sind abreisebereit. Ein letztes Mal waten wir durch die Flüsse, wo der Wasserstand durch den Regen der letzten Tage gestiegen ist. Viele begleiten uns zur Straße und helfen uns mit dem Gepäck. Nach einem langen und herzlichen Abschied von Kelly, Jocintha, Lynett, Juniorboy, Tirami, Kellys Eltern, seinen Schwägerinnen und allen anderen aus dem Dorf lassen wir Hayafaga hinter uns. Im Seitenspiegel sehe ich, wie sie winken, bis der Weg einen Bogen macht und hinter einem Berg verschwindet. Die Wolkendecke ist aufgerissen, wir kommen schnell voran. Gegen Mittag sind wir in Yonki, wo wir anhalten, um das erste Wasserkraftwerk von Papua zu besichtigen.

Wir folgen unserem Führer in ein modernes Gebäude, und mit einem Fahrstuhl gleiten wir 240 Meter senkrecht in die Tiefe in eine unterirdische Maschinenhalle. Der Fahrstuhl schaukelt beträchtlich, weil das Kabel so lang ist.

Als Emil und Ida durch den Schacht nach oben schauen wollen, warnt sie unser Führer: „Tut das lieber nicht. Wassertropfen aus 240 Meter Höhe sind hart wie Steine."

Wir betreten eine beeindruckende Halle, 44 m breit und 24 m hoch in die Klippe gesprengt. Alles ist sauber, neu und gepflegt. Ganz hinten sitzt ein Mann an einem Schaltpult und kontrolliert die Instrumente, sonst geschieht alles automatisch. Ein Stockwerk tiefer sehen wir die eigentlichen Turbinen, in die das Flußwasser durch einen Schacht im Berg direkt hineinstürzt. Momentan decken zwei den Bedarf, aber nach und nach können immer mehr angeschlossen werden.

Das Kraftwerk wurde von Australiern entworfen, von Koreanern gebaut und mit jugoslawischen Turbinen ausgestattet. Der oberirdische Teil ist ein großes Gebäude mit unzähligen Meßinstrumenten und Computern, die alles vom Wasserstand des Flusses bis zum Stromverbrauch in Lae, Mount Hagen und Wewak registrieren; den restlichen Dienst versehen einige wenige Leute. Dieses Kraftwerk ist ein typisches Beispiel für die Entwicklung in Papua-Neuguinea: Entweder gibt es gar nichts oder aber mit sehr hohem Standard.

Die Straße steigt über einen Bergrücken, und plötzlich liegt vor uns eine große, grüne Ebene. Wir stehen am Rande des Hochlandes und schauen über das flache Küstenland. Bevor noch der Tag zu Ende geht, sind wir in Lae an der Küste angekommen.

Hier müssen wir nun sehen, wie wir nach Port Moresby weiterkommen, denn von Lae aus geht es nur mit dem Schiff oder mit dem Flugzeug weiter.

Hjalte hat bald einen Weltmeistertitel verdient: Im Laufe einer Stunde hat er die Motorräder auf der Landebahn von Lae in so kleine Teile zerlegt, daß sie in ein Flugzeug reinpassen, und ich sitze in der Schlange und warte gespannt, ob wir mitkommen: *stand by*. Wieder einmal haben wir Glück! In der nächsten Maschine ist noch Platz. Noch völlig durcheinander schauen wir nach einer guten Stunde Flug hinab auf die Sümpfe an der Südküste, wo die Hauptstadt Port Moresby liegt. Der Flughafen dort ist ein recht trostloser Anblick, die Gebäude, erst halb fertig, sind schon wieder halb kaputt, Dreck liegt in allen Ecken, und überall die roten Klekse von Betelsaft ... Nicht gerade der richtige Warteplatz für uns mit zwölf Taschen und zwei Kindern – die Motorräder können wir erst morgen bekommen. Ich rufe überall an, um eine billige Übernachtungsmöglichkeit zu finden, aber es ist unmöglich: Entweder ist nichts mehr frei, oder es nimmt keiner den Telefonhörer ab. Bevor die allerletzte Taxe den Flughafen verläßt, müssen wir den Fahrer bitten, uns zu einem Missionshaus zu bringen.

Wir fragen in der Herberge der Heilsarmee: 155 DM für eine Übernachtung in einem Schuppen, das ist die Höhe – und außerdem haben sie kein Zimmer für uns. Weiter geht's. Vor einer anderen Herberge bleiben die drei in der Taxe sitzen, während ich mich drinnen nach dem Preis erkundige. Eine ältere Dame, die mit das *Lutheran Guesthouse* betreibt, fragt zuvorkommend, ob ich Missionarin sei. Ich und Missionarin? Das muß an meinen neuen Shorts liegen, die bis zu den Knien gehen, und an den Motorradstiefeln. 54 *kina*, 190 DM für eine Übernachtung! Bei denen tickt's wohl nicht ganz richtig.

„Zum Teufel, so mach doch schon!" ruft Hjalte draußen von der Taxe her, und ehe ich noch was sagen kann, saust er an mir vorbei direkt auf die Toiletten zu.

„Das ist mein Mann", stelle ich ihn mit einem entschuldigenden Lächeln vor. „Ich glaube, wir nehmen doch das Zimmer."

Nachdem wir die Motorräder am nächsten Tag wieder zusammengebaut haben, drehen wir eine Runde in Port Moresby. Die Stadt besteht nur aus niedrigen Häusern und einigen langweiligen Betonhotels – richtig etwas zu sehen gibt es nicht. Im Sportautomobilclub gibt es weder Sport noch Autos, nur dicke, weiße

Menschen, die dasitzen und Bier trinken. Nach gründlichen Erwägungen gestatten sie, daß wir unser Lager in einem noch unbewohnten Haus aufschlagen. Der ganze Komplex ist von hohen Bretterzäunen und mehreren Reihen Stacheldraht eingezäunt. Auch nicht durch die kleinste Ritze kann man von draußen hereinschauen.

Zusammen mit den Kindern bade ich im Swimmingpool, und Hjalte sitzt auf einer Bank und schreibt in sein stiefmütterlich behandeltes Tagebuch.

Ein Ehepaar, das uns aufgefallen ist, weil die beiden nicht so in die Breite gegangen sind wie die übrigen Leute hier, kommt zu uns herüber und fragt, ob wir nicht Lust hätten, bei ihnen den Abend zu verbringen statt allein hier draußen im Dunkeln, denn der Club würde bald schließen. Sie haben selber drei Kinder, also nehmen wir das Angebot dankbar an. Ihr Haus ist groß und gemütlich, mit Spielsachen und Kinderunordnung auf dem Fußboden. Wir sinken ins weiche Sofa, durch die offene Flügeltür zur Terrasse ist das Panorama der Stadt zu sehen, in der einige wenige Lichter in der Dämmerung blinken, und Marilyn kocht ein großartiges Abendessen.

Martin arbeitet als Betriebsleiter in einer vor kurzem gegründeten Brauerei. Seit einigen Jahren schon wohnen sie in Port Moresby; davor waren sie in Australien, wo es ihnen recht gut gefiel, abgesehen davon – wie Marilyn es ausdrückt –, daß es von Australiern nur so wimmelte. Sie vermissen ihre Freunde in England, die sie seit zehn Jahren nicht gesehen haben.

Emil spielt mit der achtjährigen Zoe, und Ida beschäftigt sich im Kinderzimmer mit der dreieinhalbjährigen Amy und deren hübschen Puppen. Auf Marilyns Schoß zappelt der kleine Leon, der erst zehn Monate alt ist. Es ist eine liebe Familie, wir fühlen uns wohl bei ihr, und es ist gar nicht uninteressant, mal mit Zugezogenen zu sprechen, die nicht Missionare sind.

Martin und Marilyn laden uns zu einer Party ein. Es ist ja schließlich Silvester! Die Kinder nehmen ihre Badesachen mit, und Marilyn schließt sorgfältig das Haus ab. Alle Gebäude in

Port Moresby sind derart verbarrikadiert und verriegelt, daß es einem kalt den Rücken runterläuft. Offensichtlich ist es notwendig, nicht nur heute, sondern immer.

Die Silvesterparty findet im Garten der Brauerei-Betriebswohnungen statt. Es ist eine schöne Siedlung mit niedrigen Häusern, von einem hohen Zaun umgeben und mit einem herrlichen Swimmingpool. Die Kinder ziehen sich sofort um, springen ins Wasser und tauchen wie kleine Seelöwen. Selbst die kleine Amy schwimmt so sicher, daß sich keiner Sorgen zu machen braucht.

Am Gartengrill gibt es alles, was das Herz begehrt: Weißwein, Steaks, Knabberzeug, und man unterhält sich in aller Gemütlichkeit. Es sind eigentlich nette Leute, aber sie kennen einander bis zur Bewußtlosigkeit, und obwohl alles lächelt und eine fetzige Party herbeisehnt, ist die Stimmung recht matt.

Kurz vor zwölf überreden wir die Wache, uns die Tür einen Spalt weit zu öffnen. Wir wollen uns hinaus auf die Straße schleichen. Dort draußen ist bedeutend mehr los. Die Einwohner rollen mit lautem Getöse Mülltonnen durch die Straßen, hämmern und trommeln auf allem herum, was Krach macht. Um zwölf steigen zwei Notleuchtraketen über Port Moresby auf – das ist alles. Wir huschen zurück in den Garten, und gleich sagt uns einer der Weißen, daß sie es lieber sehen würden, wenn wir drinnen blieben. Sie sind wohl bis ins Mark erschüttert, daß wir draußen bei den *nationals*, den „Eingeborenen", waren. Ida liegt schlafend in Martins und Marilyns Auto, und auch Emil hat sich irgendwo in einer Ecke zusammengerollt. Müde fahren wir zurück zum Haus. Die Stadt liegt schon still und tot da.

Am Neujahrsmorgen fahren Hjalte und ich zum Flughafen, wo wir mal wieder unsere Motorräder zerlegen, seit Singapur das vierte Mal! Nachdem die Motorräder sicher verladen sind, holt uns Martin mit seinem Auto ab und fährt uns zu einem letzten Essen zu ihnen nach Hause. Das ist ein Service! Und diese Fürsorglichkeit können wir im Augenblick ganz gut gebrauchen, denn der sprunghafte Wechsel der letzten Tage zwischen solch unterschiedlichen Welten setzt doch sehr zu. Es ist, als würden wir mit Siebenmeilenstiefeln von Planet zu Planet springen; man muß aufpassen, daß man nicht danebentritt. – Jetzt nur noch ein letzter Satz, und dann sind wir in Australien.

Martin und Marilyn zeigen uns ein großes, schönes Kochbuch mit Gerichten von Neuguinea, und als sie unsere Begeisterung sehen, schenken sie es uns. Wir freuen uns riesig über das Buch, denn da steht eine Menge über Nahrungsmittel, Haushaltsgeräte und Gewohnheiten drin, die wir in den Dörfern beobachtet haben. Mit Hilfe des Buches können wir jetzt alles viel besser verstehen. Vor allem die Fotos und Rezepte von Sago-Larven und Fledermäusen mit Pflaumen haben es uns angetan . . .

Schweren Herzens verabschieden wir uns von den beiden, winken vom Flugzeug aus Papua-Neuguinea wehmütig noch einmal auf Wiedersehen zu, und dann trinken wir am ersten Tag des Jahres hoch in den Wolken australischen Sekt, während unter uns die tiefblaue Torresstraße liegt.

Australien, eine andere Welt
(Nina)

Die Sonne geht gerade unter. Wir landen in Cairns: ein nagelneuer Flughafen nimmt uns in Empfang. Beim Zoll geht alles glatt, abgesehen davon, daß die Motorräder unter Dampf gereinigt werden müssen. Und wegen eventueller Borkenkäfer wird das Holz von Pfeil und Bogen aus dem Hochland gründlich desinfiziert. Für die Buchung von Hotels gibt es im Flughafengebäude ein Sondertelefon und ein Verzeichnis mit den verschiedenen Hotels der Stadt, perfekt mit Fotos und Preisen. Es ist kostenlos, bei den Hotels anzurufen. Wir entscheiden uns für ein Hotel in Wassernähe zu einem annehmbaren Preis, rufen dort erst an und nehmen dann eine Taxe. Du liebe Güte, wie ist alles einfach hier!

Das mittelalterliche Hotel Esplanada gefällt uns sehr gut. Im properen Zimmer gibt es Fernseher und Kühlschrank, eine Kochplatte, Kaffeekanne und -tassen – schön praktisch. Vor dem Hotel schlendern die Leute in Shorts auf und ab und essen Soft Ice, alles ist vollkommen locker. Emil macht den Farbfernseher an, und wir lassen uns in die Betten unter dem großen Ventilator fallen. Der Nachrichtensprecher meldet: „Heute erlebte Australien den heißesten Tag dieses Sommers. Im nördlichen Teil des Landes erreichten die Temperaturen 42 Grad Celsius, und der Wind führt warme Wüstenluft auch in die Küstengebiete. In Cairns herrschen momentan 39 Grad, und es ist zu erwarten, daß die Temperaturen in den kommenden Tagen weiter steigen werden."

Wir schmelzen dahin wie kleine Weihnachtskerzen. Für heute können wir nicht mehr.

Cairns ist eine Stadt mit niedrigen Häusern. Sie erinnert ein wenig an ein dänisches Provinzstädtchen, nur weißer und sauberer. Über den Bürgersteigen sind Sonnendächer angebracht, und die Läden strotzen von Warenangeboten. Als erstes kaufe ich mir ein paar Badesandalen und ein paar kurze Shorts; es ist eine Erleichterung, die Stiefel loszuwerden, von den Missionarsshorts ganz zu schweigen. Und Hjalte braucht eine Sonnencreme, bevor seine Nase ganz angesengt ist.

Hinter dem Hotel ist ein Hof und ein ovaler Swimmingpool mit blauen Kacheln. Emil und Ida toben darin herum, während Hjalte und ich die Motorräder wieder zusammenbauen. Den Kindern muß bald Schwimmhaut zwischen den Zehen wachsen, so viel wie sie baden! Aber wir brauchen keine Angst zu haben, daß sie sich erkälten: das Wasser ist an die 40 Grad warm, genau wie die Luft; sonderlich erfrischend ist ein Bad eigentlich nicht.

Wir beschließen, noch einen Tag länger zu bleiben. Wir wollen eine Tour zum *Great Barrier Reef* machen, dem größten lebenden Organismus der Welt. Es ist ein Korallenriff, das sich 2000 Kilometer entlang der Küste Australiens erstreckt und das am besten hier von Cairns aus besichtigt werden kann.

Ein schneller Katamaran fährt uns bei strahlendem Sonnenschein und frischem Wind hinaus. Der Himmel ist tiefblau und das Meer türkisgrün mit Sonnensternen auf den Wellen. Dort draußen über dem Riff, wo Green Island mit schwankenden Kokospalmen auf kreideweißen Standständen auftaucht, geht die Farbe in einem unendlichen Streifen in ein tiefes Violett über. Es ist eine richtige Trauminsel, so klein, daß man sie fast auf einen Blick überschauen kann – aber groß genug, um ein ungestörtes Fleckchen Sand für jeden zu finden.

Hier draußen ist die Luft ein wenig frischer als in Cairns. Wir unternehmen eine Fahrt in einem Boot mit durchsichtigem Boden und tauchen mit unseren Blicken in die Welt der Korallen hinab. Zwischen den Korallenzweigen schwimmen unzählige Schwärme von großen und kleinen Fischen, und eine Riesenmuschel, in der Ida leicht Platz hätte, pustet Wasser durch ihr riesiges Atemloch, ein großer Rochen gleitet dicht unter dem Boot vorbei, und ein Tintenfisch versteckt sich unter einem Stein.

Später schwimmen wir selbst über das Riff, wo die Fischschwärme so dicht sind, daß sie uns kitzeln. Hjalte hat sich Ida auf den Rücken gesetzt, Emil kann gut weit schwimmen, wenn nur jemand in der Nähe ist, der auf ihn achtgibt. Genau wie die anderen Touristen verbringen wir einen herrlichen Tag auf Green Island, wo die Natur so freizügig und das Klima so paradiesisch ist.

Jetzt, nachdem wir das Korallenriff gesehen haben, möchten wir auch gern die Wüste erleben. Die Entfernungen sind gewaltig, aber wir gehen davon aus, daß wir jeden Tag recht weit kommen können, wenn es keine Höhenunterschiede gibt und die Straße eben ist. Auf unserer Fahrt nach Süden in Richtung Sydney könnten wir eine große Schleife ins Landesinnere machen. Ida hat Bedenken und will nur mit in die Wüste, wenn es da nicht regnet. Wir versprechen ihr hoch und heilig, daß es das nicht tut.

★

Im tropischen Australien – Queensland

Der breite Asphalt läuft erst durch gepflegtes Ackerland mit grünen Zuckerrohrfeldern und führt uns dann ein wenig in die Berge hinauf. Wir haben lange keinen Tag mehr gehabt, an dem wir einfach nur fahren konnten, und ich genieße es, ungestört meinen Gedanken nachzuhängen.

Die ersten Jahre auf dem Motorrad dachte ich immer an die Vergangenheit, jedes einzelne Erlebnis wurde immer wieder gedreht und gewendet. Über diesen Punkt bin ich hinweggekommen. Die Gedanken, die ich mir früher gemacht hatte, sind zu Ende gedacht, es ist Platz da für Neues. Jetzt sitze ich auf dem Motorrad und denke an die Zukunft, an die Zukunft der Welt, an unsere kleine Familie und unsere Gemeinsamkeit. Mir kommen immer mehr Zweifel, wie unser Leben nach der Reise aussehen soll und wo wir auf der Welt wohnen werden. Es ist nicht mehr selbstverständlich für mich, daß wir den Rest des Lebens in Dänemark bleiben...

Ich kann nirgends so gut nachdenken wie beim Fahren. Die Gedanken rollen leicht und unbeschwert dahin, die Bewegung gibt ihnen eine Leichtigkeit, sie wechseln in Sprüngen, fast wie beim Träumen.

Es herrscht kein Verkehr, die Kinder halten ein Mittagsschläfchen auf den Motorrädern, Hjalte holt mich ein; er ist richtig übermütig. Die Motoren klopfen im gleichen Takt, während wir über die Bergrücken fliegen, im höchsten Gang tauchen wir in ein Tal mit duftendem Moos ein. Vor uns rinnt ein Bach quer über die Straße – wer ist erster? Gleichzeitig erreichen wir ihn und spritzen so viel Wasser hoch, daß wir klatschnaß werden. Total kaputt halten wir an und setzen uns ins Gras. Emil und Ida sind inzwischen wieder wach und fangen an, Rohrkolben zu pflücken, die sie als Raketenmotoren an den Motorrädern befestigen. Beim Weiterfahren hält Emil in jeder Hand einen Rohrkolben, er streckt die Arme seitlich aus, und mit Gebrüll starten die Raketenmotoren.

Vor uns liegt unbegrenztes Land, so weit das Auge reicht, trocken und zitternd in der Hitze des Nachmittags. Bald sind wir schon wieder völlig verschwitzt und sehnen uns fast nach der nächsten Überschwemmung. Wir schlagen unser Zelt in einem Eukalyptuswald auf, in dem es von Ameisen wimmelt; Menschen gibt es dafür keine weit und breit. Ein stilles Abendlüftchen bewegt das Laub der duftenden Bäume, weiter drinnen im Wald hüpft eine Herde Känguruhs fast lautlos vorbei. Müde und glücklich atmen wir auf – wir haben so viel Platz, und was für eine himmlische Ruhe! Es ist herrlich, wieder im Zelt zu übernachten; wir können tun und lassen, was uns gefällt. Wir spielen ein wenig mit Emil und Ida, dann bauen wir schließlich eine tolle Feuerstelle. Als später der Mond auftaucht, genießen wir die Kühle des Abends in vollen Zügen. Über uns blinkt das Kreuz des Südens zwischen den vielen klaren Sternbildern.

Emil hält Groß-Leopardo im Arm, und plötzlich fällt mir auf, daß er bekümmert dreinschaut.

„Was ist los, Emil?"

„Es ist, als ob ich Groß-Leopardo immer weniger liebhabe, je größer ich werde", antwortet er niedergeschlagen. „Ich will nicht mehr größer werden." Er beruhigt sich erst wieder, als wir ihm versichern, daß er immer unser Kind und unser kleiner Emil bleiben wird, egal wie groß und erwachsen er auch sein mag.

„Und wenn du selber Kinder hast, möchten die vielleicht gern mit deinem Groß-Leopardo spielen", sagte Ida und schaut ihren großen Bruder liebevoll an.

Der rote Kontinent
(Hjalte)

Ich liege im Zelt neben den Kindern. Nina ist schon aufgestanden; durch die Zeltöffnung sehe ich, wie sich ihre Silhouette gegen die rosa Morgenwolken abhebt. Emil und Ida liegen quer, nur halb zugedeckt, sie sind sonnengebräunt und gesund. Vorsichtig schiebe ich Ida zur Seite, fische mein Tagebuch unter ihr hervor und krieche lautlos ins Freie. Mich fröstelt ein wenig in der Jacke, der Morgen ist noch kühl. Ganz langsam wächst die Himmelswölbung aus der Dämmerung hervor, wie eine Luftblase, die an die Wasseroberfläche steigt und zerplatzt. Dann bricht der helle, gleißende Tag über dem Wald an.

Seit mehreren Tagen sind wir nun schon unterwegs in Richtung Wüste, genießen die Einsamkeit und das Leben in der Natur.

Nina hat schon Feuer gemacht und wärmt Wasser in der Kasserolle.

„Na, bist du auch schon aufgewacht?" sagt sie.

Ich setze mich ans Feuer und schlage das Tagebuch auf. „Klappte es mit deinen Fotos?"

„Nein, leider nicht. Es war unmöglich, den Sonnenaufgang zu fotografieren – der Apparat ist einfach zu klein für so ein grandioses Schauspiel. Guck dir allein mal die lila Wolken an..."

6. Januar. Auf dem Weg nach Hughenden. Die Nacht war schön kühl, und wir haben gut geschlafen. Ich freue mich darauf, ganz tief in die Wüste hineinzukommen. Auch hier ist es wunderschön, und es gibt grenzenlos viel Platz, ich genieße es – das Zeltleben, der Friede, ein ganzer Kontinent...

Das kochende Wasser droht die Kasserolle umzukippen. Ich werfe Teeblätter hinein. Der Morgennebel zerreißt, der Wald wird grün, in der Ferne kann ich gerade noch die Umrisse einer Windmühle auf einer weiten Ebene erkennen. Aus dem Zelt ertönen bekannte Geräusche, ein bißchen Kreischen und Gelächter. Ida stürmt heraus, und kurz darauf lugt Emil hervor und schaut sich um.

„Habt ihr schon Känguruhs gesehen?" fragt er.

Die Kinder schlüpfen schnell in die Stiefel und laufen los, um nach Tieren Ausschau zu halten. Kurze Zeit später kommen sie rufend zurück; unten am Hang haben sie ein Känguruh entdeckt.

„Wollen wir nicht hierbleiben und noch welche finden?" fragt Ida begeistert.

Ich muß lachen. „Dafür reicht unser Proviant nicht, Ida, aber wir sehen bestimmt noch welche unterwegs."

Immer wieder fahren wir in großen Abständen an selbstgemalten Schildern am Wegrand vorbei, wo eine kleine Spur durch den Wald zu einer Viehzüchterfarm abzweigt: Black Breas 20 km, Chudleigh Park 15 km, Mt. Sturgon 50 km, Boonderoo 34 km. Ich kann mir nur schwer vorstellen, wie man so abgeschieden leben kann.

Grüne Ranken werfen dunkellila Trichterblumen über den Weg, wir rattern über umgefallene Viehgitter, und bei einer Windmühle und dem Wasserloch daneben liegt das Vieh im Schatten der Büsche eng zusammengedrängt. Es wird heißer, die sonnenverbrannte Erde auf dem Weg wird allmählich zu Sand, langsam, aber sicher schrumpfen die Bäume zu Büschen, der Wald verdorrt allmählich.

In Hughenden stoßen wir wieder auf Asphalt, verputzen zwei Liter Fürst-Pückler-Eis, fahren nach Westen, bis die Sonne versinkt und wir unser Nachtlager aufschlagen müssen. Früh am nächsten Morgen geht es weiter. Kerzengerade zieht sich der Asphalt durch den *outback*, das Hinterland, und die Büsche haben sich inzwischen in jämmerliche Grasbüschel verwandelt; nach einem Jahr Dürre ist alles braun. Nichts bricht die Linie des Horizonts, vor und hinter uns verliert sich der „Flinders Highway" in flimmernden Luftspiegelungen. Nach 150 Kilometern taucht ein Fernsehmast auf, eine Rettungsboje auf dem ausgedorrten Meer. Durch den Fahrtwind rufe ich Emil zu: „Was schätzt du, wie weit ist es bis dorthin?"

Er tippt auf 5, ich auf 6 Kilometer, aber denkste! Der Kilometerzähler dreht sich und dreht sich, 11076..., 11100, wir müssen noch 24 Kilometer zurücklegen, bis wir an dem enormen Mast mit der Parabolantenne vorbeifahren. Emil lehnt sich nach vorn und sucht konzentriert den Horizont nach einem neuen Punkt ab, den wir anpeilen können. Seine kleinen, von der Sonne gebräunten Hände halten den Lenker gut fest.

Ich lasse mit der linken Hand los und hole das Thermometer hervor. Heute morgen hatte ich es in die Jackentasche gesteckt, und nun zeigt es 45 Grad an. Emil hat heute morgen ausprobiert, in Sandalen zu fahren, aber die Gummisohlen schmolzen, und die Hitze des Motors verbrannte ihm die Fußgelenke; notgedrungen müssen wir alle vier in Stiefeln fahren. Nach einigen turnerischen Übungen auf dem Motorrad gelingt es mir, das Thermometer in meinen rechten Stiefel am Auspuffrohr zu stecken, und hier messe ich 61 Grad! Gar nicht so schlecht, wo ich doch zu kalten Füßen neige, und eigentlich stört mich die Hitze in den Stiefeln nicht, im Gegenteil, sie hat beinah die gleiche Wirkung wie ein Fußbad.

Im Rückspiegel sehe ich, daß Nina anhält. Ich bremse und

wende, um herauszufinden, was passiert ist. Ich mache mir Sorgen, ob die Hondas die Hitze aushalten. Aber sie ist nur durstig und hat einen Wasserkanister abgebunden. Wir vertreten uns ein wenig die Beine. Seit zwei Tagen plagt Emil ein Hitzeausschlag am Hals, der juckt, wenn wir anhalten und kein Wind weht. Ich pudere seinen Hals mit Talkum ein, aber der klebt bei der Hitze sofort fest. Ida fragt Nina, warum sie ihren Pullover in den Stiefel stopft.

„Wegen des Auspuffrohrs", erklärt Nina. „Ich schwitze unheimlich in den Stiefeln, und dann verbrühe ich mir am erhitzten Schweiß das Bein. Hoffentlich kann der Pullover die Feuchtigkeit aufsaugen!"

Wir fahren schnell weiter. Es ist viel zu heiß, um mitten in der Sonne stillzustehen. Ich bin sicher, wir könnten auf dem Asphalt Spiegeleier braten, wenn wir welche hätten. Die Luft kühlt nicht, sie ist wie Blei, drückt gegen meinen Körper. Zwei Stunden um die Mittagszeit ist die Luft so hitzegeschwängert, daß es mich nicht wundern würde, wenn sie zu brennen anfinge. Emil lehnt sich über den Tank und döst, erschöpft von der Hitze, die vom Motor unter ihm heraufsteigt, und der Sonne, die auf ihn herunterknallt. Die Telegrafenmasten sind das einzige, was der Dürre standhält. Spröde und grau ragen sie empor, ihre Drähte zeichnen Striche gegen den blauen Himmel, sinken in der Mitte herab, steigen wieder auf und treffen den nächsten Masten, beschreiben wieder einen Bogen vor dem blauen Hintergrund, steigen, fallen...

Die weiten Entfernungen haben eine sonderbare Wirkung auf meinen Gemütszustand. Die Landstraße verschluckt mich, es ist wie bei einer Meditation, mein Körper ist regungslos, aber ich registriere auch den winzigsten verwelkten Grashalm, jeden einzelnen Stein im Asphalt, und ich entdecke den Himmel über mir.

Icecold Beers mit verblichenem Bierschaum werden auf großen Schildern angeboten. Eine Eisenbahnstation und Viehrampen, Hausdächer und Laternenpfähle sprießen wie eine Fata

242

Morgana am Horizont empor. In Julia Creek wird die Straße zur breiten Hauptstraße. Unter den blanken Dächern verkriechen sich die niedrigen Häuser vor der Sonne, gleißend und staubig schwebt sie vor meinen ausgetrockneten Augen im überbelichteten Nebel. Nina zeigt mit dem Finger auf den Mund, und vor der ersten Bar steigt sie auf die Bremse. Um es auszuprobieren, ist sie versuchsweise in Shorts und bloßen Armen gefahren. Jetzt springt sie erlöst vom Motorrad.

„Ich kam mir vor wie ein aufgespießter Schmetterling auf diesem Sattel!" stöhnt sie mit einer Stimme, die klingt, als würde sie über Sandpapier kratzen.

Emil und Ida sind schon in der Bar verschwunden, ich öffne die Tür, und aus dem großen, dämmrigen Raum schlägt mir Kälte entgegen. Wir legen die Helme auf den Tresen und klettern auf die Stühle. Es dauert eine Weile, bis ich mich an den Schatten und die Kühle hier drinnen gewöhnt habe. Nicht besonders

Die Straßen im Outback scheinen nie enden zu wollen

freundlich zapft die Frau hinter der Bar Bier und Orangensaft für uns und poliert weiter den Stahltresen, während ihr fetter Mann an der Kasse sitzt und sich mit einem älteren Farmer unterhält. Der Farmer ist der einzige Gast hier, das rote Gesicht unter der verblichenen Hutkrempe ist von Wind und Wetter gegerbt. Die Männer schauen nicht zu uns herüber, vielleicht finden sie, daß Kinder und Frauen in einer Bar nichts zu suchen haben, vielleicht lassen sie sich aber auch nur Zeit, die Fremden zu begutachten.

Emil und Ida bekommen noch einen Saft und einen Hamburger. Gut gelaunt haben sie den ersten Teil der Reise durch den *outback* überstanden; nicht ein einziges Mal haben sie über die Hitze geklagt. Mitten im Sommer sind wir ins Hinterland gekommen, ausgerechnet in der allerheißesten Jahreszeit, und ich muß gestehen, daß ich mir nicht so richtig vorgestellt hatte, wie heiß und groß das Land wirklich ist. Die Menschen sind geradezu auffällig wortkarg. Nachdem wir die Frau hinter der Bar wiederholt danach gefragt haben, erzählt sie uns knapp, daß die Wüste erst hinter Birdsville, 700 Kilometer südlich von hier, beginne, und dort unten sei es noch viel heißer. Eine Fahrt durch die Wüste wäre eine zu große Strapaze, finden wir, und einstimmig entscheiden wir uns für die Umkehr. Wir wollen nun einen großen Bogen nach Südosten machen, um 2000 km südlich von Cairns wieder auf den Stillen Ozean zu stoßen. Als ich nochmals die Karte betrachte, finde ich es doch ein wenig ärgerlich, daß wir nicht in die Wüste kommen. Wenn ich mir vorstelle, auf der kleinen, roten Pünktchenlinie zu fahren... Aber was nicht ist, kann ja noch werden.

Wir gehen nach draußen, hechelnd in diesem Backofen, und ziehen uns an. Gegenüber der Bar verwelkt eine braune Grünanlage säuberlich vor dem Julia Creek *War Memorial*, und hinter der Post stöhnt eine Fahne am Mast. Der Gedanke belustigt mich, daß keiner, der zu Hause ein Foto von uns mit Jacken, langen Hosen, Helmen und Motorradstiefeln sieht und alles bis obenhin zugeknöpft, begreifen wird, wie heiß es hier ist. Aber

Zurück in der Zivilisation

Ida weint, weil wir unser Versprechen nicht gehalten haben – es regnet

jenseits vom dänischen Sommer gibt es eine Hitze, bei der man sich wieder anziehen muß.

Die Straße in Richtung Süden nach Kynuna läuft direkt in die Steppe hinein. Der sonnengetrocknete Lehm ist hart wie Beton. Wir fahren über hundert Kilometer die Stunde und wirbeln eine wogende Staubfahne hinter uns auf. Endlos erstreckt sich das Braun und Grau zu allen Seiten.

Dunkle Wolken ziehen sich über uns zusammen, der Wind frischt auf, Dunst verbirgt die Sonne, Windstöße rütteln an den Motorrädern, und plötzlich stürzt Regen auf uns nieder. Die warmen Tropfen peitschen die Erde, für einen kurzen Augenblick wirbelt der Staub auf, sinkt zusammen und zerfließt im Schlamm. Mit Emil mache ich mich hinter der Windschutzscheibe so klein wie möglich und fahre etwas langsamer. Der Wolkenbruch überschwemmt die harte, dürstende Erde, die nichts aufsaugen kann, alles verwandelt sich in Matsch. Eigenwillig bestehen die Motorräder darauf, seitwärts zu fahren, sich zu drehen und zu rutschen. Unter großer Mühe bewegt Nina ihr Motorrad zu uns herüber, Ida hüpft herunter, der Morast saugt ihre Stiefel fest. Sie weint bitterlich. Wir hatten ihr doch versprochen, daß es in der Wüste nicht regnen würde!

Ich richte mein Motorrad auf, aber es will weder vor noch zurück, das Hinterrad ist völlig blockiert.

„Vorsicht, Hjalte!" schreit Emil, und aus dem Regen taucht der größte Lkw auf, den ich jemals gesehen habe. Der riesige Lastzug schwankt auf uns zu, die Räder schlittern durch den Matsch, der Fahrer gibt uns aufgeregte Zeichen, daß wir Platz machen sollen. Mit der Kraft der Verzweifelten schleppen wir vier mein Motorrad von der Straße, und da kommt der Lastzug auch schon vor uns zum Halten. Sofort legt der Fahrer den Rückwärtsgang ein, aber die Räder drehen durch. Vor, zurück, er kommt nicht frei, gräbt sich nur tiefer in den Schlamm. Es tut mir fürchterlich leid, denn vorläufig wird er nicht wieder flott werden. Er springt vom Führerhaus zu uns herunter und wirft einen Blick auf die Räder.

„*Never mind*", sagt er gemütlich, „ich mache so lange ein Nikkerchen, bis der Schlamm getrocknet ist."

Beeindruckt zählt Emil drei Anhänger, alles vollgepackt mit Schafen – in vier Etagen übereinander. Am Kühler des riesigen Trucks ist vorne eine Art Schild montiert, eineinhalb Meter hoch, aus schweren Stahlprofilen zusammengeschweißt. Mich schaudert bei diesem Anblick.

Ida und Emil haben ein Messer und ein paar Gabeln aus der Küchentasche hervorgekramt, und wir machen uns an die Arbeit, mein Motorrad vom Matsch zu befreien. Zwischen Reifen und dem hinteren Schutzblech ist alles wie aus Lehm gegossen. Der Fahrer klettert zurück in sein Führerhaus, zündet sich eine Zigarette an. Die Musik von einem örtlichen Sender mischt sich mit dem Rauschen des Regens. Rastlos jagen die Wolken weiter, und bald scheint die Sonne wieder.

Am späten Nachmittag erreichen wir Kynuna. Das Dörfchen besteht aus zwei weißgestrichenen Holzhäusern, die einsam unter einem mächtigen Himmel liegen. Die breite, unbefestigte Straße, die zwischen den beiden Häusern hindurchführt, ist der „Landsborough Highway". Vom Ostrand der Wüste führt er zum Stillen Ozean.

Drinnen im dunklen Kaufladen hängt immer noch der Weihnachtsschmuck, und abgesehen von Konserven gibt es außer Videofilmen und Benzin nicht viel zu kaufen. Wir bezahlen, und die freundliche, dicke Frau macht es sich wieder hinten bei einem Videofilm bequem.

Ein Regenbogen springt aus den Wolken über die Straße, in Richtung Süden ist der Himmel immer noch blau mit weißen Sommerwolken, doch das Licht schwindet, und die Schatten werden tief. Der Sonnenuntergang glüht golden und zögert den letzten violetten Farbton hinaus, bis die ersten Sterne leuchten. Ich kann den Sand und die Löcher auf der Straße nicht mehr erkennen – wir müssen für heute haltmachen. Wir „borgen" uns ein kleines Fleckchen neben dem einzigen Baum weit und breit, obwohl das Zelt etwas dicht an der Straße steht. Aber für eine

Nacht werden wir wohl ungestört sein, und morgen früh haben wir ein wenig Schatten.

Ein feines, zwitscherndes „B-B-B-B" weckt uns früh am nächsten Morgen. Der Himmel ist blau, vollkommen sauber geweht von grauen Wolken, die Sonne wärmt, ist aber noch nicht zu heiß.

„Siehst du sie?" flüstert Nina Emil zu und zeigt nach oben. Überall in den Bäumchen sitzen Zebrafinken mit roten Schnäbeln. Emil klettert auf den Baum, um sie zu fotografieren, erschrocken flattern die Vögel davon, aber es dauert nicht lange, bis sie wieder zu ihren Nestern zurückkehren.

Hinter einem Busch entdecken Nina und Ida das Skelett von einem Känguruh und rufen Emil. Der hat die ganze Zeit schon nach einem solchen Ausschau gehalten, denn er will unbedingt eines mit nach Hause nehmen. Eifrig schaufelt er es aus dem Sand frei. Die Sonne sticht immer brutaler, aber Emil hört erst auf, als er sicher ist, daß auch nichts fehlt. Es muß ein großes Känguruh gewesen sein, denn die Hinterbeinknochen sind 55 Zentimeter lang. Emil steckt das Skelett in Plastiktüten, und ich helfe ihm, sie hinten an Ninas Motorrad neben der halben Küchentasche und dem Flitzbogen aus Neuguinea zu befestigen. Das Känguruh an dunklen Winterabenden zu Hause zu rekonstruieren . . . verlockende Aussichten.

Der Staub der löchrigen, unbefestigten Straße hüllt Nina und Ida ein. Die letzten Tage haben wir lange Strecken zurückgelegt. Wir wollen zum Nationalpark in Carnavon. Langsam erahne ich die Öffnung zum Canyon, der sich durch das Bergmassiv schneidet. In ihm soll es tausendjährige Felsmalereien und Kultplätze der australischen Urbevölkerung geben. Im Schutz vor der brennenden Sonne und dem heißen Wind der Ebene wächst hier beinahe Regenwald – ein üppiges Paradies im Verborgenen.

Ein großer Lachvogel, der sich auf unserer Zeltstange niedergelassen hat, weckt mich mit seinem „Ha-Ha-Ha-Ha-Haar-

Haar-Haar". Ein erstes Känguruh kommt aus dem Wald ge-
hüpft, setzt sich auf seine langen Hinterbeine und betrachtet
mich aufmerksam. Weitere folgen. Ich wecke die Kinder. Ein anderes Känguruh macht Männchen, wobei ein schon recht großes
Känguruhjunges aus dem Beutel hervorlugt. Dann senkt die
Känguruhmutter den Oberkörper und fängt an zu grasen.

Während wir frühstücken, nähern sich die Tiere ohne Scheu
und untersuchen das Frühstücksmenü auf dem Tisch. Ein besonders vorwitziges versucht Nina das Brot aus der Hand zu schnappen. Es richtet sich auf den Hinterbeinen auf und fixiert Nina
mit seinen Rehaugen. Sie springt um den Tisch herum, und das
Känguruh folgt ihr auf den Fersen. Es sieht sehr komisch aus,
und wir kugeln uns vor Lachen.

Den ganzen Vormittag sitzen wir im Schatten der Bäume und
machen es uns mit den Tieren gemütlich, selbst eine Rieseneidechse schaut mehrmals vorbei. Aber sie ist ein unnahbares
Wesen und verschwindet schließlich in einer Palme. Wir bauen
mal wieder in Gedanken unser Traumhaus. Emil krabbelt ins
Zelt und holt unsere Tagebücher und Zeichenblöcke. Wir sitzen
zwischen den Bäumen und überlegen, daß es nur so raucht. Kellys phantasievolles Bauen in Hayafaga hat uns auf den Ge-
schmack gebracht, und wir tragen uns mit dem Gedanken, irgendwo ein Haus zu bauen – irgendwo, wo es warm ist.
Während unseres ersten Sommers in Valby hatten wir das kleine
sechseckige Gartenhaus konstruiert, und auch jetzt sind wir uns
einig, daß unser Traumhaus in der Mitte einen Wintergarten haben soll, der von sechseckigen Zimmern umgeben ist. Eine große
Werkstatt für mich wäre nicht schlecht, Nina denkt an einen
Musikraum für Max, ihren erwachsenen Sohn, und Emil möchte
in einem Turm wohnen, Nina träumt von einem schönen Wintergarten für tropische Pflanzen, wo sie die ganzen Samen, die
sie auf der Reise gesammelt hat, säen kann. Es könnte ein phantastisches Haus werden. . .

Aber da ist das eine große Problem: Wo soll dieses Haus stehen? Überall während der Reise habe ich denselben Gedanken im

Hinterkopf gehabt: Könntest du hier leben? Könntest du dich hier zu Hause fühlen? Wir hätten nichts dagegen, mal woanders zu wohnen, neue Leute kennenzulernen, neue Eindrücke zu sammeln, ein besseres Klima wäre auch nicht zu verachten – aber ich glaube nicht, daß es eine Gegend in der Welt gibt, in der man wohlhabender, sicherer und privilegierter leben kann als in Nordeuropa. Und in Dänemark wohnen unsere Freunde und Verwandten. Aber vielleicht haben wir doch mal Lust, etwas anderes auszuprobieren . . .

Am Nachmittag erfrischen wir uns im Bach, und danach wollen wir uns doch Ballon Cave anschauen. Die steile, helle Felswand bildet einen großen Überhang, und hier haben die *aborigines*, die Ureinwohner Australiens, ihre Bilder gemalt. In klaren Ockerfarben halten Hände mit ausgestreckten Fingern die Felswand: Farbe ist gegen die Wand geblasen worden, und der genaue Umriß einer Hand blieb zurück. Zwischen den Händen sind Steinäxte und Bumerangs gemalt. Die Bilder sind 3500 Jahre alt und haben dennoch nichts von ihrer Frische eingebüßt. Die Archäologen wissen zu berichten, daß hier schon vor neunzehntausend Jahren Menschen gelebt haben. Die ersten Europäer, die in den *outback* vordrangen, hatten absolut kein Verständnis für die *aborigines*, hielten sie für primitive Wilde. Die weiße Bevölkerung, ihre Viehfarmen und Minen haben die Urbevölkerung inzwischen verdrängt. Heute leben nur noch 50 000 von ihnen in ganz Australien, wovon weniger als ein Drittel immer noch ein traditionelles Leben in Reservaten führt.

Im Laufe der nächsten Tage überqueren wir die Berge zwischen den Staaten Queensland und New South Wales. Die Landschaft ist grün und üppig, an den Hängen grast das Milchvieh, und in den Provinzstädten spielen weißgekleidete australische Frauen und Männer Boccia auf gepflegtem Rasen. Nach der Einsamkeit, der Weite und der Ruhe im Hinterland ist die Küste nun geradezu ein Schock. Wir sitzen in langen Staus hinter Wohnwagen,

Boccia – beliebte Freizeitbeschäftigung in Australien

Panoramabussen und Bootstrailern fest. Wir fahren an *O'nite Vans* – Wohnwagen, die man für eine Nacht mieten kann – vorbei, an *Campsites, Trailerparks, Waterslides, Supermarkets* . . . Wir fahren, so schnell es geht, hinunter an den Strand. Emil und Ida werfen sich ins Wasser, werden von den kleinen Wellen nach draußen gesogen, wieder an Land gespült und von der Sonne gebräunt; der ganze Staub wird abgewaschen. Wir können gar nicht genug bekommen und fahren statt auf der Landstraße am Strand entlang nach Süden. Jeden Abend schlagen wir das Zelt im Sand auf – es ist der reinste Traumurlaub.

Eines Abends finden Emil und Ida einige Bretter, die an Land gespült worden sind, und bauen ein Tischchen daraus. Sie decken den Tisch mit Brot und Käse, Erdnüssen und einer großen Tüte

Herrliche Fahrten am endlosen Strand entlang

253

Rosinen, die sie freigebig zum Nachtisch reichen. Unsere Lampe leuchtet unter der Palme, und wir genießen einen langen Abend mit Malen, Lesen und Schreiben. Emil sollte eigentlich sein Rechenbuch durchgearbeitet haben, bevor er wieder zur Schule zurückgeht, aber das kleine Einmaleins hat es für ihn in sich. Ist 8 mal 6 nicht 54? Und ist 4 mal 8 nicht 34? Aber ich mache mir deswegen überhaupt keine Sorgen. Emil hat so viel anderes unterwegs gelernt. Zu den ersten zögernden englischen Wörtern in Penang sind weitere hinzugekommen. Inzwischen kommt er allein auf englisch zurecht, und sowohl er als auch Ida haben eine Menge Indonesisch gelernt.

Es ist kein Problem, im dritten Schuljahr ein halbes Jahr auszusetzen. Kinder lernen die ganze Zeit, und obwohl Emil und Ida viel von dem, was wir auf der Reise erlebt haben, vergessen werden, bin ich doch sicher, daß sie genügend Einblick in die Welt bekommen haben, um so aufgeschlossen zu sein, daß sie ganz selbstverständlich andersartige Menschen respektieren können. Wenn die Tagebücher auch vergilbt und die Fotos verblaßt sein werden, unsere gemeinsame Reise wird uns doch bleiben.

Am nächsten Morgen strahlt das Meer wieder türkisblau. Wir frühstücken auf die schnelle, machen die Motorräder startklar für die letzte Tagesetappe nach Sydney und laufen noch einmal zum Wasser hinunter. Wir werfen uns in die Brandung, tauchen durch die brausenden Wellen, spielen Urzeittiere und Fische, genießen die letzten Tropfen des warmen, blauen Meeres. Wir lassen uns von der Sonne durchbraten und von der klaren Luft trocknen, damit wir etwas haben, wovon wir an dunklen, nordischen Wintertagen zehren können.

Bruce Highway, die Autobahn von Norden, führt durch einen Naturpark, ehe wir uns Sydney nähern. Ich hole das Letzte aus der Honda heraus. Nina bleibt hinter mir weit zurück. Wir überholen sämtliche Autos, die Tachonadel bewegt sich immer weiter, wir hüpfen über den Hawkesbury River, durch einen grünen Wald und an grauen Klippen entlang – die Honda fährt 150 km/h, vollbepackt. In den nördlichen Vorstädten droßle ich die Geschwindigkeit, fahre die Landeklappen aus, Nina holt uns ein. Langsam überkommt mich ein fast vergessenes Gefühl: Ich friere. Wir haben nur noch etwa zwanzig Grad!

Wir übernachten auf einem Campingplatz ein wenig nördlich vom Stadtzentrum, und am nächsten Tag fahren wir bei strahlendem Sonnenschein über die Harbour Bridge und sehen Sydneys Wolkenkratzer hinter der Silhouette des Opernhauses aus dem Wasser ragen. Wir wollen auf den Centre Point, den neuen 325 Meter hohen Turm von Sydney, um einen Überblick über die Stadt zu bekommen. Nach einer Welt in Bodenhöhe ist die Großstadt ungeheuer beeindruckend und überwältigend. In vierzig Sekunden schießt der Expreß-Fahrstuhl uns zum Restaurant hinauf. Was für eine phantastische Aussicht: das Opernhaus, der Hafen, die Parks und all die Wolkenkratzer von oben! Während Emil und Ida eine Portion Eis genießen, schauen sie begeistert auf die Autos und Menschen hinunter, die so klein sind, daß man sie kaum erkennen kann. Nina und ich genehmigen uns einen Drink und prosten der sommerhellen, schönen Stadt unter uns in alle Himmelsrichtungen zu.

Auf Timor bekamen wir von Colin Piggins, dem australischen Entwicklungsexperten, die Adresse seines jüngeren Bruders, der als Tänzer in Sydney lebt, und wir finden das Haus in Paddington, einem der alten Viertel von Sydney mit zweistöckigen Reihenhäusern. Phillip empfängt uns sehr herzlich. Er ist ein gutaussehender junger Mann mit einem einnehmenden Wesen, sehr anders als die Kerle, die wir im *outback* Bier trinken sahen, obwohl seine Eltern irgendwo dort im Hinterland auf einer Farm leben.

Phillip macht mit uns einen Spaziergang durch das Viertel, das sehr englisch, aber ganz anders als England ist. Keine dreckige Luft, keine rußigen, gemauerten Fassaden, die Häuser sind weiß gestrichen, mit schönen schmiedeeisernen Gittern verziert und werden von der Sonne hell erleuchtet – eine Stadt, in der es keinen Winter gibt. Paddington war früher ein Arbeiterviertel, aber jetzt wohnt *man* hier. Leute mit Geld ziehen ein und renovieren die Häuser. Wir trinken Kaffee in einem der kleinen Restaurants, gucken uns Poster für Theatergruppen und Rockkonzerte an, besuchen den Weinhändler, der ein reichhaltiges Angebot von guten australischen Weinen im Sortiment hat, und kaufen beim griechischen Gemüsehändler ein.

Als wir nach Hause kommen, ist einer von Phillips Freunden, der Regisseur an der Oper ist, zu Besuch gekommen. Zusammen kochen wir ein leckeres Essen und machen ein paar Flaschen Wein auf. Die beiden erzählen vom Theater- und Künstlermilieu in Sydney. In den letzten zehn Jahren ist offenbar eine echte Kultur herangewachsen, die weder englisch noch amerikanisch ist, sondern etwas eigenständig Australisches. Man hört von Europäern immer wieder, Australien sei zehn Jahre hinterher, aber mein Eindruck ist, daß hier zehn Jahre weniger Streß, zehn Jahre weniger Zynismus und Desillusion vorherrschen. Die Welt sieht aus der Perspektive von *down under* ganz anders aus. Hinter Sydney liegt der *outback*, und das gibt Sydney ein ganz besonderes Lebensgefühl. Hier gibt es Platz, unendliche Weite, von den Stränden Sydneys ganz zu schweigen, die die Leute das ganze Jahr über genießen. Die beiden Freunde legen Musik auf. Es wird ein langer und gemütlicher Abend.

Am nächsten Tag fahren wir am Opernhaus vorbei, ein wirklich phantasievolles, einzigartiges Gebäude. Kraftvoll bestehen die weißen, muschelförmigen Bögen darauf, daß Städte nicht so konform aussehen müssen wie die rechteckigen Nachbarn des Opernhauses, die Stereotürmen in Übergröße ähneln.

Eine verhetzte, in einen Sari gewandete Dame im Büro der Fluggesellschaft tastet unsere Reservierungen für die Maschine in der nächsten Woche ein, teilt uns aber lakonisch mit, daß für den nächsten Monat alles ausgebucht sei.

„Nein, das ist unmöglich! Wir müssen in spätestens zehn Tagen zu Hause sein!" protestiere ich entsetzt.

Die Buchstaben flimmern erneut über den Bildschirm, und da zeigt es sich, daß für den Flug morgen noch Plätze frei sind. Die nehmen wir und haben es mit einem Mal schrecklich eilig.

Ich finde eine Reederei aus Norwegen, die uns anbietet, die Motorräder für insgesamt 730 Mark nach Oslo zu verfrachten. Wir brauchen sie nicht in Kisten zu verpacken, da es ein *Roll-on/roll-off*-Schiff ist, und bis das Schiff in drei Wochen ablegt, können die Motorräder in einem Lagerschuppen stehen. Phantastisch!

Wir erledigen den gesamten Papierkram, und vor Ladenschluß haben Ida und Emil auch noch neue Jogginganzüge gegen die heimatliche Kälte bekommen. Schaudernd rechnet Emil aus, daß wir von 30 Grad plus in 10 Grad minus reisen werden = 40 Grad Unterschied!

Sydney blinkt zum Abendhimmel hinauf, und wir beenden den Tag mit einer Fährfahrt von Circular Quay, gleich neben dem Opernhaus, nach Mosman auf der gegenüberliegenden Seite des Hafens. Australier in braunen Shorts mit Gürtel und Bügelfalten, Kniestrümpfen und Schnürschuhen, Hemd und Bauch, sonnengebräunte Sporthelden mit Surfbrettern und tragbaren Kassettenrecordern, Geschäftsleute mit Büroköfferchen und Dosenbier hüpfen an Bord. Viele verschiedene Fähren legen an und legen ab, es herrscht ein Riesengedränge.

„Jedes Jahr", so erzählt uns ein Mann, während wir ablegen, „machen die Fähren von Sydney ein Wettrennen, und letztes Jahr ging es so hart her, daß der Motor der ältesten Fähre explodierte und das brennende Schiff im Hafen versank, nachdem die Passagiere hochdramatisch an Land gerettet worden waren."

Jetzt ist das Tempo etwas gemächlicher. Die weißen Schalen des Opernhauses erheben sich auf der Landzunge vor der Stadt; schwarz und mächtig streckt sich die Harbour Bridge über den Hafen, und die Schiffe fahren mit gesetzten Positionslichtern unter ihr hindurch; weit im Osten, wo der Stille Ozean anfängt, blinkt der Leuchtturm, und rund um die weitverzweigte Bucht von Sydney glimmen Lichter in den Häusern. Einen Augenblick träumen wir davon, in dieser schönen Stadt zu wohnen . . .

Es ist ein gutes Gefühl, das Zelt am nächsten Morgen zusammenzurollen. Fit und vergnügt tritt die Expedition die Heimreise an. Zum letzten Mal werden die Motorräder gepackt, und wir fahren ruhig und vorsichtig die 25 Kilometer zum Darling Harbour hinunter. Ich bin froh und erleichtert, als wir vor dem Lagerhaus die Schlüssel abziehen. 15 347 Kilometer haben wir ohne einen einzigen Unfall, ja ohne eine Reifenpanne zurückgelegt. Wir setzen die Helme ab und warten auf das Flughafen-Taxi.

Den Äquator haben wir schon wieder überquert. Auf dem Boden zwischen den Sitzen schlafen Emil und Ida mit ihren Souvenirs, einer fleischfressenden Pflanze und einem kleinen Stoff-Koalabären. Nach zweimaligem Stopp im kalten Indien nehmen wir Kurs auf Europa. Rajastan und Pakistan erscheinen wie öde Wüsten, in Afghanistan liegt tiefer Schnee auf unnahbarem Gebirge; im Osten thronen die wilden Zinnen des Hindukusch in der Sonne, eine Wand aus Schnee, so weit entfernt, daß sie sich der Krümmung der Erde anzupassen scheint. Rußland verbirgt sich unter einer Wolkendecke, die sich, ohne irgendwo die Sicht freizugeben, über Polen und die DDR erstreckt, und dreißig Stunden nach dem Sommer in Sydney rutschen wir durch den Schneematsch von Frankfurt. Im Schlafwagen rattern wir unserem kleinen Land im Norden entgegen.

„Warum wohnen wir bloß so weit weg?" sagt Nina müde, und kurz bevor sie einschlafen, murmeln Emil und Ida, daß sie auf Schnee in Svendborg hoffen, damit sie rodeln können.

Emil wacht schon morgens um vier auf, wischt die beschlagene Scheibe sauber und starrt in die Winternacht hinaus, der Schnee wirbelt am Fenster vorbei, und aufgeräumt weckt er Ida, damit sie auch den Schnee sehen kann. In den kleinen Provinzstädten auf Westseeland sehen wir erleuchtete Fenster, wo Frühaufsteher beim Kaffee sitzen und sich für die Arbeit fertig machen. Plötzlich sind wir auf dem Kopenhagener Hauptbahnhof. Wir taumeln nach draußen und stehen in unseren Motorradstiefeln

Zurück im winterlichen Europa

im tiefen Schnee auf dem Bahnsteig. Zu unserer großen Überraschung kommt Max mit flatterndem Schal winkend durch das Schneegestöber gelaufen. Emil und Ida sind ganz aufgedreht vor Wiedersehensfreude, sie springen an ihm hoch wie kleine Hundewelpen und können gar nicht abwarten, ihm alles zu erzählen.

Als wir in der Einfahrt unseres Häuschens in Valby stehen, entdecken wir im Schnee Fußspuren, die zum Briefkasten führen, und darin liegt ein kleiner Brief mit vier farbenprächtigen

259

Briefmarken: aus Papua-Neuguinea. Ich drehe den Umschlag um, aber da steht nur: *Have a good guess* – rate mal. Der Brief ist von Ipai, der uns damals gegen die Räuber im Hochland von Neuguinea geholfen hat. Aufgeregt lese ich:

„Hallo! Wie geht es Euch heute in diesem Augenblick? Ich hoffe, es geht Euch gut an diesem Tag. Ich denke immer wieder daran, daß das Hemd von Euch ist. Ich habe dasselbe Hemd jeden Tag zur Schule an. Ich würde Euch gern ein kleines Ferkel schenken, aber Ihr seid aus einem anderen Land, wie kann ich Euch also etwas geben? Seid so freundlich und schickt mir ein Buch über die Welt oder über Euer Land, jedes Buch . . .

Guten Nachmittag, meine Freunde!

Das ist alles von Eurem armen Freund Ipai Kipan."

Leise fällt der Schnee herab, und ein paar Schneeflocken landen auf dem Brief. Ich hole den Schlüssel heraus und schließe uns die Tür auf.

Reisetips

Singapur

Einreisebestimmungen
Für Deutsche, Schweizer und Österreicher ist bis zu drei Monaten Aufenthalt kein Visum erforderlich. Doch bei der Einreise
wird meistens eine Aufenthaltserlaubnis von nur 14 Tagen ge-
währt. Wer länger bleiben will, muß den Beamten darauf aufmerksam machen. Zur Einreise muß man ein Ausreiseticket und
genügend Geldmittel (mindestens 500 DM) vorweisen können.
„Anständiges" Aussehen wird erwartet.

Klima
Das ganze Jahr herrscht heißes und feuchtes Klima. Die regenreichste Zeit herrscht von November bis Januar. Lange und er-
giebige Regenfälle gibt es vor allem an den Nachmittagen.

Öffentliche Verkehrsmittel
Bus und Taxi

Unterkunft
Hotels gibt es in unterschiedlichsten Preis- und Komfortklassen.
Billige Unterkünfte findet man zwischen Bencoolen Street und
Beach Road.

Essen
Umfangreich und preiswert ist die Auswahl an chinesischen, indischen, malaiischen und indonesischen Gerichten. Teuer ist die
europäische Küche, aber wer in Singapur europäisch ißt, dem ist
sowieso nicht zu helfen. Beliebte Eßzentren sind „Telok Ayer"
und „New Boat Quay" (hinter der Hauptpost).

Bevölkerung
Chinesen, Malaien, Inder. Vertretene Religionen sind: Islam, Buddhismus, Hinduismus, Christentum.

Sprachen
Malaiisch, Chinesisch, Englisch, Tamil.

Malaysia

Einreisebestimmungen
Deutsche, Schweizer und Österreicher benötigen für eine Aufenthaltsdauer bis zu drei Monaten kein Visum. Bei der Einreise ist auch hier ein „anständiges" Äußeres von Vorteil. Impfungen sind nicht vorgeschrieben. Doch wer aus tropischen Regionen Afrikas oder Südamerikas kommt, muß einen Impfnachweis gegen Gelbfieber vorzeigen. Wer in entlegene Gebiete reist, sollte sich gegen Typhus und Paratyphus impfen lassen. Impfungen gegen Tetanus, Polio und Malariaprophylaxe sind ratsam.

Klima
Von Januar bis Dezember ist es gleichmäßig warm und feucht. In höheren Regionen wird es kühler. Durch die Nähe des Äquators gibt es das ganze Jahr Regenfälle. Die regenreichste Zeit an der Ostküste ist von Oktober bis Januar, an der Westküste von September bis November. Juli und August sind vorwiegend trockene Monate.

Öffentliche Verkehrsmittel
Für Überlandstrecken kann man zwischen Bussen und Sammeltaxis wählen. Die Preise für Taxifahrten sind nur geringfügig höher als Bustarife, doch müssen vier Fahrgäste vorhanden sein. Eine bequeme Zugverbindung gibt es zwischen Thailand–Butterworth–Kuala Lumpur–Singapur.

Unterkunft

In fast allen kleineren oder mittleren Orten gibt es staatliche Rasthäuser, die meist in sehr schöner Lage liegen. Einfache und billige Hotels werden vorwiegend von Chinesen geführt. In Großstädten findet man auch Jugendherbergen.

Essen

Man kann zwischen malaiischer, chinesischer und indischer Küche wählen. Billiges Essen gibt es auf den Nachtmärkten, die im Freien stattfinden. Teuer sind europäische Gerichte – doch wer vermißt sie schon bei dieser köstlichen Auswahl! Unbedingt probieren sollte man „Hainan Chicken Rice", die phantastischen Currys, „Martabak" (mit Ei oder Gemüse gefüllte und gebratene Teigtaschen) oder chinesisches Fondue.

Bevölkerung

Malaien, Chinesen, Inder. Vertretene Religionen sind: Islam, Buddhismus, Hinduismus, Christentum, Taoismus.

Sprachen

Malaiisch, Chinesisch, Englisch, Tamil.

Indonesien

Einreisebestimmungen

Der Reisepaß muß noch mindestens sechs Monate gültig sein. Ein Visum ist für Deutsche, Österreicher und Schweizer nicht mehr erforderlich, doch muß bei der Einreise eventuell ein Rückreiseticket vorgelegt werden. An der Grenze wird das Einreisedatum vermerkt, wonach man sich höchstens 60 Tage auf den indonesischen Inseln aufhalten darf. Der Aufenthalt wird nicht verlängert. Will man jedoch die vielfältige Inselwelt intensiver erleben, kann man kurz ausreisen, z. B. nach Singapur oder Penang, und danach wieder nach Indonesien einreisen. Wer vorhat, länger in Indonesien zu bleiben, sollte die Aus- und Wiedereinreise bereits im voraus in seine Reiseroute mit einplanen. Da in Bangkok, Penang oder Singapur Flüge billiger sind als in Indonesien, ist es ratsam, Aus- und Wiedereinreise an diesen Orten schon vorher zu buchen.

Grundsätzlich werden keine Impfungen vorgeschrieben, doch sind Impfungen gegen Cholera und Typhus/Paratyphus empfehlenswert, ebenso Malariaprophylaxe.

Irian Jaya: Mit dem indonesischen Visum darf man sich nur in den Städten an der Küste aufhalten. Wer in das Landesinnere reisen möchte, muß um eine Sondergenehmigung im Polizeipräsidium von Jayapura anfragen.

Klima

In Indonesien gibt es zwei Jahreszeiten: die Regen- und die Trockenzeit. Anfang und Ende verschieben sich von Insel zu Insel. Auch die Niederschlagsmenge ist unterschiedlich. In der Nähe des Äquators fällt der stärkste und häufigste Regen. Zusammenwirkend mit den relativ gleichmäßig hohen Temperaturen entsteht beträchtliche Luftfeuchtigkeit. In höheren Regionen kann es sehr kühl sein. Die trockenste Reisezeit ist zwischen Mai und August.

Sumatra: Von September bis März herrscht Regenzeit. Die herabstürzenden Wassermassen legen oft den Verkehr lahm. Die Regenfälle sind zwar gewaltig, aber oft nur von kurzer Dauer, und dazwischen scheint wieder die Sonne. Aber auch die Regenzeit hat ihren eigenen Reiz. Die Luft ist reiner und die Vegetation frischer.

Java: Regenzeit und Trockenzeit zeigen hier eher erkennbare Grenzen als in Sumatra. Regenfälle gibt es zwischen Oktober und April, die stärksten im Januar und Februar. Angenehmste Reisezeit ist zwischen Juni und August.

Timor: Die Regenzeit dauert von November bis März. Es herrschen hohe Temperatur und Luftfeuchtigkeit. Trockenzeit ist von Mai bis September/Oktober.

Irian Jaya: Regenfälle gibt es das ganze Jahr. Die heftigsten prasseln zwischen Dezember und März herab. Am „trockensten" ist es zwischen Mai und September. In den Bergregionen kann es empfindlich kalt werden. Nebel gibt es im August und September.

Öffentliche Verkehrsmittel
Die Verkehrsmittel in Indonesien sind preiswert und zahlreich. (Preise immer im voraus ausmachen!) Im Stadtverkehr kann man wählen zwischen *becaks* (Dreirad-Rikschas für 1–2 Personen), *helicaks* (motorisierte *becaks*), *bemos* (Kleintransporter, die mit seitlichen Längsbänken zu Minibussen umfunktioniert sind; man kann sie auf der Straße anhalten, *oplets* (Minibusse). Jakarta besitzt auch ein gut ausgebautes Stadtbusnetz. Für längere Distanzen stehen Busse unterschiedlichster Komfort- und Preisklassen zur Verfügung. Eisenbahnstrecken gibt es in Java und eine kurze Strecke in Sumatra. Die Züge haben drei verschiedene Klassen. Zwischen den Inseln und an den Küsten gibt es regelmäßige bis weniger regelmäßige Schiffs- und Bootsverbindungen.

Unterkunft
Billige Unterkünfte nennt man *losmen* oder *wisma*. Die einfachen Zimmer kosten nur wenige DM. Teurer sind die Unterkünfte in Irian Jaya.

Essen
Die Ernährung basiert hauptsächlich auf Reis. Das Nationalgericht heißt *nasi goreng* (Reis gebraten). Dazu gibt es Spiegelei. Ein anderes beliebtes Gericht ist *nasi campur* (Reis wird mit allem gemischt, was gerade vorrätig ist). Die „Reistafel" umfaßt

265

die verschiedensten Speisen. Scharf, jedoch köstlich ist die Erd-
nußsauce, die gibt es zu *gado-gado* (Salat), *pecal* (gekochtes Gemüse) und *satay* (Fleischspießchen). Außer Reis sind auch Nudeln beliebt. Gebratene Nudeln nennt man *mee goreng* und
Nudelsuppe *mee kuah*. Indonesisches Essen ist stark gewürzt.
Besonders scharf ist *nasi padang* (Padang liegt in Sumatra). Zum
Reis werden Fleisch, Fisch, Gemüse und Eier serviert. (Wer sich
einmal an das scharfe Essen gewöhnt hat, wird süchtig danach.)
Man bezahlt nur das, was man gegessen hat.

Bevölkerung
Große Einwanderungsströme kamen aus China, den polynesi-
schen Inseln und aus arabischen Ländern. In Indonesien leben
etwa 370 ethnische Gruppen. Die meisten Indonesier sind Moslems, dann folgen Buddhisten, Hindus und Christen.

Sprachen
Es gibt zwar viele Sprachen und Dialekte, doch *Bahasa Indonesia*
(der malaiischen Sprache eng verwandt) wird weitgehend gesprochen. Mit Englisch kommt man in den größeren Städten und
Touristenzentren durch, aber nicht unterwegs im Land. Die indonesische Umgangssprache ist jedoch leicht zu erlernen.

Papua-Neuguinea

Einreisebestimmungen
Deutsche, Schweizer und Österreicher erhalten bei der Einreise
in Port Moresby ein Visum für 30 Tage. Voraussetzung dafür ist
jedoch ein Ausreiseticket und genügend Geld. Wer länger bleiben möchte, muß sich ein Touristen-Visum zu Hause oder in Jakarta besorgen. Wenn keine Vertretung von Papua-Neuguinea
im Land ist, kann man sich auch an australische diplomatische
Vertretungen wenden. Impfvorschriften gibt es keine. Jedoch
müssen Reisende, die von Indonesien kommen, manchmal eine

Cholera-Impfung vorweisen. Diese wird auch von den Gesundheitsämtern empfohlen. Auch Malariaprophylaxe sollte man machen.

Klima

Das ganze Jahr über ist es heiß und feucht. Eine Ausnahme bildet Port Moresby, wo mitunter Wassermangel herrscht. Je weiter man in die Hochland-Region vordringt, um so kälter wird es. Auf den Gipfeln, die um 5000 m hoch sind, liegt manchmal Schnee. Am wenigsten regnet es zwischen Mai und September.

Öffentliche Verkehrsmittel

Entlang der Küste gibt es Schiffs- und Bootsverkehr. Im Landesinneren verkehren PMVs (Public Motor Vehicle), Kleinbusse und Pick-ups (Kleintransporter, die auf Wunsch überall anhalten, wo Passagiere zu- oder aussteigen wollen). Es besteht ein weitverzweigtes Inlandflug-System. Mit Studentenausweis gibt es manchmal Ermäßigung.

Unterkunft

Da in Neuguinea keine Schmal-Budget-Touristen erwünscht sind, gibt es nur wenige preiswerte Unterkünfte. Hotelzimmer kosten durchschnittlich 80–100 DM! In manchen Städten gibt es *student hostels*. Die billigen Herbergen in den Städten sind meist ausgebucht. Unterkünfte, die von Missionaren betrieben werden, sind auch nicht immer preisgünstig zu nennen. An abgelegenen Orten ist es möglich, daß man im *haus kiap*, dem Gästehaus für reisende Beamte, oder in der Schule unterkommt (eigener Schlafsack ist unbedingt notwendig!). Man fragt am besten den Dorfchef.

Essen

Die Ansprüche sind bescheiden. Der Nährwert der Kost ist mangelhaft. Hauptnahrungsmittel sind Süßkartoffeln und Sago (das Mark der Sagopalme). Es wird nur wenig Fleisch gegessen.

Bevölkerung
Malaien, Papuas. Vorherrschend sind Anhänger von Naturreligionen und Christen.

Sprachen
Es gibt ungefähr 1000 verschiedene Stammesgruppen, die etwa 700 unterschiedliche Sprachen sprechen. Im Süden und Port Moresby wird hauptsächlich Motu gesprochen. In den anderen Landesteilen spricht man Pidgin, ein Gemisch aus Englisch, Deutsch und melanesischer Grammatik.

Australien

Einreisebestimmungen
Ein Visum ist erforderlich. Es wird für die Dauer von zwei bis drei Monaten ausgestellt, manchmal auch für sechs Monate. Das Visum kann ein- bis zweimal verlängert werden. Ausreiseticket und genügend Geldmittel für einen Aufenthalt in Australien werden bei der Einreise gelegentlich kontrolliert.

Klima
Vom gemäßigten Klima in Tasmanien bis zu den feuchtheißen Tropengebieten im Norden weist Australien die unterschiedlichsten Klimazonen auf. Die Jahreszeiten sind umgekehrt wie in Europa. Der Winter dauert von Mai bis August, wobei es in den südlichen, höheren Regionen Schneefall gibt. Die Sommermonate erstrecken sich von November bis März. Dezember und Januar sind die wärmsten bzw. heißesten Monate. In der nördlichen, tropischen Region herrscht von November bis März/April Regenzeit. Die heißen, trockenen Gebiete Zentralaustraliens, die 70% des Landes ausmachen, haben jährlich oft nicht mehr als 5 cm Niederschlag.

Transport

Am schnellsten schafft man die ungeheuren Entfernungen mit Inlandflügen. Preisgünstig ist der bis zu 45 Tagen gültige *Go Australia Airpass*. Mit diesem können bis zu 10 000 km zurückgelegt und sieben Stopovers eingebaut werden.

Alle Großstädte sind auch mit äußerst komfortablen Expreß-Bus-Linien verbunden. Die längste Strecke geht von Sydney nach Darwin. Sie ist über 4000 km lang. Auf dieser Route ist man mehr als 90 Stunden unterwegs. Außerhalb Australiens kann man sich den *Super Aussie Pass,* gültig für 21 Tage inklusive 15 Übernachtungen, und den *Eagle Pass* für 60 Tage besorgen. Auch per Bus kann man an Safari-Touren ins *Outback* teilnehmen.

Mehr als 40 000 km lang ist das Eisenbahnnetz, über das alle Hauptstädte außer Darwin erreicht werden können. Von Sydney nach Perth muß man ungefähr 65 Fahrstunden rechnen. Günstig ist der *Austrail Pass,* den man nur außerhalb Australiens kaufen kann.

Wer abseits der Hauptstraßen reisen möchte, hat die Möglichkeit, sich ein Auto zu mieten. In diesem Fall kommt es günstiger, wenn man zu Hause vor der Abreise ein „Mietwagen-Package" bucht, verbunden mit einem Fly-and-Drive-Arrangement. Wer ein Auto mieten möchte, muß mindestens 21 Jahre alt sein.

Achtung: in Australien herrscht Linksverkehr!

Geschwindigkeitsbeschränkung auf Highways: 100 km/h. Deutscher, österreichischer oder Schweizer Führerschein wird anerkannt. Plant man, länger als zwei Monate zu reisen, dann rentiert sich der Kauf eines Gebrauchtautos, das man am Ende der Reise wieder verkaufen kann. Die meisten Chancen für Kauf als auch Verkauf hat man natürlich in den Großstädten.

Australien verfügt über viele und gute Campingplätze. Wer in den *outback* fahren möchte, braucht einen Wagen mit Allrad-Antrieb.

Unterkunft
Übernachtungsmöglichkeiten gibt es für jede Brieftasche. Man kann wählen zwischen Hotels, Motels, Pensionen oder Miet-Wohnwagen. Unterkunft findet man auch auf den großen Rinder- oder Schaffarmen im *outback*. Rucksackreisenden stehen über 100 Jugendherbergen zur Verfügung (Ausweis nicht vergessen!). Wer von November bis Februar, im Mai oder August unterwegs ist, findet preisgünstige Unterkünfte in Schulen oder Universitäten.

Essen
Das Angebot ist international. In nicht lizenzierten Restaurants muß man seine eigenen Getränke mitnehmen. Man nennt das „B.Y.O." (*bring your own*). Australier essen vorwiegend *Steak & Eggs,* Lammfleisch oder Meeresprodukte. Köstlich sind die zahlreichen tropischen Früchte.

Bevölkerung
Die meisten Einwohner sind britischer oder irischer Abstammung. Die Ureinwohner (*aborigines*) machen nur noch etwa 1% der Gesamtbevölkerung aus. Christliche Religionen herrschen vor. Naturreligionen sind im Aussterben.

Sprachen
Strine nennt man das australische Englisch. Je weiter man in den Busch vordringt, um so stärker und unverständlicher wird der Akzent.

Diplomatische Vertretungen

In der Bundesrepublik Deutschland

Singapur (Botschaft): Südstr. 133, 5300 Bonn, Tel. 0228/312007

Malaysia (Botschaft): Mittelstr. 43, 5300 Bonn 2, Tel. 0228/376803

Indonesien (Botschaft): Bernkasteler Str. 2, 5300 Bonn 2, Tel. 0228/310091

Papua-Neuguinea (Botschaft, auch für Österreich zuständig): Gotenstr. 163, 5300 Bonn 2, Tel. 0228/376855

Australien (Botschaft): Godesberger Allee 107, 5300 Bonn, Tel. 0228/810030

In Österreich

Singapur (Konsulat): Seilerstätte 22, 1010 Wien, Tel. 0222/5120617

Malaysia (Botschaft): Prinz-Eugen-Str. 18, 1040 Wien, Tel. 0222/5051042

Indonesien (Botschaft): Gustav-Tschermak-Gasse 7, 1180 Wien, Tel. 0222/342533

Papua-Neuguinea: siehe unter BRD

Australien (Botschaft): Mattiellistr. 2-4, 1040 Wien, Tel. 01/5128580

In der Schweiz

Singapur (Konsulat): Rue Carteret 6, 1200 Genf, Tel. 022/447330

Malaysia (Konsulat): Laubenstr. 37, 3000 Bern, Tel. 031/252105

Indonesien (Botschaft): Elfenauweg 51, 3000 Bern, Tel. 031/440983

Papua-Neuguinea (Botschaft): Brunnadernstr. 50, 3000 Bern, Tel. 031/448401

Australien (Botschaft): Alpenstr. 29, 3000 Bern, Tel. 031/430143

Allgemeine Tips von A-Z

Auskünfte

Lieber einmal zuviel fragen, als umsonst im Tropenschauer auf einen Bus warten.

Ausrüstung

So wenig wie möglich einpacken. Was und wieviel man mitnimmt, hängt von der Art und dem Ziel der Reise ab. Wer nur Sonne und Meer genießen will, benötigt wenige, leichte Kleidungsstücke. Ein Schlafsack ist immer von Vorteil, soweit man nicht vorhat, in Komforthotels zu übernachten. Wer auf eigene Faust durch den Dschungel, ins Gebirge oder in den *Outback* will, braucht gutes Schuhwerk, strapazierfähige Kleidung, einen warmen Pullover oder eine Jacke, eine Isomatte, einen Benzinkocher (Benzin ist fast überall erhältlich) und entsprechendes Campinggeschirr. Keine Unterwäsche aus synthetischem Material mitnehmen! Baumwolle ist saugfähiger und angenehmer. Warme Kleidung braucht man auch, wenn man nachts im Bus oder Zug unterwegs ist.

Nicht vergessen sollte man: eine Wasserflasche (oder zwei), ein Taschenmesser (z. B. Schweizer Offiziersmesser), Regenschutz, Kopfbedeckung, Näh- und Waschzeug, Sonnenbrille, Plastiktüten, eine Schnur (auch als Wäscheleine gedacht), einen Wasserfilter (für ganz Vorsichtige) und eine Reiseapotheke (s. „Gesundheit" S. 274).

In SO-Asien gibt es billigere und bessere Moskitonetze als zu Hause. Man findet sie in chinesischen Läden. Bequem und vielseitig verwendbar ist ein Sarong (ein Stück Batikstoff), den man um die Hüften wickelt, als Schultertuch oder Badetuch benutzt.

Sarongs gibt es in allen Farben und phantasievollen Mustern überall in SO-Asien.

Beamte/Behörden

Auch in ärgerlichen Situationen sollte man sachlich und ruhig bleiben.

Fotografieren

Gutes und preiswertes Fotomaterial bekommt man in Singapur. Für alle anderen Orte gilt es, Filme von zu Hause mitzunehmen. In Malaysia und Singapur kann man preiswerte Entwicklungen machen lassen. In Australien ist das Fotomaterial um etwa 30% teurer als bei uns. In Indonesien und Papua-Neuguinea werden die Filme oft unsachgemäß gelagert.

Manche Menschen lassen sich gern fotografieren, andere wieder nicht. Man beweist Respekt den Einheimischen gegenüber, wenn man um Erlaubnis fragt. Wenn die Leute etwas dagegen haben, muß man auf das Foto verzichten. Wer gegen den Willen der Betroffenen fotografiert, kann sich Ärger einhandeln. Bitte nicht gegen Bezahlung knipsen! Damit fördert man die Bettelei.

Gefahr

Es wäre Unsinn, zu behaupten, es gäbe unterwegs keine Gefahren. Natürlich gibt es sie. Wer sich jedoch der Gefahren voll bewußt ist, wird dementsprechend mit solchen Situationen umgehen. Allerdings sollte man sich nicht vor lauter Angst das Reisen verderben. Wer sich nur auf Gefahren konzentriert, zieht sie an. Ein gesundes Selbstvertrauen und bewußter Optimismus helfen mit, riskante Situationen abzuschwächen. Selbstsicheres Auftreten (damit ist nicht Arroganz gemeint) und Durchsetzungsvermögen (was nichts mit Befehle erteilen zu tun hat) helfen mit, daß man respektiert wird.

Geld

Am sichersten ist es, Reiseschecks mitzunehmen. Dabei bewähren sich US-Dollar-Schecks (American Express) am besten. Aber auch die Deutsche Mark ist jetzt beliebt, seit der US-Dollar etwas geschwächt dasteht. Aber ganz ohne Bargeld geht es auch nicht. Kleine Dollar-Noten sind oft sehr nützlich.

In Malaysia und Indonesien gibt es private lizenzierte Money Changer, die einen etwas günstigeren Kurs als Banken anbieten. Man muß handeln. Wer fremde Währung mit nach Hause bringt, ist schlecht dran beim Rücktausch.

Sicherheitshalber sollte man eine Kopie der Schecknummern-Liste machen, die man nicht zusammen mit den Schecks aufbewahrt. Im Falle eines Diebstahls muß man, so schnell es geht, zur nächsten Bank, damit die Nummern gesperrt werden können. Wer sein Geld einem Fremden zum Wechseln anvertraut, hat selbst schuld, wenn er sein Geld nicht wiedersieht.

Gesundheit

Empfohlene Impfungen (Impfpaß nicht vergessen!): Cholera, Typhus/Paratyphus, Polio, Tetanus und Gammaglobulin (stärkt das Abwehrsystem).

Malariaprophylaxe: Leider sind an vielen Orten die Moskitos bereits immun gegen Chloroquin/Resochin. In Asien werden Malaprim und Nivaquin empfohlen (bekommt man in fast allen größeren Städten). Fansidar soll man nur für den Ernstfall mitnehmen, aber nicht als Prophylaxe – gefährliche Nebenwirkungen!

Moskitostiche nicht kratzen, und wenn es noch so juckt! In den Tropen entstehen leicht Hautentzündungen und Geschwüre.

Um *Durchfallerkrankungen* vorzubeugen, wird Parenterol empfohlen.

Trinkwasser: Abgesehen von Australien sollte Trinkwasser abgekocht, gefiltert oder chemisch desinfiziert werden. Warme Getränke helfen besser gegen Durst als kalte. Um den großen Schweißverlust in den Tropen zu ersetzen, muß man viel trinken (2-4 Liter täglich). Besonders erfrischend ist die Flüssigkeit der grünen Kokosnüsse. Auf Eiswürfel besser verzichten.

Essen: Vermeiden sollte man Butter- und Eiscremes, rohes Gemüse, Salate und Obst, das man nicht schälen kann. Scharfgewürzte Speisen haben eine keimtötende Wirkung.

Blutegel: Besonders in feuchten Gebieten und während der Monsunzeit können Blutegel zur Qual werden. Da sie im haardünnen Zustand auch durch Schuhösen und durch grobes Maschengewebe dringen, bemerkt man sie erst, wenn sie sich mit Blut vollgesogen haben oder wenn sie bereits abgefallen sind und eine stark blutende Wunde hinterlassen. Wer die festgesaugten Tierchen mit einem Streichholz abzutrennen versucht, muß damit rechnen, daß der Kopf steckenbleibt und dadurch Infektionen entstehen und Narben zurückbleiben. Das wirksamste Mittel ist, die Blutegel mit Salz einzureiben, damit sie abfallen. Die Wunde vor Schmutz schützen.

Schlangenbisse: Angeblich gibt es ein wirksames Mittel dagegen, auf das nicht nur die Einheimischen schwören: den „Schwarzen Stein". Es ist ein synthetischer Stein, den man bei den „Weißen Vätern" in Antwerpen bestellen kann (Adresse: Prokuur Witte Paters, Keizerstraat 25, B-2000 Antwerpen). Wird man von einer Schlange gebissen, legt man den Stein auf die Wunde. Hat der Stein Gift aufgesogen, fällt er ab. Es soll wirklich wahr sein!

Man kann sich auch ein Schlangenbesteck mitnehmen, sollte aber damit umgehen können. Wichtig ist, daß der Gebissene sich nicht zuviel bewegt und viel Flüssigkeit trinkt.

Hakenwürmer: Nicht barfuß laufen! Nur am Meeresstrand ist es ungefährlich.

Krankenversicherung: Unbedingt abschließen. Vor allem in Australien sind Arzt- und Spitalkosten empfindlich hoch.

Reiseapotheke: Malariaprophylaxe, Mittel gegen Schmerzen, Fieber, Kreislaufstörung, Durchfall, Verstopfung, Mittel gegen Insektenstiche, Juckreiz und Sonnenbrand, Breitbandantibiotikum (nur bei schwerer Infektion nehmen!), Desinfektionsmittel, Augentropfen.

Sich bei der Zusammenstellung der Reiseapotheke am besten vom Arzt beraten lassen.

Ferner: Mullbinden, Heftpflaster, Hansaplast, elastische Binden, Fieberthermometer, Einmalspritzen und Einmalkanülen, Alkoholtupfer, Schere, Pinzette, Sicherheitsnadeln und Micropur (zur Wasserdesinfektion).

Wer nach Singapur kommt, kann sich dort mit allen notwendigen Medikamenten preiswert eindecken. In Malaysia, Singapur und Indonesien ist auch der Tiger-Balsam billiger als bei uns. Hilft bei den ersten Anzeichen von Schnupfen, Hals- und Kopfschmerzen, bei Insektenstichen, Nervenschmerzen und Verstauchung. Es gibt verschiedene wirkungsvolle chinesische, malaiische und indonesische Naturheilmittel. Man muß sie nur ausprobieren.

Handel

An manchen Orten gelten feste Preise, doch auf vielen Märkten in SO-Asien gehört das Handeln zum Alltag. Dazu braucht man Sachlichkeit, Freundlichkeit und viel Geduld. Wer nicht handelt, trägt keineswegs dazu bei, den allgemeinen Lebensstandard zu erhöhen. Überhöhte Preise zu bezahlen ruiniert den Inlandsmarkt.

Okkultes

Nur wer mit okkulten Kräften umzugehen versteht, sollte sich darauf einlassen. Neugier allein kann zur Gefahr werden. Anweisungen bei Ritualen oder Tempelvorschriften sollten befolgt werden. Keinen Streit anfangen. Böse Wünsche können schlimme Folgen haben, egal, ob man daran glaubt oder nicht.

Post

Postlagernd an Hauptpostämter (G.P.O.), Botschaften oder American Express (nur für Kunden). Um die Post abzuholen, muß man seinen Paß vorweisen. Sicherheitshalber unter den Anfangsbuchstaben des Vor- als auch des Nachnamens im Postregister nachsehen. Briefe werden etwa ein bis drei Monate aufgehoben, dann an den Absender zurückgeschickt.

Reisekosten

Man kann etliche Kosten einsparen, wenn man die günstigsten Flugpreise miteinander vergleicht. In einschlägigen Zeitschriften nachsehen! Meistens kommt es günstiger, wenn man einen Billigflug nach Bangkok, Kuala Lumpur oder Penang bucht. Von Bangkok kommt man in bequemen und schnellen Zügen über Kuala Lumpur nach Singapur. In Bangkok, Penang und Singapur gibt es preiswerte Flugangebote für den SO-asiatischen Raum und nach Australien. Die Flüge nach Papua-Neuguinea sind teuer.

Die Ausgaben für Unterkunft, Nahrung und Transportmittel hängen in erster Linie vom eigenen Anspruch ab.

Reisepaß

Zur Einreise in alle hier angeführten Länder ist ein gültiger Reisepaß vorgeschrieben. Manche Einreisebestimmungen verlangen, daß der Paß noch mindestens sechs Monate Gültigkeit hat. Es kann von Nutzen sein, wenn man eine Kopie von den wichtigsten Paß-Daten macht und separat vom Original aufbewahrt.

Reiseversicherung

Wer Wertvolles mit sich führt, wie beispielsweise eine teure Kamera, sollte eine Reiseversicherung abschließen.

Sanfter Tourismus

Darunter versteht man nicht, daß Touristen sanft angefaßt werden (wie ein Reiseleiter es sich vorstellte!). Es bedeutet, sich nicht selbst in den Mittelpunkt zu stellen, sondern sich einfühlsam und unaufdringlich in anderen Kulturregionen zu verhalten.

Sicherheit

Durch den zunehmenden Einfluß des westlichen Konsumdenkens verfallen in diesen Ländern alte Lebenswerte und ein geordnetes Sozialgefüge. Während innerhalb kleiner Gesellschaftsformen jeder vom anderen alles weiß, sind die Menschen in der zunehmenden Anonymität der Großstädte persönlichen Einschränkungen und Kontrollmöglichkeiten weitgehend entbunden. Auch die große Kluft zwischen materiell Wohlhabenden und Armen sowie das protzige Verhalten von Touristen und ansässigen Ausländern fördern kriminelle Vergehen.

Einige Diebe spezialisieren sich auf den Straßenraub vom Motorrad aus. Daher ist es ratsam, nicht zu nahe an der Straßenseite zu gehen und auch Tasche und Fotoapparat nicht auf dieser

Seite zu tragen. Aufpassen muß man vor allem in Großstädten und Touristenzentren, wo Diebstähle zur Tagesordnung gehören. Wo das Leben noch von traditionellen Richtlinien bestimmt wird, kommen kriminelle Ausschreitungen höchst selten vor.

Das eigene Verhalten trägt im großen Maß dazu bei, ob einem was passiert oder nicht. Wer sein Geld im Brustbeutel, in Hosen- oder Umhängetaschen spazierenträgt oder gar Wertsachen im Hotelzimmer offen liegenläßt, bietet sich unehrlichen Naturen direkt an. Bargeld, Schecks und Paß sind im Geldgurt (natürlich unter der Hose oder dem Rock!) oder in eingenähten Geheimtaschen besser aufgehoben. Kameras sollten nicht provokativ vor sich hergetragen werden.

In zweifelhaften Unterkünften kann es sich bezahlt machen, auch nachts seine Geldmittel an sich zu tragen. Wer das Geld unter der Matratze versteckt, darf es dort nicht vergessen! Manchmal ist es auch ratsam, das Geld zum Duschen mitzunehmen. Besser naß als weg.

Wer bescheiden, wachsam und auch nicht ängstlich auftritt, wird von unangenehmen Überraschungen am ehesten verschont bleiben.

Tierschutz

Bitte, kaufen Sie keine Souvenirs aus Fellen, Häuten oder Schmetterlingsflügeln!

Verhalten – Vorschläge und Anregungen

Das Reisen in fernen Ländern bringt oft Mißverständnisse mit sich, die in den meisten Fällen nicht notwendig wären. Oft entstehen sie aus Unkenntnis über landesübliche Sitten und aus Unsicherheit den Fremden gegenüber.

● Wer andere Kulturen wirklich verstehen will, muß bereit sein, sich umzustellen. Nicht nur auf äußerliche Umstände, wie z. B. auf eine einfachere Lebensweise, wichtig ist auch die

279

innere Umstellung, d. h. behutsam in das Wesen einer fremden Kultur vorzudringen. Asiaten und Polynesier denken und handeln anders, als wir es durch unsere Erziehung und Umwelt gelernt haben. Deshalb sind sie aber keineswegs „rückständig". Leider gibt es viele Touristen (und auch Experten), die sich das Recht herausnehmen, über Bedürfnisse, Neigungen und Bräuche nach westlichen, konsumorientierten Wertmaßstäben zu urteilen.

● Wenig Verständnis und Achtung erfährt auch die starke Verbundenheit der asiatischen Menschen mit ihrer Religion, die ihren ganzen Alltag durchdringt. Diese Lebensanschauung, in der auch Naturkräfte eine große Rolle spielen, ist dem nüchternen Verstandesmenschen fremd. Ob wir fremde Bräuche und Lebensweisen verstehen oder nicht, es sollte zumindest selbstverständlich sein, sie zu respektieren.

● Den besten Kontakt zu den Einheimischen bekommt man, wenn man allein unterwegs ist. Wer sich arrogant oder besserwissend verhält, kann nicht erwarten, freundlich behandelt zu werden. Bekommt man ein Dach über dem Kopf geboten, sollte man zumindest für seine eigenen Unkosten aufkommen oder die Gastgeber mit Geschenken entschädigen. Am besten mit Lebensmitteln.

● Ärger kann man sich ersparen, wenn man auf den Sittenkodex der Einheimischen Rücksicht nimmt. Der Austausch von Zärtlichkeiten gilt als Intimität und wird als solche nicht der Öffentlichkeit preisgegeben. Abgesehen von Touristenstränden werden Touristinnen in Shorts, Minis oder mit tiefen Kleiderausschnitten als Provokation angesehen und müssen mit Belästigungen rechnen. Frauen mit burschikosem Benehmen und freizügiger Kleidung gelten in SO-Asien nicht als emanzipatorisch. Aber auch Männer mit nackten Schenkeln werden an vielen Orten nicht ernst genommen. Ebenso gilt schlampige, abgerissene Kleidung als anstößig.

● Wer über jemanden spricht, der nicht anwesend ist, wird als taktlos betrachtet. Aber auch eine öffentliche Zurechtweisung einer anwesenden Person gilt als peinliche Bloßstellung.

- Bitte, schenken Sie Kindern keine Süßigkeiten! Es gibt nicht viele Zahnärzte, und außerdem haben die wenigsten Leute das Geld für eine Behandlung.
- Auch wenn Sie darum gebeten werden, verteilen Sie nicht leichtsinnig Schmerztabletten oder Antibiotika. Vor allen an abgelegenen Orten sind die Menschen noch nicht an chemische „Bomben" gewohnt. Eher entsteht Schaden als Hilfe: Da die Medikamente oft falsch angewendet werden, hat sich schon so mancher damit vergiftet.
- Geben Sie nur jenen Bettlern etwas Geld, die auch von den Einheimischen unterstützt werden. Gehen Sie nicht auf die Bettelei von Kindern ein. Damit werden nur Unverschämtheiten und Kriminalität gefördert. Wenn Sie wirklich helfen wollen, unterstützen Sie Selbsthilfe-Projekte, die auf „sanfter Technologie" basieren (minimaler Aufwand, maximaler Nutzen). Teure, aufwendige Projekte helfen meist nur irgendwelchen Herstellern, unseren Experten und den Regierungsbeamten, aber selten denen, die Hilfe benötigen.
- Hindu-Tempel oder Moscheen dürfen nur ohne Schuhe betreten werden. In chinesischen Tempeln darf man die Schuhe anbehalten. Bevor man ein Privathaus betritt, zieht man ebenfalls die Schuhe aus. Unhöflich ist es, wenn man mit Zeigefinger oder Fußspitzen auf eine andere Person zeigt. Unglück kann auch bringen, wenn man über eine schlafende Person steigt.
- Chinesen essen mit Stäbchen, während Inder und Malaien mit der rechten Hand essen (die linke gilt als unrein). Es gibt zwar in vielen Restaurants Löffel und Gabel, aber kein Messer. Das Messer wird als Waffe betrachtet und gehört daher nicht auf den Tisch. Mit dem Messer essen ist nach ihrer Meinung eine barbarische Sitte.

(Stand: Sommer 1988)

ALLE TITEL DER REIHE
REISEN · MENSCHEN · ABENTEUER

WEITERE TITEL ZUM THEMA SÜDOSTASIEN

Christina Dodwell
Im Land der Paradiesvögel
Mit Pferd und Einbaum durch
Papua-Neuguinea
256 Seiten, 32 s/w Fotos, 3 Karten,
Reisetips, DM 15,80
ISBN 3-89405-010-1

Helmut Hermann
Von Thailand nach Tahiti
Ein Globetrotter auf dem Weg
zur Südsee
240 Seiten, 88 s/w Fotos, 4 Karten,
Reisetips, DM 15,80
ISBN 3-89405-015-2

Dieter Kühnel
Motorrad-Odyssee
Von Burma durch die Inselwelt
Südostasiens
224 Seiten, 37 s/w Fotos, 1 Karte,
Reisetips, DM 15,80
ISBN 3-89405-023-3

Ulrich Look
Wo der Mond auf dem
Rücken liegt
Auf eigene Faust von Nepal bis
Malaysia
224 Seiten, 29 s/w Fotos, 2 Karten,
Reisetips, DM 15,80
ISBN 3-89405-038-1

Michael Möbius/Annette Ster
Dschunke, Jeep und
Bambusfloß
Durch Burma und Thailand
224 Seiten, 38 s/w Fotos, 2 Karten,
Reisetips, DM 15,80
ISBN 3-89405-025-X

Michael Möbius/Annette Ster
Inselträume in Indonesien
Die Sunda-Inseln – Wo die
Vergangenheit noch lebt
224 Seiten, 39 s/w Fotos, 2 Karten,
Reisetips, DM 15,80
ISBN 3-89405-039-X

Axel Thorer
Endstation im Dschungel
Auf der Suche nach
Flugzeugwracks in Papua-
Neuguinea
224 Seiten, 35 s/w Fotos, 2 Karten,
Reisetips, DM 15,80
ISBN 3-89405-032-2

Denis Walls/Stella Martin
Drei Jahre in einem Kampong
in Malaysia
Unser Leben in einem
exotischen Dorf
256 Seiten, 41 s/w Fotos,
10 Zeichnungen, 1 Karte, Reisetips,
DM 17,80
ISBN 3-89405-036-5

 REISEN · MENSCHEN · ABENTEUER

WEITERE TITEL ZUM THEMA ASIEN

REISEN · MENSCHEN · ABENTEUER

WEITERE TITEL ZUM THEMA MOTORRADFAHREN

Dieter Kühnel
Rätselhaftes Indien
Mit dem Motorrad durch das Land
der Bettler und Maharadschas
220 Seiten, 66 s/w Fotos, 2 Karten,
Reisetips, DM 15,80
ISBN 3-89405-022-5

Dieter Kühnel
Motorrad-Odyssee
Von Burma durch die Inselwelt
Südostasiens
224 Seiten, 37 s/w Fotos, 1 Karte,
Reisetips, DM 15,80
ISBN 3-89405-023-3

Hjalte Tin/Nina Rasmussen
Traumfahrt Südamerika
Auf dem Motorrad und mit
Kindern von L.A. nach Rio
320 Seiten, 48 s/w Fotos, 3 Karten,
Reisetips, DM 17,80
ISBN 3-89405-033-0

Thomas Troßmann
Wüstenfahrer
Mit dem Motorrad durch das Land
der Tuareg
224 Seiten, 38 s/w Fotos, 1 Karte,
Reisetips, DM 15,80
ISBN 3-89405-040-3

Oluf Zierl
Highway-Melodie
Mit dem Motorrad 20 000 km
querdurch die USA
256 Seiten, 78 s/w Fotos, 4 Karten,
Reisetips, DM 15,80
ISBN 3-89405-037-3

 REISEN · MENSCHEN · ABENTEUER

WEITERE TITEL ZUM THEMA SÜDAMERIKA

 REISEN · MENSCHEN · ABENTEUER

WEITERE TITEL ZUM THEMA AFRIKA

Christine Cerny
Von Senegal nach Kenia
Schwarzafrika hautnah
320 Seiten, 64 s/w Fotos, 3 Karten,
Reisetips, DM 17,80
ISBN 3-89405-004-7

Richard und Nicholas Crane
Kilimandscharo per Rad
Mit dem Mountain-Bike auf den
höchsten Berg Afrikas
192 Seiten, 39 Farbfotos, 2 Karten,
DM 17,80
ISBN 3-89405-006-3

Wolf-Ulrich Cropp
Schwarze Trommeln
Auf Entdeckungsreise durch
Westafrika
256 Seiten, 56 s/w Fotos, 4 Karten,
Reisetips, DM 15,80
ISBN 3-89405-008-X

Patrice Franceschi
Vier Männer gegen den
Dschungel
Expedition zu den Pygmäen
320 Seiten, 47 s/w Fotos, 2 Karten,
Reisetips, DM 15,80
ISBN 3-89405-013-6

Helmut Hermann
Heiße Tour Afrika
Mit dem Fahrrad von Algier
nach Kapstadt
272 Seiten, 85 s/w Fotos, 3 Karten,
2 Tabellen, Reisetips, DM 15,80
ISBN 3-89405-016-0

Klaus Höppner
Cowboys der Wüste
Mit einer Kamelkarawane
durch den Sudan
192 Seiten, 62 s/w Fotos, 2 Karten,
Reisetips, DM 15,80
ISBN 3-89405-017-9

Thomas Troßmann
Wüstenfahrer
Mit dem Motorrad durch das Land
der Tuareg
224 Seiten, 38 s/w Fotos, 1 Karte,
Reisetips, DM 15,80
ISBN 3-89405-040-3

 REISEN · MENSCHEN · ABENTEUER